羅馬人的故事XII

迷途　帝國

塩野七生　著
鄭維欣　譯

三民書局

作者介紹

塩野七生

一九三七年七月生於東京，畢業於學習院大學文學部哲學系，一九六三～一九六八年間遊學義大利。一九六八年開始寫作，於《中央公論》發表〈文藝復興的女性〉。一九七〇年，首部長篇作品《凱撒波吉耳抑或優雅的冷酷》獲頒每日出版文化賞，之後長住義大利。一九八二年以《海都物語》得到三多利學藝賞。一九八三年，獲頒菊池寛賞。自一九九二年起，以羅馬帝國千年興亡為題，著手寫作《羅馬人的故事》系列，並以每年一部作品的速度發表。一九九三年《羅馬人的故事I》獲頒新潮學藝賞。一九九九年再獲司馬遼太郎賞。二〇〇一年發行《塩野七生文藝復興著作集》共七冊。二〇〇二年榮獲義大利政府頒授國家功勞勳章。二〇〇五年獲日本政府頒贈紫綬褒章，二〇〇七年再獲文部科學省評選為文化功勞者。

三十周年經典紀念版序

《羅馬人的故事》新版發售之際，作者送給臺灣讀者的話

這部既不算是研究歷史的專業書籍，也不是歷史小說，在歐洲稱之為「歷史散文」的作品，我持續執筆了半世紀多，最在意的其中一件事情就是，為什麼這個國家能在完全認同個人思想與表現的同時，維持歷時長久的獨立與繁榮。

因而執筆了《羅馬人的故事》與《海都物語》兩部作品。《羅馬人的故事》是為了想知道大國發生過什麼事。另一部《海都物語》則是因為想了解，為何即使是小國，在確保個人思想與自由表達下，同時也能達成國家的獨立與繁榮。

其次，舉例古羅馬帝國與中世紀文藝復興時期的威尼斯共和國作為代表大國與小國的典範，也是有原因的。因為這兩國即使國家規模大小有所不同，卻都有能享逾千年長壽的共同點。

有些國家在鎖國的情況下也維持了長治久安。像是古希臘的斯巴達或江戶時期的日本。然而，持續開國方針而能長命百歲的國家卻很少。羅馬與威尼斯在這部份也有相同點。

我同樣建議目前居住在臺灣的各位讀者也務必閱讀《海都物語》。因為日本也是小國，而

臺灣也是小國之一。小國自有小國的生存之道，只要正視這個事實，也有付諸實行的強烈意志，就會讓國家邁向獨立與繁榮。

還有，如果可以的話，再推薦各位閱讀我的另一部「文藝復興小說」（暫譯，原名「小説イタリア・ルネサンス」）全四集，我會感到十分榮幸。在這部作品中我創造了兩位虛構的主角穿插在這段真實的歷史中。希望能讓讀者領會，個人的思想與表達的自由如何能成為創新的泉源。幾乎也可以換句話說，在那種無法保證絕對自由的社會下不會產生創新。因為正是這種自由，誕生了達文西與米開朗基羅為首的義大利文藝復興。而佛羅倫斯、威尼斯，無論在地理、人口規模上都只能算是小國。

儘管如此，大國的磨難也並未比小國少。羅馬與威尼斯相比的話，無論「磨難」的種類或數量，都令人感到十分類似吧。我覺得這才是閱讀歷史真正的樂趣。因為畢竟可以說「歷史總是一再重演，只是表現的型態不同」。

二〇二二年春天，於羅馬

塩野七生

修訂二版說明

《羅馬人的故事》不是一部正統的羅馬史。

塩野七生說：

我以「羅馬人的故事」為題，如果將日文的書名譯為拉丁文，故事與歷史的意義幾乎是相通的。……使用"Gestae"這個字，所謂"RES GESTAE POPULI ROMANI"，可直接翻譯為「羅馬人的各種行徑」。

換句話說，這是一部詳盡蒐羅史籍與資料，進而細膩描繪人物的經典作品。當我們隨著作者富有文學性的筆調，逐冊閱讀《羅馬人的故事》時，便會發現比起事實的陳述討論，塩野七生在這部作品裡更著重於「人」的故事。羅馬人在面對各種挑戰時如何解決？在面對強敵的進逼時，羅馬人是如何逆轉取勝？平息內憂與外患後，又如何迎向和平？羅馬著名的公共建設，其目的是「使人過得像人」？偉大的建築背後，隱含怎樣的思考邏輯？

無論思想或倫理道德如何演變，人類的行徑都在追求無常的宿命。

隨著作者的引導，我們得以像羅馬人一樣思考、行動，了解身為羅馬人，言行背後的思想與動機。羅馬從義大利半島上的一個小部族發跡，歷經崛起壯大，終致破滅衰亡的過程，不僅是歷史上一個橫跨歐亞非三洲的輝煌帝國史，或許也可在其中發現「羅馬人」的群體生活史。

在《羅馬人的故事XII——迷途帝國》中，我們隨著作者的腳步梳理西元三世紀羅馬不穩的政治、經濟以及社會情況。羅馬帝國「以攻為守」主動擴張版圖的豪氣、無憂的「羅馬和平」時期逐漸成為過往，內部皇帝快速更迭，外部日耳曼民族、美索不達米亞、波斯等強敵接連挑戰羅馬邊界的能耐，隨著戰爭次數的增加，羅馬帝國的軍事花費暴增，經濟逐年衰退，嚴重的通貨膨脹以及頻繁的課稅導致民不聊生。在這不安的氣氛下，原先被帝國打壓的基督教快速崛起，成為指引迷途人心的明燈，並開啟羅馬宗教領導世俗的新篇章。

希盼本系列能與您一同思考：羅馬何以成為羅馬？羅馬的千年興衰，對世界有何影響？更重要的是，羅馬人留給現代哪些珍貴的遺產？期待在讀完本書之後，能帶給您跨越時空的餘韻。

編輯部謹識

給讀者的話

托爾斯泰的小說《安娜．卡列妮娜》，是從下面這句話開始的：

「所有的幸福家庭都是相似的，每個不幸家庭都有他自己的不幸。」

如果把這句話套用到歷史上，大概就成了這句話：每個民族在興盛時都是相似的，一旦到了衰退期則各有各的模樣。

不過，對於家庭的集合體「民族」；民族的集合體「帝國」來說，這個方程式並不適用。筆者在第I到第V冊中描述過羅馬興盛期，這段期間裡羅馬是以其特有的方式興盛；在第VI到第X冊中討論過羅馬的穩定期，期間裡羅馬人也是以特有的方式維持局勢。

在第XI到XV冊之中，筆者將討論羅馬從衰退到滅亡為止的故事。這段期間裡面，羅馬衰退、滅亡的原因，也和其他民族衰退的因素不相似。當然，其中有些許共通的要素，但主要的原因，還是羅馬史特有的因素。

基於上述原因，筆者從第XI冊開始描述羅馬衰亡史時，便不打算討論各民族衰亡的共通因素，而集中於觀察羅馬人的衰亡，並且探索其原由。因為筆者認為，只要能知道史上版圖最遼闊、國祚最長的羅馬帝國衰亡的原因，在探討其他國家衰退因素時，也足以作為基準。

二〇〇三年夏季，於羅馬

關於危機性質的不同

在本冊中要敘述的，是從西元二一一年到二八四年為止的七十三年之間。羅馬人特別將這個時代稱為「三世紀危機」。本書第三章刊載的浮雕圖中，描繪著羅馬皇帝首度遭敵軍生擒的史實。不過古人將這段期間稱為「三世紀危機」，原因還不僅如此。因為雖然字面上同樣是「危機」，以往羅馬人遇到的危機，和三世紀面對的危機性質有所不同。簡單來說，差異在於以往的危機是可以克服的，三世紀面對的卻是只能忙於應付的危機。又或者說，在過去的時代，羅馬人可以依照自身的想法、作法，辛辛苦苦克服危機。到了這時代以後只能忙於應付面前的危機，連自己的本質都隨之變化，而且使得危機更加嚴重。在今後各冊筆者要描述的故事中，羅馬帝國將更為明顯地陷入第二種危機裡。

後世的史學家、研究人員，多半將三世紀危機的要素列舉如下：

帝國指導階層水準下降。
蠻族入侵程度加劇。
經濟力量衰退。
知識份子階層智能衰退。
基督教勢力抬頭。

研究的結果固然正確，然而在至此已經將近千年的羅馬史上，這些問題都不是第一次出現。除了基督教勢力抬頭這一項因素以外，其他因素都是或多或少有處理經驗的問題。那麼又為什麼以往有辦法克服，到了西元三世紀時卻失去了克服危機的力量呢？在本冊中，筆者將嘗試以順著年代詳細敘述的方式，來解開這個謎題。各位讀者應該可以從附表中大略得知，西元三世紀是個什麼樣的時代。光從這張表我們就能看得出來，當時的政局不穩定。

即使到了二十一世紀，通訊方法高科技化的現代，政局不穩同樣會對政策持續性造成無法忽視的影響。而在兩千年前，要從廣大的帝國邊境將「新聞」傳到位於帝國中央的首都羅馬，至少也要花上一個月。對於古代的羅馬帝國來說，皇帝接二連三換人造成的政策不連貫，自然會對帝國統治造成嚴重影響。

一世紀的皇帝

	在位期間	皇帝 （在位期間，死因）	
共128年 9名皇帝（及其他）	前30～後14年	奧古斯都 （44年，病故）	第VI冊
	14～37年	臺伯留 （23年，病故）	第VII冊
	37～41年	卡利古拉 （4年，謀殺）	
	41～54年	克勞狄斯 （13年，謀殺？）	
	54～68年	尼祿 （14年，自殺）	
	68年	內亂期	第VIII冊
	69～79年	維斯帕先 （10年，病故）	
	79～81年	提圖斯 （2年，病故）	
	81～96年	圖密善 （15年，謀殺）	
	96～98年	涅爾瓦 （2年，病故）	

二世紀的皇帝

	在位期間	皇帝 （在位期間，死因）	
共113年 6名皇帝（及其他）	98～117年	圖拉真 （19年，病故）	第IX冊
	117～138年	哈德良 （21年，病故）	
	138～161年	安東尼奧·派阿斯 （23年，病故）	
	161～180年	馬庫斯·奧理略 （19年，病故）	第XI冊
	180～192年	康莫德斯 （12年，謀殺）	
	193年	紊亂期	
	193～211年	賽埔提謬斯·謝維勒（18年，病故）	

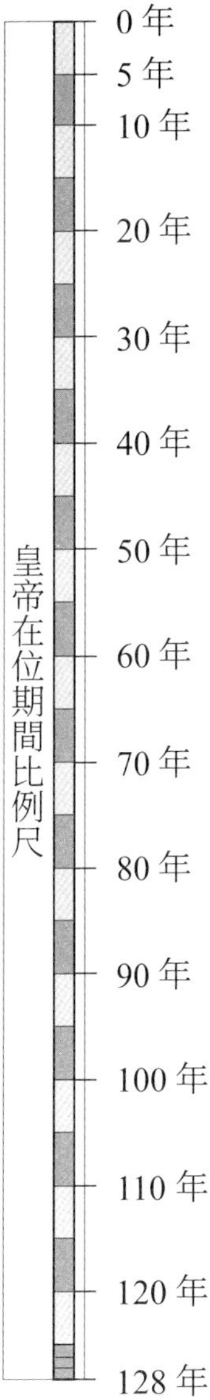

三世紀的皇帝

	在位期間	皇帝（在位期間，死因）	
共73年 22名皇帝	211～217年	卡拉卡拉（6年，謀殺）	第XII冊
	217～218年	馬克利努斯（1年，謀殺）	
	218～222年	荷拉迦巴爾（4年，謀殺）	
	222～235年	亞歷山大・謝維勒（13年，謀殺）	
	235～238年	馬克西米努斯・色雷克斯（3年，謀殺）	
	238年	葛爾迪亞努士一世（半個月，自殺）／葛爾迪亞努士二世（半個月，陣亡）／帕庇艾努士（3個月，謀殺）／巴庇諾斯（3個月，謀殺）	
	238～244年	葛爾迪亞努士三世（6年，謀殺）	
	244～249年	菲力普・阿拉布思（5年，自殺）	
	249～251年	德丘斯（2年，與蠻族作戰陣亡）	
	251～253年	托雷玻尼亞努士・卡爾斯（2年，謀殺）	
	253～260年 253～268年	瓦雷力亞努斯（7年，俘虜，死於獄中） 迦利艾努斯（15年，謀殺）	
	268～270年	克勞狄斯・哥德克斯（2年，病故）	
	270～275年	奧雷利亞（5年，謀殺）	
	275～276年	塔西圖斯（8個月，病故）	
	276～282年	普羅布斯（6年，謀殺）	
	282～283年 282～283年 282～284年	卡爾斯（1年，意外） 努美梨亞（1年，謀殺） 卡梨努斯（2年，謀殺）	

里加
莫斯科
維爾鈕斯
明斯克
薩爾馬提亞
華沙
基輔
布拉迪斯拉瓦
蘇尼
佩特洛那
布達佩斯
旁諾尼亞
基西內夫
特答
達其亞
阿爾巴·朱利亞
博斯普魯斯王國
裏
海
多瑙河
屋爾比亞·圖拉亞納
伊古利札
提弗利司
巴庫
貝爾格萊德
科斯特拉克
布加勒斯特
西里斯特拉
黑
海
薩拉耶弗
莫埃西亞
奧艾司庫斯
葉勒凡
索菲亞
西諾培
特拉布松
君士坦丁堡
亞美尼亞
布林迪西
馬其頓
色雷斯
俾斯尼亞·潘特斯
薩塔拉
斯科皮耶
佩林托斯
卡帕杜西亞
提拉納
帖撒羅尼迦
尼科米底亞
安卡拉
馬拉提亞
凱塞利
尼西庇斯
尼可皮里斯
婆高蒙
薩莫沙塔
辛迦拉
雅典
亞該亞
亞細亞
加拉太
雷賽那
帕提亞
美索不達米亞
科林斯
愛菲索斯
塔耳索斯
翟威科馬
利奇亞·龐弗利亞
西里西亞
安提阿
敘利亞
巴格達
卡雷
羅德斯
拉法內亞
幼發拉底河
底格里斯河
中
塞浦路斯
克里特
貝魯特
大馬士革
貝特夏恩
海
尼克波利斯
凱撒利亞
布斯拉
薛哈塔
巴勒斯坦
尼羅河
耶路撒冷
亞歷山大
昔蘭尼加
埃及
開羅
阿卡巴
曼菲斯
阿拉伯

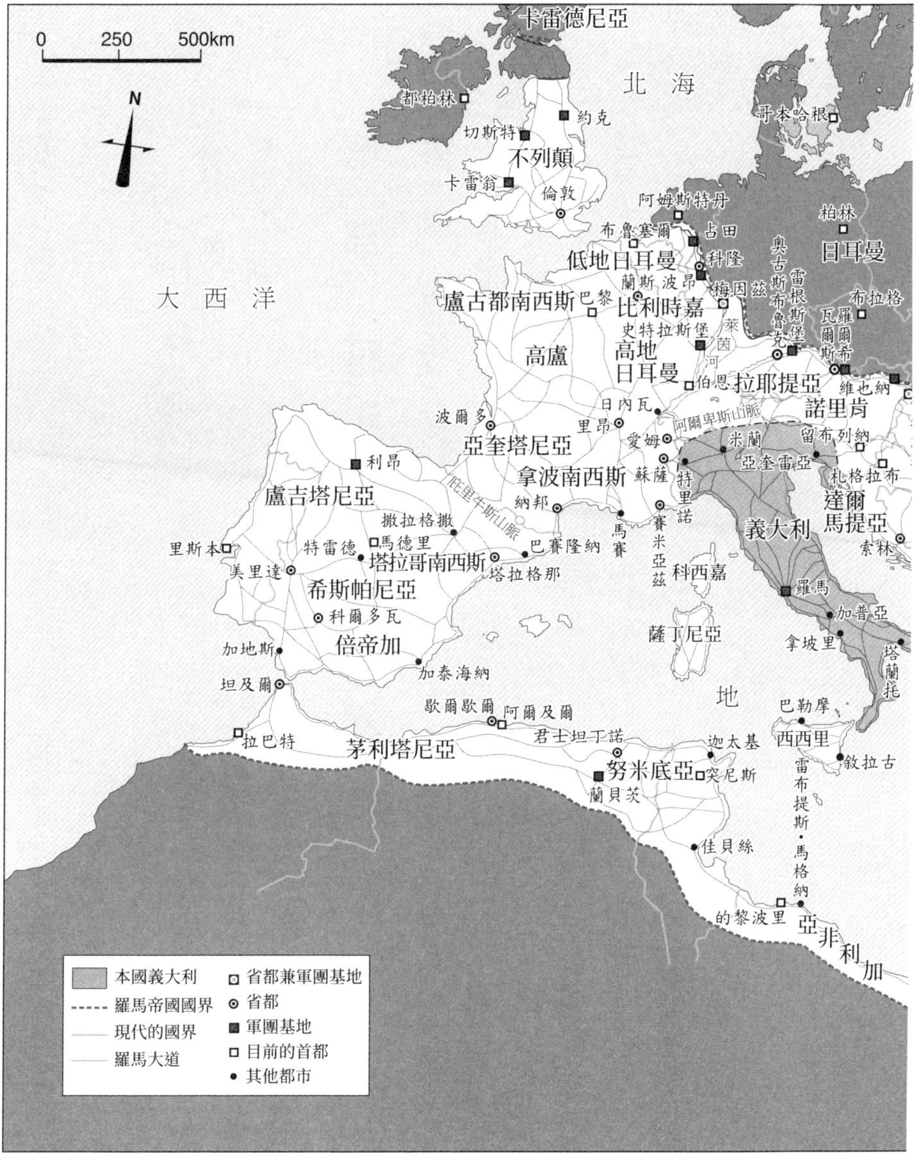

西元三世紀初期的羅馬帝國

目次

第二章 西元二一八年～二三五年 61

第三章　西元二三五年～二六〇年 133

第二部 三世紀後半的羅馬帝國

第五章　西元二七〇年～二八四年 279

第一部

三世紀前半的羅馬帝國

第一章

西元二一一年～二一八年

皇帝卡拉卡拉（西元二一一年～二一七年在位）

卡拉卡拉大浴場（義大利文叫作 Terme di Caracalla）是羅馬時代傳下的遺蹟中最有名的幾座之一。到了現代，每當夏季義大利人都會在這裡上演歌劇。這座浴場是由卡拉卡拉皇帝建造，因此才有這個稱呼。不過，卡拉卡拉並非這個皇帝的本名。這位羅馬皇帝的官方正式姓名，叫作「皇帝・凱撒・馬庫斯・奧理略・謝維勒・安東尼奧・派阿斯・奧古斯都」。

皇帝、凱撒，以及奧古斯都，都是羅馬皇帝必定享有的稱號，因此不成問題。在古代，姓名中加上「某某之子」也是常有的現象，因此卡拉卡拉的父親，前任皇帝的姓氏「謝維勒」也不成問題。問題在於沿用了沒有血緣關係，於五十年前過世的安東尼奧・派阿斯，以及三十年前過世的馬庫斯・奧理略兩位皇帝名諱。然而，這卻是做父親的謝維勒為了兒子布下的局。

賽埔提謬斯・謝維勒出身於北非行省的雷布提斯・馬格納，出身階層為羅馬社會中僅次於元老院階層的騎士階層（經濟界）。當時出身行省的皇帝，已有圖拉真與哈德良作為前例。而且若追溯祖先出身地的話，連安東尼奧・派阿斯和馬庫斯・奧理略也算是出身行省，因此已經不稀奇。北非地區在四百五十年前屬於與羅馬死命對決的迦太基領地。在帝國實質創始人凱撒帶動之後，羅馬帝國一直維持同化戰敗者的政策，因此出身行省已經不會對社會地位帶來負面影響。話說回來，軍團長、行省總督和皇帝相較，其狀況自然有所不同。圖拉真對於自己是首位出身行省的皇帝這件事一直耿耿於懷，想必謝維勒也無法忘記自己是第一個北非出身的皇帝。

除了上述問題以外，對謝維勒來說，他的社會地位還有一項負面因素存在。在西元二世紀的羅馬帝國，出身行省但登上領導階層的人不少。也就是說，有不少行省出身的人順利進入具有儲備帝國要職人才功能的元老院。羅馬社會稱呼這種新興社會菁英為「新入門」(**Homo novicius**)。大多數的「新入門」會迎娶元老院議員的女兒為妻，偏偏謝維勒的妻子由利亞・多姆那，生於帝國東方的敘利亞神官家中。也就是說，這兩人生下的小孩卡拉卡拉，身上幾乎沒有義大利出身的羅馬人血統。

當確定要讓兒子繼承自己的皇位之後，謝維勒開始覺得有必要讓卡拉卡拉握有除了皇帝嫡子以外的權威。因此他以繼承兩位名君的人生觀與統治路線為名義，把當時公認為名君的安東尼奧・派阿斯和馬庫斯・奧理略名號加入兒子的官方姓名中。也就是說，謝維勒生前設法為不久後將登基稱帝的年輕兒子「鍍金」。

哲學家皇帝馬庫斯・奧理略是安東尼奧・派阿斯的養子，因此這兩名皇帝共通的「姓氏」為「安東尼奧」。卡拉卡拉繼承的，也是這個「姓氏」。所以卡拉卡拉大浴場的正式名稱為「安東尼奧浴場」(Thermae Antoninianae)。卡拉卡拉是眾人以這名皇帝的特徵所取的外號。因為在他登基之後，依舊喜歡穿著高盧人的長袖長衫。在氣候寒冷的不列顛、高盧等地，穿著這種服裝的羅馬人也不在少數。可是在南國義大利，這種服裝就顯得起眼了。可能因為卡拉卡拉出生於高盧，在父親的派駐地里昂長大，因此對童年時穿的服裝有感情吧。不過二十三歲就登基的卡拉卡拉不只在這種小地方，連在其他方面都喜好表現自我。

姑且不論後世的名聲，在當時馬庫斯．奧理略和謝維勒兩位皇帝的評價都很不錯，而這兩名皇帝都讓親生兒子繼承自己的皇位。不過康莫德斯和卡拉卡拉這兩位繼承人的表現可說剛好相反。登基後的康莫德斯作風消極，卡拉卡拉卻積極爭取表現。也就是說，卡拉卡拉是懷抱著一股幹勁登基的。而當時二十三歲的年輕皇帝，是以亞歷山大大帝當作自己的模範。

西元二一一年二月四日，皇帝賽埔提謬斯．謝維勒病逝於戰場附近的不列顛羅馬軍約克基地，享年六十四歲。皇位立即由謝維勒的兩個兒子，當時二十三歲的卡拉卡拉，以及二十二歲的捷塔繼承。做父親的謝維勒生前已經讓兩個兒子擔任共同皇帝，因此皇位繼承過程相當順利。可是卡拉卡拉不能忍受和除了個性溫和以外沒有其他特點的弟弟共享權力的狀況。他以企圖暗殺皇帝的罪名，當著母親面前親手斬殺自己的弟弟。當時是西元二一二年二月十二日，兩人的父親過世才剛滿一年。卡拉卡拉如願成為帝國唯一的最高權位者。元老院向來懷疑捷塔的執政能力，對這場兄弟鬩牆的悲劇沒有多加批評，隨即追認了其合理性。過了不久之後，有一道勒令開始公布在全羅馬帝國的所有廣場與迴廊上。

在說明卡拉卡拉皇帝的「公民權法」之前，有件事情想要請各位讀者合作。

那就是請各位讀者的思緒從二十一世紀完全跳回兩千年前的古代。在現代，任何人都能平等擁有公民權是理所當然的事情。可是在兩千年前的古代，這卻不是「當然」的事情。距離盛行普選法的現代來說，有一千八百年的差距。比起人權宣言的時代也早了一千六百年。更何況，和必須擁有「血統」才能取得公民權的雅典相較，羅馬的公民權法規定只要對於「共同體」有所貢獻，不論屬於何等人種民族都能取得公民權。在古代社會，這已經是特別進步的了。

在閱讀下列文章之前，希望各位能牢記上述的歷史背景。

人人皆是羅馬公民！

羅馬是法治國家，所有政策都以法律的形式公布

卡拉卡拉

捷　塔

施行。這項稱為「安東尼奧敕令」(Constitutio Antoniniana) 的法律規定，只要是住在羅馬帝國境內，擁有自由之身的人，全體均能獲得羅馬公民權。這項法令的提案人卡拉卡拉皇帝，在公告裡如此敘述立法動機：

「朕與朕的臣民間，應當不僅共同負擔守護帝國的職責，而要共同分享榮譽才能樹立良好的關係。藉由本法之成立，長年來僅有羅馬公民權所有人才能享受的榮譽，自此可以由全體國民所共享。」

這項法令把羅馬帝國的特色之一「羅馬公民」(romanus) 以及「行省民」(provincialis) 之間的差異完全撤除。時為西元二一二年，距羅馬進入帝政時期已有兩百五十年，征服者與被征服者之間的差異至此完全消失。不僅是過往的戰勝者與戰敗者之間沒有差異，無論人種、民族、宗教與文化，住在羅馬帝國境內的全體民眾，立刻成了羅馬公民權所有人。這是一項劃時代的新法案。我們甚至於可以說，羅馬帝國一路維持朱利斯·凱撒創始的戰敗者同化政策，到此正式大功告成。基督教教會對於自身掌權之前，亦即西元四世紀之前的羅馬帝國政策向來大肆批判，唯獨稱讚這是符合人道的法令。

儘管這是一項劃時代的法令，以羅馬史為專業的研究人員和史學家卻幾乎無視這項法令的存在。論及這項法令的史籍不多。比方說吉朋，就沒有正面討論這項法令。而論及這項法令的其他著作中，就算沒說這是一道惡法，也不會為其稱讚兩句。也就是說，對專家而言，這是一段不值得特別討論的史實。

研究人員會如此判斷，當然有充分的理由。對於重視文獻史料的研究人員來說，既然羅馬時代的史學家沒有對此詳細評論，後世的人站在尊重古人意見的立場上，也應該維持同樣的論調。而古人中只有加西阿斯·迪奧留下了評斷這項法令的文章。他評論道「安東尼奧敕令」只是藉由擴大公民權增稅的政策而已。這個論點也連帶影響後世史學家對法令的評價。亦即，卡拉卡拉皇帝的羅馬公民權擴大法，只是一項增稅政策罷了。而這項法令會被旁人貶為增稅政策，是因為在某種程度上的確是事實。

羅馬帝國的稅制是由開國皇帝奧古斯都所確立。在奧古斯都創設的稅制之中，無論羅馬公民或行省民，都有義務繳納營業稅和關稅等間接稅。然而直接稅就不同了。負擔帝國國防義務的羅馬公民權所有人得免課徵直接稅，沒有兵役義務的行省民則必須拿出收入的十分之一來繳納行省稅。哲學家西塞羅曾說，行省稅是獲得和平與安全保障的人，向保障和平的人繳納的稅金。

不過，並非每個羅馬公民權所有人都會志願進入軍團，服二十年的兵役。奧古斯都時代的軍團兵人數約十六萬左右。而在帝國初期，羅馬公民權所有人人數，已經有五百萬人以上。初步估計，三十個羅馬公民權所有人裡面，只有一個人會盡義務從事帝國國防工作。

也許是奧古斯都皇帝覺得這現象不公平吧，他另外又創設兩項針對羅馬公民權所有人的直接稅。那就是遺產稅和奴隸解放稅，稅率均為百分之五。雖說稅率不高，然而古代社會認為戰勝者能取得一切權益，戰敗者必須失去一切權益，所以事前可以預料這兩項新稅將遭到強烈反對。為了躲過反對壓力，奧古斯都把這兩項新稅設計成目的稅。新稅的名目是作為軍團兵役期滿退伍時的退休俸。如此一來，負有帝國國防義務的羅馬公民權所有人便無法表示反對。

羅馬帝國的稅制如此維繫了兩百多年，到了卡拉卡拉手上卻大為改變。西元二一二年的「安東尼奧敕令」讓所有行省民升格成羅馬公民，使得他們卸下繳納行省稅的義務。只是以往的「行省民」全數成為「羅馬公民」後，也就背負了繳納遺產稅與奴隸解放稅的義務。這兩項稅賦幾乎可說是「羅馬公民稅」，而且施行已有兩百多年，稅率一直維持在百分之五。卡拉卡拉皇帝又把這兩項稅賦稅率一次調高到百分之十。這就是「安東尼奧敕令」會被當時的人評斷為增稅政策的緣由。

如果仔細研究的話，我們會發現羅馬帝國歷任皇帝對於稅賦政策的態度，已經謹慎到了幾近神經質的地步。羅馬稅制的第一項特點是簡單明瞭。這是因為當稅制愈是複雜，與徵稅相關的人力需求也就越高。這不僅使得人事費用攀高，也使得稅務人員有恣意行事的機會，亦即讓個人見解介入稅務的空間增加。不管刑罰有多重，每個時代都會有收送賄賂的人存在。如果希望施行公正的稅制，唯一的辦法就是把稅制設計得簡單明瞭，讓百姓覺得不需要稅務士存在。

西諺說：「公正的稅制是善政的基礎。」因為所謂的善政，就是實現讓守法的人不吃虧的社會。除此以外，盡可能輕繇薄賦，不讓稅率上漲，也是推行善政時不可忽視的重要事項。這是因為民眾會對於衝擊私人財政的政策過度反應。如果反應提升到暴動或叛亂的地步，那麼政府只剩下軍事力量鎮壓一途。以羅馬帝國來說，在內亂的局勢下，配置在邊境的軍團就會數量不足。如果軍團不僅要防範外敵，連出動維持國內秩序都成為常態的話，為了擴編兵力，連帶會造成軍事費用上漲，最後掉入增稅的不良循環內。要避免落入上述的不良循環，唯一的辦法就是把稅率壓低在民眾不覺得沉重的範圍內。

兩百多年來，羅馬帝國在控制稅率方面一直施行得很成功。向行省民課徵的行省稅，通稱為「十分之一稅」(decima)。其他稅賦，如關稅，除了東方進口的奢侈品稅率不同以外，一般通稱為「二十分之一稅」(vicesima)。類似現代日本消費稅的營業稅則是「百分之一稅」(centesima)。只針對羅馬公民權所有人課徵的遺產稅與奴隸解放稅則是「二十分之一稅」(vicesima)。上述的通稱能在社會流傳，可以證明稅制一直很穩定。

後世的研究人員也異口同聲表示，羅馬帝國在稅賦方面，一直成功地維持稅率低、範圍廣的政策。筆者認為，這是在奧古斯都確立稅制之後，後續的歷任皇帝也沒有把稅制當經濟問題看待，而是當成政治問題處理。

與「安東尼奧敕令」同一時代的史學家加西阿斯·迪奧批評這項法令只是增稅政策。假設這項批評正確的話，那麼把行省民升格為羅馬公民的行為應該會成功增加稅收。問題是沒有任何史料提到稅收增加，連加西阿斯·迪奧本人也沒有提到稅收是否真正提升。因此接下來的論點，純屬筆者的推測。筆者認為，卡拉卡拉發布「安東尼奧敕令」，並且改變了由奥古斯都創設的稅制，不但沒有增加稅收，反而使得稅賦劇減。

這項推論的首要根據，在於西元二一二年時，由於先前馬庫斯·奧理略、賽埔提謬斯·謝維勒兩位皇帝盡心盡力，成功擊退由北方入侵的異族，維繫帝國防線(Limes)。換句話說，「羅馬和平」還能發揮功效；受到防線保護的行省經濟，還沒有受到明確的威脅。羅馬帝國依舊形成一個廣大的經濟圈，市場上充斥各類商品。即使住在多瑙河河濱，也能夠買到北非出產的貨品。在這個情形下，對帝國稅收而言，占個人收入百分之十的行省稅應該會占據重要地位。這是因為行省稅正好能反映出一個行省的經濟力量，可是卡拉卡拉卻將其廢除了。而且問題不只是因為行省民升格為羅馬公民，使得國家失去行省稅收入而已。行省稅是每年固定可以取得的稅入，遺產稅和奴隸解放稅卻只是臨時的稅收。就算把行省民全數升格為羅馬公民，擴大課稅對象，再把稅率從百分之五提高到百分之十，還是無法彌補廢除行省稅造成的財政漏洞。

當卡拉卡拉接掌羅馬帝國時，由於前任皇帝謝維勒的軍事強化政策，使得國防方面的支出大幅增加。從軍團數量而言，由於新編三個軍團，使得軍團數量增加到三十三個。而軍團兵的年薪，原本百餘年來一直維持三百狄納利斯銀幣，在謝維勒任內調高到了三百七十五狄納利斯銀幣。簡單來說，在這種狀況下推動大規模的減稅政策，只是讓帝國財政雪上加霜。

從既有的羅馬公民權所有人的角度來看，原本維持百分之五的遺產稅和奴隸解放稅，一夕之間暴漲為兩倍。天底下沒有任何民眾會對增稅感到快樂的。而且遺產稅、奴隸解放稅和行省稅之間的不同處還不只在於是否每年徵收而已。光是將課稅對象擴大，再把稅率提高為兩倍，也起不了多大作用。在羅馬帝國，這兩項稅收都能徵收到符合期待的數目，是因為以下的事情：

這兩項稅賦與羅馬人的個性有關。羅馬人有捐贈部份遺產給無血緣關係，但前途有望的青年，或者平日受人尊敬的人物之風俗。至於奴隸解放稅方面，羅馬人認為做主人的如果感謝奴隸平日盡忠職守，讓其恢復自由之身也算是一種獎勵。恢復奴隸自由時繳納給國家的稅金，感覺上有如付給奴隸的退休金。有足夠財力的奴隸會自行支付，也有不少奴隸是由主人代為繳納稅金，或者先行墊款的。在羅馬社會，有個階層叫作「解放奴隸」(libertus)。這個階層在古代絕無僅有，連民主的雅典城邦都沒有發展成功。而如果解放奴隸的數量不多，自然不可能形成社會階層。

不過，羅馬的社會也開始產生轉變了。羅馬人逐漸轉為內向，當然地，也逐漸偏向個人主義。在馬庫斯・奧理略皇帝的時代，已經有地方議員候選人數量偏低的記載。這個現象的原因，並非起於議員是無給職，而是因為羅馬社會認為有實力擔任地方政體公職的人，也有義務捐獻提升地方的基礎建設。社會風氣發展到如此，願意基於公德心，為了陌生青年的前途捐出遺產的人自然也就少了。附帶一提，血緣親近的親屬繼承遺產時，得免徵遺產稅。

至於奴隸解放稅方面，稅收增加的可能性同樣微乎其微。主要原因在於羅馬社會的奴隸數量減少，主人願意恢復奴隸自由與否還在其次。羅馬進入帝政時期後，隨著「羅馬和平」的成立，會帶來大量奴隸的攻勢戰爭行為也幾乎絕跡。從五賢君時代成立的多項奴隸保護法規可以證實，羅馬社會的奴隸數量已經銳減。而原有鼓勵奴隸在家庭內增產，亦即奴隸間通婚生子的措施，更是日益推廣。原本奴隸在羅馬社會中已是不可或缺的部份，至此重要程度更是增加。既然奴隸已經成為如此貴重的存在，羅馬人也失去了西塞羅時代那種把恢復奴隸自由時繳納的稅金當成退休金的餘裕。如果在這種局勢下，卡拉卡拉還把遺產稅與奴隸解放稅當成主要稅收，那麼這個人不僅對於經濟無知，而且是個不動大腦的統治者。

被當時的人視為增稅措施的「安東尼奧敕令」風評極差，在卡拉卡拉皇帝逝世一、兩年後就遭到廢除，遺產稅和奴隸解放稅的稅率調回百分之五。不過，賜予全體行省民羅馬公民權的「安東尼奧敕令」本身並未遭到撤除。只有稅率恢復原狀，廢除「行省民」與「羅馬公民」差異的法令依舊有效。也就是說，廢除行省稅的政策依舊存在。這是權利一旦釋出，便幾乎不可能收回的佐證之一。

卡拉卡拉發布的「安東尼奧敕令」對羅馬社會的影響，只怕不僅因為廢除國稅支柱行省稅使得帝國財政提前惡化而已。最大的影響，恐怕是讓帝國支柱「羅馬公民」的存在意義產生變化。

「既得權」與「取得權」

羅馬和希臘的雅典同樣起源自城邦國家。後世將這段時期並稱為「希臘羅馬時代」，可見這兩個民族在宗教、風俗、文化方面有先希臘、後羅馬的承繼關係。不過在公民權觀念方面，雙方可說是南轅北轍。各位讀者可以把公民權姑且當成現代的國籍來看待。雅典人對「公民權」的觀念認為，一個人的父母必須都是雅典人，才能取得雅典公民權。假設母親是希臘人，但出身在雅典以外的城邦國家，那麼終生不能取得雅典公民權。如果雙親都出身於希臘北部，或者義大利半島南部的諸多希臘裔殖民都市之中，不管這個人對雅典做出多少貢獻，他的身份將始終是外國人。蘇格拉底和柏拉圖都是雅典公民，而亞里斯多德雖然創設了名傳千古的高等學府"Lykeion"，提升了雅典的文化水準，城邦國家雅典還是沒有贈與這位大哲學家公民權。或者說，雅典人的腦海裡，沒有把本國公民權贈與外國人的想法。這是因為雅典人觀念裡的「公民權」，是以「血統」為基礎。

而雅典的社會型態也讓這種封閉的傾向更為發達。城邦國家雅典的歷史，從王政、貴族政治，最後發展到了民主政治。在別名「伯里克里斯時代」的民主政治時代，雅典是全希臘最為繁榮的國家。直到兩千五百年後的現代，我們還可以得知民主政體是由當時的雅典人發明的。

民主政體必須在有權者，亦即所有公民地位平等的情形下才能成立。最重要的並非有權者個別能力平等，而在於所持有的權力必須平等才得以成立。這是因為民主政體的基本理念認為，每個人所持有的一票具有同等的效力。

在強調全體成員必須平等的社會中，也必然地會形成排擠不同份子，亦即外國人的氣氛。各位可以想像一下，到昨天為止還是陌生人的人，今天突然成為自己的家庭成員，而且擁有同等的發言權時，會對既有成員帶來什麼感觸。長年來以「家庭成員」身份奮鬥至今的舊人，是不是會感到不滿？在引進新進份子時，一律平等的觀念是最難以克服的障礙。想必亞歷山大大帝在打倒雅典長期的敵人波斯之後，雅典人還是沒有拿出公民權向他致謝。

而羅馬人在臺伯河濱建國時，對公民權的想法已經和雅典人完全不同。

剛建國時的羅馬人忙著與周邊部族作戰。然而在戰勝後沒有把戰敗者當成奴隸，也不像斯巴達一樣把戰敗者列為農奴，當作半個奴隸使喚。羅馬在確認獲勝議和之後，讓戰敗者的仕紳及一般民眾遷居到羅馬，並且給予羅馬公民權。甚至提供元老院席位給戰敗一方的仕紳。這項政策具有增加人口的意味，所以在形成國家結構，進入共和時期之後，也就廢除了強制遷居羅馬的部份。不過同化政策依舊由後人所繼承。如果戰敗者永遠是戰敗者的話，後世只怕不會有凱撒、奧古斯都和克勞狄斯了。因為追溯這些人的祖先可以發現，他們都是戰敗者出身。不僅如此，後來的羅馬領導階層，大多數人的祖先也都是戰敗者出身。有趣的是，由於在羅馬社會中這是稀鬆平常的事情，羅馬人根本沒把這個現象當問題看待。

羅馬人觀念中的「公民權」，並非和雅典人一樣以「血統」為基礎。他們認為公民間是以「志向」或者「意念」連繫的。所以羅馬人認為，即使是戰敗者，只要願意為保護羅馬「共同體」盡心力，那麼就具有獲贈公民權，得享和現有公民同等待遇的資格。

朱利斯．凱撒在指揮高盧戰役之後，以協助作戰的名義，把羅馬公民權贈與北義大利的全體民眾，以及南法和西班牙地區的仕紳。至於戰敗者高盧人的仕紳階層，不僅取得了羅馬公民權，大族的族長甚至得以進入元老院。此外，能取得羅馬公民權的，還不只是戰敗者的仕紳階級。當凱撒當上終身獨裁官，領導全羅馬政治之後，他以從事醫療或教育工作為條件，讓醫師、教師能不論人種、民族、膚色，都可以取得羅馬公民權。如果亞里斯多德出生在羅馬的話，想必能迅速成為羅馬公民。

開國皇帝奧古斯都不僅承襲凱撒的開放路線，還確立了規模更為龐大的羅馬公民權頒贈體系。一個人即使出身行省，只要在羅馬軍中擔任輔助兵，當二十五年役期結束後，就算階級還是士兵，同樣能取得羅馬公民權。而且服役取得的羅馬公民權與醫師、教師的公民權不同，是一種世襲權利。出身行省，新取得公民權的人所生的兒子，同樣是羅馬公民。即使身上沒有半點羅馬人的血統，也能享有和義大利本國出身的「羅馬公民」同等的權利，且負擔同樣的義務。

以上只是簡單舉例介紹公民權而已。總之羅馬人對於「公民權」的開放觀念，並非出自人類情感的臨時起意。對羅馬人來說，同化戰敗者是營運帝國時的政略。正因為如此，凱撒和奧古斯都在創設帝國時架構的這套體系，才會由後來的歷任皇帝承襲。雖說羅馬的政治體系，要依賴這兩名英雄修改為適合統治廣大疆域的帝國政體，不過開放路線是從羅馬建國初期就持續施行的政策，對羅馬人來說有如DNA，所以才能形成一貫的政略。因為當人們順著自己的本質行動時，其成功機率最高。

《列傳》的作者普魯塔克也表示，羅馬強盛的主要原因，就在於同化戰敗者。普魯塔克是生於五賢君時代的希臘人。由於希臘人有著拒絕同化戰敗者，也排斥提供公民權給同盟城邦公民的歷史，所以這句話顯得更有份量。

對於希臘人來說，公民權是出生時就具有的「既得權」。羅馬人觀念裡的公民權則是藉由意志與其成果獲得的「取得權」。後者理所當然會形成對外門戶開放的觀念。因為「血統」不是人人都能獲得，而「意志」則是能夠隨個人意願維持的。

而且，羅馬的社會結構也有助於引進不同份子。

希臘時代的代表性城邦國家雅典，社會階級由上而下分別是領導階層、公民、奴隸。而羅馬帝國的社會階層分類卻更為多樣化，依序是皇帝、元老院階級、騎士階級、一般公民、解放奴隸、奴隸。社會階層能如此細分，原因在於羅馬沒有採用民主政體，因此不必費神維護全體公民的地位平等。而階層細分，結果也促成了引進不同份子的風氣。因為只要各個階層間維持流動性，異質社會將會比同質社會容易接納異己。外國人等異質份子姑且先排在社會最低階層，至於這些人以後能爬到什麼地位，就看個人的表現。

在第X冊中，筆者曾說遍布羅馬帝國各處的羅馬道路網，有如把血液送到人體全身各處的血管網路。筆者認為羅馬公民權也發揮了和羅馬道路網相似的作用。因為公民權為社會注入新血輪，亦即新進人才的體系。羅馬公民權是一種取得權，任何人只要有充分意願，就可能成為公民。所以，沒有公民權的行省民會覺得公民權有魅力。這個體系也因此為羅馬帝國帶來活力。

而卡拉卡拉皇帝卻改變了這個體系。行省民不管之前的業績如何，任何人都能獲得羅馬公民權。這使得原本是「取得權」的羅馬公民權，變成有如雅典一般的「既得權」。

「取得權」的「既得權」化造成的影響

這個問題造成的影響極為巨大，讓人無法稱讚「公民權法」基於人道。

第一項影響，既有的羅馬公民權所有人喪失了身為帝國支柱的氣概。既然人人都同等，自己就沒有帶頭吃苦的必要。

第二，新成為羅馬公民的行省民失去了上進心和競爭意識。既然已經取得公民權，當然不需要為了取得權益賣力。

第三，只怕是最出乎卡拉卡拉意料之外的結果。新法成立後，升格成為羅馬公民的行省民一直沒有表現出願意擔負帝國命脈的氣概。畢竟對人類來說，能免費取得的權益是不值錢的。我們從現代選舉棄權率就可以證明這項論點，因為免費的權益讓人不覺得有何好處可得。雖說脫離行省民身份，可以免去課徵行省稅的義務，然而會為脫離一成稅率感到高興的期間也有限。成為羅馬公民後，另外要背負繳納遺產稅和奴隸解放稅的義務，不過這只是短期的稅務。而且要為這種稅賦傷腦筋的資產家，早就成為羅馬公民了。問題癥結在於新成為羅馬公民的原行省民。而對於這些新公民造成衝擊的，是國家為了彌補廢除行省稅造成的財政漏洞，次數開始增多的臨時稅賦。每當皇帝趕往前線，就會以籌措戰爭費用為名目課徵臨時稅。雖說這只是暫時性的稅賦，不過很明顯地將會演變為常設稅收。卡拉卡拉不僅把公民權的意義改變了，同時也把原本單純明瞭的羅馬稅制引向暫時稅、臨時稅層出不窮的複雜路線。就算把遺產稅和奴隸解放稅的稅率調回傳統規定，也無法解決這項問題。

第四，「安東尼奧敕令」廢除了行省民與羅馬公民間的界線，反而使得羅馬社會失去流動性這項特質。社會的僵硬化，就好比是人體的動脈硬化一樣。

最後，讓人感到無藥可救的一點是，廢除行省民與羅馬公民差異之後，在兩者合一的一般公民階層中又分化成兩個階層。羅馬人將其稱為「荷內斯塔」和「務敏流斯」。如果意譯的話，分別是「榮譽者」和「卑賤者」。也許人類根本不能接受全體平等，沒有分別歧視就活不下去吧。生於「卑賤者」和奴隸階層的人，從此失去在羅馬社會往上發展的機會。羅馬社會從此進入下層人民至死不得翻身的時代。

筆者認為，卡拉卡拉皇帝的「安東尼奧敕令」是負面的劃時代法律。羅馬帝國的支柱之一，就給這項法令弄垮了。這就好像剛開戰就失去一個據點一樣。而且造成戰線崩潰的還不是敵人，是羅馬人自己。

卡拉卡拉可能真的如敕令字面一樣，真心希望推行一套全體羅馬國民同心協力的體制，而他採用「全體行省民一律羅馬公民化」的方法。這個景仰亞歷山大大帝的年輕人，在幾年後還策畫了將羅馬與帕提亞合併的政略。既然能想到與多年仇敵帕提亞合併的點子，也許他真的認為泯除羅馬帝國內的階層差異是理所當然的吧。筆者實在不認為卡拉卡拉的「安東尼奧敕令」只是為了增稅而發布的法令。因為從常識的角度來考量，這項法令不可能造成稅收增加。筆者認為，不把「安東尼奧敕令」解讀成增稅政策，而直接採信其字面說明，會比較接近事實。也就是說，這項法令出自年僅二十四歲的理想主義者的思想。話說回來，這畢竟只是一道輕謀淺慮的施政。看來卡拉卡拉皇帝不懂得朱利斯·凱撒的這句話意義何在：

「（一項政策）不管結果有多壞，其最初的動

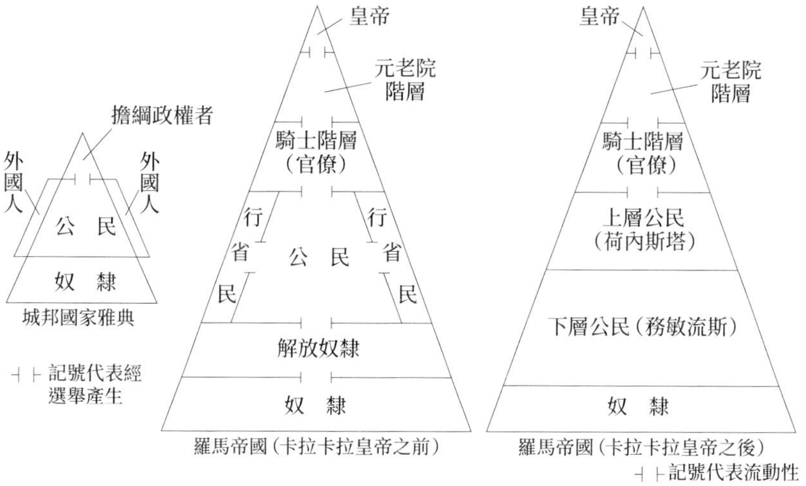

城邦國家雅典

羅馬帝國（卡拉卡拉皇帝之前）

羅馬帝國（卡拉卡拉皇帝之後）

機往往來自於一片善意。」

對於西元二一二年公布的「安東尼奧敕令」，筆者可能會比一般研究人員解讀得過深了些。而筆者之所以會發展出這項解讀，起因在於一項疑問，以及一些碑文。

假設「安東尼奧敕令」真的像是基督教所宣稱的，是符合人道的法令的話，為什麼身為優秀政治家的五賢君中沒有任何人打算施行呢？尤其哲學家皇帝馬庫斯·奧理略向來開明公正，認為尊重人權是皇帝的職責。當他挑選行省出身的人當女婿時，心中連一點疙瘩都沒有。為什麼這名皇帝不但沒實施，連考慮過改變公民權政策的痕跡都沒留下來？

在羅馬時代的墓碑背面，往往像是履歷表一樣刻著死者的生平。而在無名的市井小民墓碑背面，常有特意刻著「羅馬公民」字樣的。從這些人的姓氏可以看出，他們並非出身為羅馬開國的拉丁民族，而是出身希臘或高盧。亦即這些墓碑的主人是取得羅馬公民權歸化後的行省民。在這些墓碑中，有些還特別加上「安東尼奧敕令前的羅馬公民」字樣，好像要強調在人人都升級成羅馬公民前，自己老早就是羅馬公民了。

卡拉卡拉的施政，使得羅馬公民權失去了長年維持下來的魅力。既然不覺得有魅力，人們也就不覺得自己應該背負著伴隨公民權而來的責任與義務。這個心態，連帶使得多民族、多文化、多宗教的羅馬帝國立國基礎產生龜裂。因為人人都有的權利，跟人人都沒有是一樣的。用現代的說法來形容這個現象的話，就是「品牌崩盤」。

帝國國防

卡拉卡拉相信廢除行省民與羅馬公民的差異，就能使得帝國團結一致。在這方面我們只能說他沒頭腦。不過從深信皇帝最大的職責在於帝國國防這點來看，卡拉卡拉不愧是羅馬皇帝。他這時二十四歲，在個性方面，從他會輕視穩健消極的捷塔這點來看，卡拉卡拉應當是積極進取的。從他殺害捷塔，成為帝國唯一皇帝的時間來算，第二年，西元二一三年，他便拋棄了在首都羅馬隨心所欲的安逸生活，趕往北方前線。當時卡拉卡拉只帶著少數禁衛軍，輕車簡從而行。就好像滿心期待著阿爾卑斯山以北的春天，以便人馬活動。

皇帝不在首都時，內政是交由"Consilium"代管。各位可以假設元老院相當於現代國會，"Consilium"則相當於內閣。這段期間裡，在背後支持內閣施政的是擁有絕佳政治平衡感的女性尤莉亞．多姆那。想必是因為有賢明的皇太后存在，卡拉卡拉才能放心地放下政事離開。尤莉亞．多姆那應該沒那麼容易走出兒子互相殘殺的悲劇。姑且不論她心中感受如何，她終生一直扮演協助長子卡拉卡拉施政的母親角色。

目前沒有史料可供考察卡拉卡拉越過阿爾卑斯山後的行動範圍。不過從他花費在視察與作戰的時間只有半年多，再參考這段時間內的事蹟可以想像，應該只限於萊茵河防線與「日耳曼長城」(Limes Germanicus) 周邊。而一旦皇帝巡視防線 (Limes) 周邊，自然也會注意到具有向各個防衛基地輸送「血液」功能的羅馬街道網。實際上，卡拉卡拉曾發令並執行高盧及伊比利半島的羅馬大道修復工程。西元三世紀時，羅馬街道網光是幹線部份就超過八萬公里，沒有開闢新路線的必要。若希求街道網發揮完美功效，則必須隨時維修保養，而歷任皇帝也沒有疏忽這項工作。只不過卡拉卡拉發起的工程浩大，在各地留下了將維修事蹟流傳後世的石碑。

在純軍事方面的基礎建設而言，卡拉卡拉也使得「日耳曼長城」更加固若金湯。原本只有壕溝和木柵的地方，後來也改為石頭、磚瓦修築的防線了。

羅馬人將多瑙河、萊茵河上游地區稱為“Agri Decumates”，意為十分之一農耕稅地區。從國防角度來看這個地區，由於介於萊茵河防線和多瑙河防線之間，以人體來比喻，則有如側腹要害。因為這個區域的地理條件特殊：地形進入山區，難以沿著河岸修築防線；溪流眾多不易行走；大部份區域又為「黑森林」(Schwarzwald)所籠罩。而日耳曼民族向來稱森林為日耳曼之母，一進入森林就精神抖擻。

第一個考量到保護要害地區的羅馬皇帝是臺伯留。也是他確立以萊茵河、多瑙河作為羅馬帝國北方防線。不過實際建設防線，保衛這個包括部份黑森林在內的區域的，則是圖密善皇帝。日耳曼長城從萊茵河沿岸的波昂奈（今日的波昂）和康伏倫恩特斯（今日的科布連茲）中間處南下，通過莫根提亞奎姆（今日的梅因茲）北方三十公里處，直達多瑙河沿岸的嘉時多·雷吉娜（Castra Regina，意為皇后營，今日的雷根斯堡）。從此成為保衛帝國北方的重要防線。原

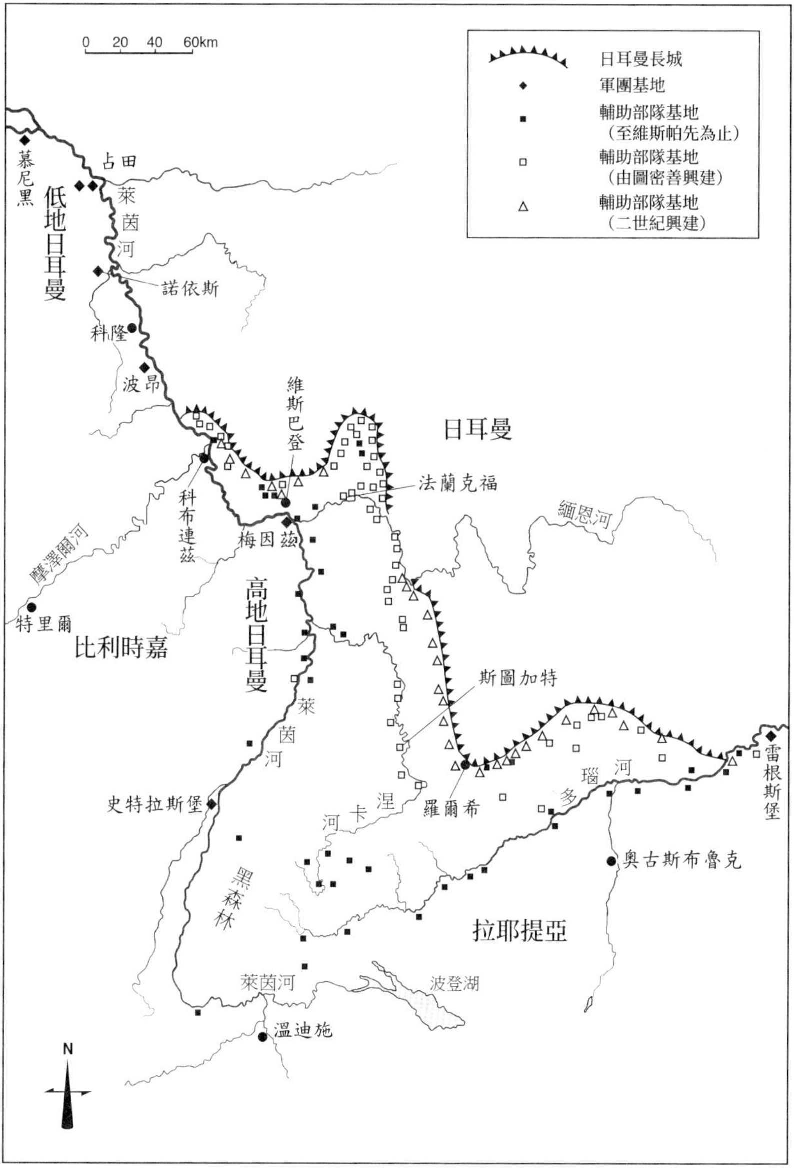

完成後的日耳曼長城（引用自“*The Grand Strategy of the Roman Empire*”）

有的萊茵河與多瑙河兩大防線，也因為日耳曼長城銜接而一體化。防線一體化，也代表防衛體制合理化。這裡所說的合理化，定義為能抑制經費支出，又足以維持必要的防衛力量。

這個地區的地形特殊，只要稍有輕忽，馬上又會退回「要害」身份，因此歷任皇帝也不敢疏於維護。其中以哈德良皇帝與馬庫斯·奧理略皇帝的強化政策最為宏偉。到了四十年之後，卡拉卡拉皇帝使得防線更為堅固了。他雖然不是個深解大眾心理的政治家，但在軍事方面的才幹似乎還挺優秀的。

而卡拉卡拉保護要害的方式也頗符合個人風格。他不像哈德良皇帝一樣，無視羅馬國界外的異族存在，專

帝政時期後的軍事費用演變

西元	皇　帝	軍團數量	軍團兵總數 (legionaris)	糧餉（年）（以狄納利斯銀幣為單位）	輔助兵總數 (ausiliaris)
前23年	奧古斯都	25	15萬強	225	15萬弱
90年	圖密善	25	15萬強	300	15萬弱
106年	圖拉真	30	18萬強	300	18萬弱
138年	哈德良	28	16萬8千強	300	16萬8千弱
170年	馬庫斯·奧理略	30	18萬強	300	18萬弱
197年	賽埔提謬斯·謝維勒	33	19萬8千強	375	19萬8千弱
213年	卡拉卡拉	33	39萬6千左右（包含原輔助兵）	375	——

注於防線工程。也不像馬庫斯·奧理略皇帝一樣擊退入侵的異族之後才著手重建「日耳曼長城」防線。他採用符合青年氣息的方式，以先軍事行動、後修築工程的作法，主動跨越防線出征，徹底擊垮迎擊的日耳曼軍隊後凱旋回到防線內。這項作風大獲士兵好評。畢竟採用積極作戰並大獲全勝，是最能帶動士氣的作法。這年秋季卡拉卡拉就早早回到首都，舉辦戰勝日耳曼蠻族的凱旋儀式。元老院也向這位年輕皇帝獻上“pacator orbis”稱號，直譯為「為帝國帶來和平者」。然而，現在不是為了戰勝而高興的時候，因為帝國財政已經在崩潰邊緣。而在西元三世紀初期，經濟崩潰的主要原因，可以全數歸咎為軍事費用擴增。

羅馬的通貨膨脹

卡拉卡拉沒有像他的父親謝維勒一樣增加軍團數量，也沒有調高軍團兵的年薪。問題是，由於施行賜予行省民羅馬公民權的「安東尼奧敕令」，以往身為羅馬軍隊主要戰力，僅開放給羅馬公民應徵的軍團兵，和行省民得以志願服役的輔助兵之間失去差異。從法律上來說，全體官兵都成了軍團兵。自從發布「安東尼奧敕令」之後，估計羅馬軍士兵總數時，必須將原軍團兵和原輔助兵合併計算。而且這代表政府必須發給原輔助兵與軍團兵相同的薪資，退伍時也要發放同額的退休俸。

由於沒有殘存的記錄，我們無法得知卡拉卡拉登基前的羅馬輔助兵薪資是多少。不過，與軍團兵之間的差距絕對不小。推論原因如下：

第一點，輔助兵是由羅馬軍征服、行省化之後的地方出身。亦即是在羅馬人支配下的其他民族。在古代，社會風氣認為支配者擁有被支配者的一切權益。

第二點，行省兵為輔助戰力，任務僅在於協助主要戰力作戰。

第三點，軍團兵服役年限為二十年。相對地，輔助兵服役年限為二十五年。

第四點，軍團兵享有由奧古斯都創設，在古代絕無僅有的退休俸制度，輔助兵退伍領到的則是羅馬公民權。除此以外應當沒有支領其他退休金，也沒有相關記錄提及這一點。

從上述狀況推斷，軍團兵與輔助兵的薪資差距應該相當大。而現在卻失去了維持薪資差異的理由。當然，輔助兵的薪資，應該不是在發布「安東尼奧敕令」的同時馬上改為與軍團兵同額。可是行省民升格為羅馬公民之後，軍中薪資也就不可能一直維持原有差異。筆者推測當時可能採階段性調整。總之原輔助兵的薪資勢必會日漸接近軍團兵，最後達成同等。

由卡拉卡拉提案、施行，在人道方面無懈可擊的「安東尼奧敕令」，影響到了國家財政。把行省民全數升格成羅馬公民帶來的影響，也不是以風評不佳為由，恢復遺產稅、奴隸解放稅稅率就可以解決的了。這項法令使得全體民眾都成為公民，反而帶來公民之間分離為上下兩個階層的現象。發生在整個羅馬社會的這個現象，只怕也蔓延到羅馬軍中。這時問題的源頭，應該是在正規輔助兵，以及名稱為“numerus”，類似季節僱員的傭兵之間。

也就是說，全面廢除階級差異的政策，反而斷絕了階級之間的流動性。

前任皇帝謝維勒擴大軍事費用支出，繼任的卡拉卡拉又讓輔助兵領取與軍團兵同等的薪餉，如此已經對帝國財政造成沉重負擔。更為雪上加霜的是，卡拉卡拉還繼承了三十年來慢慢形成的貨幣貶值問題，必須在他任內設法補救。

支撐羅馬帝國經濟的基礎貨幣，大體上可分為「奧流斯金幣」、「狄納利斯銀幣」、「塞斯泰契斯銅幣」三種。以流通比例來說，「狄納利斯銀幣」的重要性最高，筆者甚至認為羅馬經濟已經幾近銀本位制。派遣到外省的官員薪資，以及軍團兵的年薪，都是以狄納利斯銀幣表記的。

當年開國皇帝奧古斯都達成全面改革通貨制度時，深知貨幣的信用，全建立在面額價值與素材價值一致的條件上。而且他認為貨幣與稅制相同地，若要廣為大眾接受，則必須簡單明瞭。

當西元前二十三年實施貨幣改革時，確立了一枚「奧流斯」等於二十五枚「狄納利斯」又等於一百枚「塞斯泰契斯」的制度。這項制度維持了八十七年，直到西元六十四年，才由尼祿皇帝稍作更動。

賽埔提謬斯．謝維勒皇帝發行的狄納利斯銀幣

史學家把尼祿皇帝的貨幣改革，列為施政浪費的彌補

對策，不過筆者不這樣想。尼祿的貨幣改革政策，把金幣的重量從七．八公克減為七．三公克；將狄納利斯銀幣的重量從三．九公克減至三．四一公克，並把銀幣的含銀率從純銀改為百分之九十二。如果這是為了彌補以“Domus Aurea”（黃金宮殿）為首的諸般浪費政策，在尼祿之後即位的任何皇帝大可將其廢除。在那個時代，羅馬還有充分的經濟能力，把金幣銀幣恢復到奧古斯都時代的制度。

可是後來沒有任何皇帝打算這樣做。尼祿計畫要用來興建廣大人工湖的土地，被維斯帕先皇帝移作圓形競技場之用。遭破壞的黃金宮殿遺址，後來被提圖斯皇帝與圖拉真皇帝用來興建大浴場。尼祿皇帝的都市計畫全面遭到推翻，由他修改的貨幣體系卻一直受人沿用。尼祿體系後來讓人持續沿用了一百五十年。這不就證明尼祿皇帝的改革，適於西元一世紀中期到二世紀後半的羅馬帝國嗎？

這段時期，是羅馬帝國最為興隆的時代。當然，也是經濟力量的鼎盛期。一旦經濟力量活潑，貨幣流通量也會隨之增加。現代人大概會用「貨幣供應量」(money supply)來表達這個問題吧。總之這是一段貨幣發行需求增加的時代。如果隨經濟成長增加礦山的金銀產量，很快的會面臨礦脈枯竭的問題。尼祿皇帝的要求，是在不增加礦山挖掘量的情況下，達成增加貨幣流通量的目的。因此筆者認為，尼祿皇帝的改革，並非單純的貨幣貶值。而是順應隨「羅馬和平」普及而成長的經濟需求所使出的金融緩和政策。

在尼祿一百五十年之後的卡拉卡拉推出的貨幣改革卻完全相反，目的是為了彌補軍事費用

1 利普 ≒ 300 g

帝政時期後的羅馬貨幣變遷　　1 昂斯 ≒ 30 g

金屬	名　稱	換算值	重量（羅馬利普或羅馬昂斯）	重量 (g)	含有率
奧古斯都皇帝的改革（西元前 23 年～西元 64 年）					
金	奧流斯	25 狄納利斯	1/42 利普	7.80 g	金 100%
銀	狄納利斯	4 塞斯泰契斯	1/84 利普	3.90 g	銀 100%
銅	塞斯泰契斯	4 亞西	1 昂斯	28 g	銅 4/5、鋅 1/5
尼祿皇帝的改革（西元 64 年～214 年）					
金	奧流斯	25 狄納利斯	1/45 利普	7.30 g	金 100%
銀	狄納利斯	4 塞斯泰契斯	1/96 利普	3.41 g	銀 92%
銅	與奧古斯都貨幣相同				
卡拉卡拉皇帝的改革（西元 214 年～260 年左右）					
金	奧流斯		1/50 利普	6.50 g	金 100%
銀	狄納利斯		1/108 利普	3 g	銀 70%
	安東尼奧	2 狄納利斯	1/60 利普	5.5 g	銀 50%、銅 50%
銅	塞斯泰契斯	與既有貨幣相同，但鑄造量減少			
迦利艾努斯皇帝時代（西元 253 年～268 年）					
金	奧流斯		1/60 利普	5.5 g	金 100%
銀	安東尼奧		1/108 利普	3 g	銀 5%、銅 95%（鍍銀）
銅	幾乎沒有鑄造				
奧雷利亞皇帝的改革（西元 274 年～294 年）					
金	奧流斯		1/50 利普	6.5 g	金 100%
銀	安東尼奧	5 舊狄納利斯	1/84 利普	3.9 g	銀 5%、銅 95%
銅	由於銅幣素材價值不斷下跌，失去存在理由而停止鑄造				

擴增帶來的經濟漏洞。筆者將奧古斯都以來的羅馬貨幣變遷列表（見附表）。相信各位讀者只要一看這個表就能知道，三世紀的羅馬在經濟方面也同樣面臨危機了。

帕提亞戰役

二十六歲的卡拉卡拉皇帝大概已經厭倦面對讓人心煩的國家財政問題，想要回到一年前奔馳沙場的生活吧。西元二一四年早春，將剛設計好的貨幣改革政策交給「內閣」之後，他就離開首都朝北而去。這次皇太后由利亞．多姆那也隨軍同行。初期的目的地是多瑙河防線，不過遠征的目的在執行帕提亞戰役，因此最後勢必要踏上敘利亞的土地。而敘利亞同時是由利亞．多姆那生長的地方。由於這次作戰的對象是大國帕提亞，因此整個禁衛軍團也伴隨皇帝同行。禁衛軍團長官馬克利努斯也在隨行幕僚成員中。

生在那個時代，後來著作有《羅馬史》的加西阿斯．迪奧寫道，多瑙河防線是衡量帝國國防機制能否發揮作用的儀器。從維也納的上游起，途經布達佩斯、貝爾格萊德，最後直達黑海的多瑙河防線，也正是「羅馬和平」的命脈。皇帝親自巡視這個地區，代表羅馬方面認真準備加強此地的防線。

卡拉卡拉很巧妙地利用和戰雙面策略達成這項目標。首先利用巧妙的外交技術，撕裂了同屬於日耳曼裔的馬爾科曼尼、汪達爾兩個部族的感情。又與達其亞族締結同盟。而當夸提族的酋長拒絕卡拉卡拉的要求時，則當場捕獲對方並處死。面對可以短期擊垮的小部落時，則用軍事力量打擊，令其陷入難以入侵羅馬境內的局面。簡單來說，他依照羅馬人傳統的外交策略「分離並統治」(divide et impera) 行事。歷經父皇謝維勒時代的不列顛戰役，卡拉卡拉時代的萊茵河防線、日耳曼長城強化政策之後，多瑙河防線也亦趨穩固。到了這個地步，他才能無後顧之憂的朝東方行軍。卡拉卡拉雖然不是眼光深遠的政治家，在行軍打仗方面的才幹似乎挺不錯的。

和強化萊茵河防線及日耳曼長城防務時一樣地，在巡視、加強多瑙河流域的途中，士兵看待年輕皇帝的眼光也有了轉變。對天天面對敵人的士兵來說，指揮官的能力好壞，事關自己的生死大計。而且官兵們也知道，勝仗所帶來的信心，比任何武器都更加接近勝利。首都居民在好奇之下，以高盧服裝為依據取的外號「卡拉卡拉」，在前線官兵之間轉變成為暱稱。亦即官兵認為這個皇帝雖然奇裝異服，但在軍事才能方面是個合格的最高指揮官。官兵眼中謝維勒先帝的兒子，形象漸漸地變成了現任皇帝。前線官兵對卡拉卡拉的看法，一直維持到他過世許久後。

卡拉卡拉強化多瑙河防線之後，沒有順流而下前往黑海海濱。當他到達下游的「遠莫埃西亞行省」之後轉向東南，斜向穿越巴爾幹半島前往達達尼爾海峽。這段路同樣是走在交叉縱橫於這地區的羅馬大道上。

渡過達達尼爾海峽進入小亞細亞後，他沒有馬上前往政治、軍事方面都極為重要的尼科米底亞（今日的伊茲敏特），而是前往當時稱為伊里畝的特洛伊。這裡是有名的古戰場，荷馬的長篇史詩〈伊里亞德〉也是以這個城鎮為背景。要說卡拉卡拉愛讀〈伊里亞德〉，不如說是他景仰的亞歷山大大帝愛讀。卡拉卡拉可能想模仿亞歷山大大帝東征波斯前造訪此地時的行為吧。附帶一提，亞歷山大大帝造訪特洛伊時二十二歲，而卡拉卡拉這時二十六歲。

卡拉卡拉模仿古代英雄的行跡，做出和五百年前的亞歷山大一樣的行為。他參拜〈伊里亞德〉的主角之一，英年早逝的阿基里斯墳墓。並且和麾下的青年武將共同舉辦運動會，作為獻給古代英雄的祭典。這是因為在古希臘、羅馬，運動會的祭神儀式意味大於培養體能。卡拉卡拉在造訪特洛伊時的行為雖然令人感到好笑，不過若想到不久前他弔唁好友解放奴隸菲斯托斯時的模樣，不禁讓人聯想到在戰場上失去好友帕特洛克雷斯的阿基里斯。

離開特洛伊古戰場之後，一行人沿著海岸南下探訪婆高蒙。在羅馬時代，婆高蒙是僅次於希臘雅典和埃及亞歷山大的學術都市。也許來訪的目的，是為了慰勞同行的皇太后由利亞·多姆那。在此地，卡拉卡拉的行為也符合尊重一切神明的多神教國家皇帝身份，參加了醫學神阿斯克雷比斯的祭典。訪問婆高蒙之後一行人轉道東北，前往尼科米底亞準備過冬。

尼科米底亞位於面臨馬爾馬拉海的拜占庭（今日的伊斯坦堡）附近。這個城市的地位重要，不僅在於這裡是俾斯尼亞行省的首府而已。一來這裡是離開歐洲進入亞洲後，第一個規模夠大的像樣都市。二來這裡接近博斯普魯斯海峽，是維護黑海制海權的後勤基地。卡拉卡拉選擇在這裡過冬，目的也在於順便視察黑海巡邏艦隊。小亞細亞地區銜接帝國「東方」與「西方」。這個地區的安全，不是依賴南側羅馬和平能充分發揮功能的地中海(Mediterraneus)，而是依賴北側隨時面臨異族入侵威脅的黑海制海權。

第二年，西元二一五年。卡拉卡拉離開尼科米底亞之後，由西北朝東南，斜向穿越小亞細亞趕往敘利亞。繞過地中海東岸，五月就進入了安提阿。依照羅馬的傳統作法，當與大國帕提亞作戰時，羅馬軍通常會把後勤基地設在與埃及的亞歷山大同為東方第一大城的安提阿。卡拉卡拉進入敘利亞行省省都之後，立即著手編組與帕提亞作戰用的部隊。

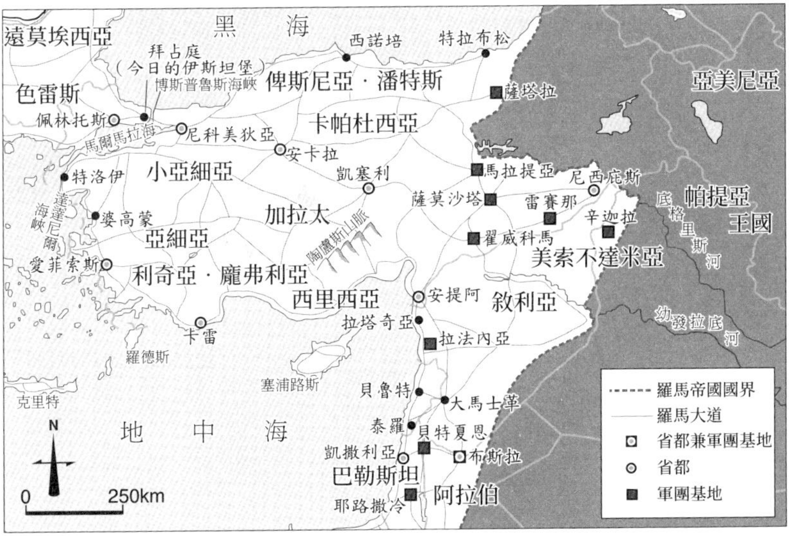

西元三世紀初期的小亞細亞及周邊

我們不得而知卡拉卡拉對帕提亞作戰時的兵力如何。不過，沒有任何記錄顯示多瑙河防線的各軍團基地曾派出分隊前往東方。因此這次進行作戰的部隊，顯然是由派駐在東方的各羅馬軍團編組而成。擔任帝國東方防衛工作，亦即堅守幼發拉底河防線的軍團，由北向南依序有：小亞細亞東側，卡帕杜西亞行省的兩個軍團；派駐敘利亞的三個軍團；基地設置於巴勒斯坦的兩個軍團；今日的約旦，羅馬人稱為阿拉伯的行省有一個軍團；再加上先帝謝維勒由帕提亞手中奪得、行省化的美索不達米亞北部也有兩個軍團。總計帝國東方防線上共有十個軍團。光是軍團兵就有六萬，連輔助兵算上的話就超過十萬人。各個軍團留下看守基地的起碼兵力，其他部隊全數動員的話，就能編組成與帕提亞作戰時依舊能占優勢的兵力。至今為止的歷任皇帝都採用這種方式，而卡拉卡拉卻又打破傳統了。他新設立了之後逐漸變成羅馬軍戰鬥主力的機動部隊。

機動部隊

這支部隊拉丁文叫作"vexillationes"，並非卡拉卡拉創設的新制度。以往圖拉真皇帝與馬庫斯．奧理略皇帝也曾經運用過。雖然名稱相同，不過卡拉卡拉的部隊成員、用途與以往大有差異，簡直可說是重新設計。

以往的「機動部隊」只是由所屬的軍團臨時派遣，等到任務結束後又回歸原屬軍團。卡拉卡拉的「機動部隊」卻是由各軍團挑選士兵，重新編制獨立於軍團外的部隊。而且在任務結束之後，新部隊原封不動的保留了下來。也就是說，卡拉卡拉把羅馬軍的組織，從三十三個軍團改成三十三個軍團外加「機動部隊」。

在機動部隊的選拔標準方面，以往僅要求士兵「精銳老練」，不論年紀；卡拉卡拉卻以年輕為要求。卡拉卡拉提出的理由是，他需要目前單身沒有家累，因此能長期遠離駐地外派的士兵。當然，他挑選到的會是年輕的士兵。

以下觀點沒有任何研究人員提出，僅止於筆者個人的想像。若一併考量卡拉卡拉提出「安東尼奧敕令」，把羅馬公民權贈與行省民這點，那麼他可能是基於下列觀點進行改革：

羅馬軍團為戰略單位，是由具有羅馬公民權的軍團兵，以及由行省民應徵的輔助兵構成。三年前發布「安東尼奧敕令」之後，由於行省民全數升格為羅馬公民，因此雙方失去身份差異。話說回來，並非一發布法令，軍團兵與輔助兵的差別馬上會跟著消失。軍團兵長期以來接受主要戰力訓練，習於使用重裝步兵的各項武器。而輔助兵不管在訓練、裝備方面，畢竟只是輔助戰力。一朝一夕之間，不可能使雙方合而為一。而且既然會有民眾特別在墓碑上刻著「安東尼奧敕令前的羅馬公民」，軍團兵抱持的羅馬公民自尊心自然也不可忽視。在發布勒令後，軍團兵與輔助兵的差異應該還會維持一段時間。不過保持原樣不動，與設法改變現狀，其結果會有所不同。

卡拉卡拉可能想利用編組不分軍團兵輔助兵的青年機動部隊方式，來達成統合的目的。相對地，有家累的中堅階層以上的士兵，則留在軍團中。這項老兵留守營區，新手跟著戰線推演移動的新體系，似乎受到新舊士兵雙方的歡迎。當時的人沒有留下任何批判這項措施的文件。附帶一提，羅馬人認為一個士兵的現役年齡上限為四十五歲，而年滿十七歲就可以志願服役。進入帝政時期後，羅馬軍在兵役期間是禁止結婚的，到了卡拉卡拉的父親謝維勒的時代才「解禁」。也就是說，羅馬士兵能在退伍前正式結婚的時代，至今頂多十年。這時軍團兵正在享受謝維勒施行的這項福利政策。

不過，卡拉卡拉的這項政策，與「安東尼奧敕令」一樣地，隨著時間經過，負面影響開始超過正面影響。這也是政策剛施行時不錯，但不良影響慢慢顯現的實例之一。

之後不到二十年，羅馬帝國進入了幾乎年年與入侵異族交戰的時代。每當開戰時一定會有人批評防線上的警備戰力高齡化。這是因為防守基地的軍團與機動部隊長期分離所造成的。

在卡拉卡拉之前的皇帝，每當達成任務後就把機動部隊解編送回原有軍團，並非自找麻煩。正因為這樣做可以強化防線功能，所以才一再因循派遣分隊又解編遣返的形式。能夠隨戰線推移迅速跟進的青年集團固然重要，如果因此造成防線上的警備戰力高齡化，就得不償失了。等到人人都知道軍團與機動部隊分離的缺點在哪裡時，已經無法恢復圖拉真、馬庫斯·奧理略當年採用的制度了。這時基地警備戰力高齡化的問題，已經傳遍國內外，使得異族更加大肆入侵。能夠迎擊不知何時何地出現的敵軍的，只剩下機動部隊而已。

筆者認為，政策要在釐清對日後造成的影響之下，才得以深思熟慮轉而推行。雖然異族入侵問題不是因為卡拉卡拉將機動部隊轉為常設單位造成的，但卻是不久後異族大肆入侵的原因之一。

前往美索不達米亞

如果將時光倒回到西元二一五年的話，二十七歲的皇帝身邊充斥與自己年齡相近的青年士兵，想必滿懷自信。而調派到「機動部隊」的士兵，想必也為此士氣高昂。因為他們的直屬指揮官雖然年輕，卻是沒打過敗仗的卡拉卡拉。百戰百勝的信心是最能強化士兵戰力的要素。由卡拉卡拉總指揮的帕提亞戰役，在開戰前就充滿凱旋氣息。

這個年輕的最高指揮官還是依照羅馬傳統作風，在進軍前派遣外交使節。派到帕提亞王沃洛捷賽斯五世跟前的特使提出羅馬方面的和平解決條件。條件中要求：將宮廷內的提理達特斯等反羅馬派系份子引渡至羅馬。如果帕提亞接受這項條件，羅馬方面也準備和談，締結互不侵犯條約。相反地如果拒絕，則無法避免開戰。

卡拉卡拉相信這項條件會遭到拒絕。提理達特斯是現任帕提亞王的伯父。他預估就算是為了締結和平條約，帕提亞王也不可能將這等人物交到羅馬手中。派出外交使節只是遵循羅馬慣

沃洛捷賽斯五世

例而已，卡拉卡拉本人期待能夠開戰。

偏偏帕提亞王沃洛捷賽斯五世的回答卻是「接受」。若要推測這項出乎意料的回答原因為何，可能是他們知道卡拉卡拉到達敘利亞以後，帝國東部的羅馬駐軍動態開始活躍。帕提亞王正苦於宮廷內部的勢力鬥爭，不希望在此時跟羅馬起戰端。不過這下子，卡拉卡拉也就失去開戰的理由。為了締結和約，帕提亞與羅馬之間先簽署休戰協定。卡拉卡拉便利用這段休戰期間造訪埃及。他把與帕提亞使節談判的工作交給下屬，沿著地中海岸從巴勒斯坦南下進入埃及。

參觀亞歷山大大帝靈廟、金字塔以及尼羅河沿岸眾多神殿的過程還算順利，不過事件發生了。亞歷山大城的青年竟然群起批判卡拉卡拉。至於這些青年批判的內容是什麼，由於沒有任何史學家引述，也沒有留下當時的記錄，因此現代人不得而知。只知道這件事情使得卡拉卡拉大為不悅。

這些青年可能是受邀當面懇談吧，他們聚集在體育場後，發現自己被大群士兵包圍，最後全體遭到屠殺。市民為了抗議這場屠殺事件而發起暴動，為了鎮壓暴動，還必須從亞歷山大附近的基地調派軍團。這起事件最後造成數千名亞歷山大市民死亡。從卡拉卡拉的角度來說，也許他認為是自己把這些行省民升格成羅馬公民的，因此不容許群起抗議。不過，這畢竟是一樁無可辯解的暴行。羅馬元老院本來不排斥卡拉卡拉執政，當接獲這件暴行的消息後，開始對年輕的皇帝另眼看待。元老院議員與一般公民開始想起來，卡拉卡拉十年來親手殺死了岳父、妻子與胞弟。

慘案發生不久，卡拉卡拉便離開埃及回到敘利亞。他在此獲知帕提亞國內發生政變的消息。國王的弟弟阿爾塔巴努斯排除了王兄，自己登上王位。除了巴比倫與王國南部以外，新任帕提亞國王已經成功掌握全部的國土。

對於原本就希望開戰的卡拉卡拉來說，這是一件好消息。雖說休戰期間不能出兵攻擊對方，但休戰協定是與前任國王間簽署的。既然簽署協定的對象離開政壇，履行協定的義務也就隨之消失。卡拉卡拉立刻下令全軍準備朝東方出擊。

阿爾塔巴努斯

帕提亞戰役就在第二年西元二一六年春季爆發。在前半段羅馬軍方享有明確地優勢。羅馬軍分別從美索不達米亞北部南下，以及從敘利亞東進，從西、北雙向夾擊。帕提亞軍一路節節敗退，到了盛暑時期局勢卻有所轉變。從北方進攻的部隊採軍團單位，從西邊進軍的則是卡拉卡拉引以為傲的「機動部隊」。一路作戰下來，新編部隊經驗不足的缺陷逐漸浮出檯面。老兵的優點在於能夠自行收拾意外事態，自行設法找出破解困境的方法。經驗不足的士兵一旦陷入苦戰則容易恐慌，一心只想逃避。而新組織的指揮官能力也不足，卡拉卡拉任用人選時犯的錯誤也開始浮現，他的錯誤在於把新進指揮官配屬到新組織裡。

儘管如此，羅馬軍可是經由前任皇帝謝維勒磨練過的。只要有老兵支撐局面，羅馬軍就沒有那麼容易崩潰。在幼發拉底與底格里斯兩條大河之間，雙方軍隊持續著一進一退的膠著戰況。

深入敵境作戰的羅馬軍有必要盡快打破僵局。卡拉卡拉開始尋求與帕提亞王阿爾塔巴努斯談判的機會。他向帕提亞表示願意迎娶國王的女兒。據說還曾經表示，如果這樁婚事能結合羅馬與帕提亞兩大國，等於武力最強的羅馬步兵軍團與帕提亞騎兵組成統一陣線，天下無人可以抵擋。卡拉卡拉視為典範的亞歷山大大帝生前也迎娶了敵國波斯的公主。也許他把地理位置相同的帕提亞當成另一個波斯看待也不一定。確實，亞歷山大生前以統合希臘、波斯等不同民族為理想。然而在實現理想前，亞歷山大在三次重大會戰獲得全勝，滅掉波斯帝國後，才將公主迎娶回國。也就是說，是在戰勝之後才伸手求和。而當卡拉卡拉伸手求和時，帕提亞不但沒有戰敗，反而將羅馬軍釘死在兩大河之間。其實，羅馬人多年來就有戰勝時才得以言和，落敗期間必須咬緊牙根苦撐過去的想法。此外，在迎娶外國公主的問題方面，羅馬的情勢又與其他國家不同。

羅馬人完全認同軍團兵與駐地原住民通婚，其生下的混血兒也理所當然地獲得羅馬公民權。然而卻不認同最高權位者迎娶外國女性。這是因為軍團兵與原住民女子生的小孩不會左右國家政策，最高權位者與外國公主的小孩就不一樣了。如果所生下的小孩繼承了父親的地位，有可能左右羅馬「共同體」的命運。一個搞不好，羅馬就可能給皇后的出身國吞併。而羅馬公民有權進行事前預防。羅馬「共同體」的主權者是元老院與公民。皇帝只是受主權者委託代為統治共同體而已。其享有的權限愈大，相對地要背負的義務也就愈沉重。正如同朱利斯・凱撒生前所說：「愈是位高權重者其個人自由就愈是受限」。在這種想法之下，一般民眾可以做的事情，有地位權勢的人反而不能做。這就是一般民眾觀念的依據。

凱撒寵幸克麗奧佩脫拉，但只把她當成情婦，沒有迎娶回家。

相反地，安東尼卻正式與埃及女王成婚。這件事情使得羅馬的人心離開了安東尼。當處分完暗殺凱撒的布魯圖斯等人後，同屬於凱撒派的安東尼與屋大維（日後的奧古斯都）之間爆發權力抗爭。軍事才華方面大占優勢的安東尼會打敗仗，也是因為大多數羅馬人不支持他，而站在屋大維這一邊。

西元一世紀時，提圖斯皇帝曾與猶太地區某同盟國國王的姊姊熱戀，並打算成婚。羅馬的民眾得知以後，對著坐在圓形競技場特等席的提圖斯大肆抗議、猛喝倒采。在民眾連期待已久的鬥劍士決鬥都拋到一邊，猛烈表達「輿論」之下，皇帝也只好放棄與情人成婚的夢想。這不是因為想迎娶為皇后的女人是猶太人，而是因為她出身外國王族。假使出身在行省的話，就不成問題了。因為行省是羅馬帝國的一部份。問題癥結在於，即使是同盟國，外國還是外國。

在內亂期間，羅馬人同樣會手足相殘，然而沒有任何人會引進外國勢力協助。國內發生過多次內亂抗爭，其中沒有任何人與外國勢力結合來排擠競爭對手，可說是羅馬人的特質之一。這個特質的起因，只怕是因為一旦有類似舉動，會立刻失去同胞的支持。

實際上，一聽到卡

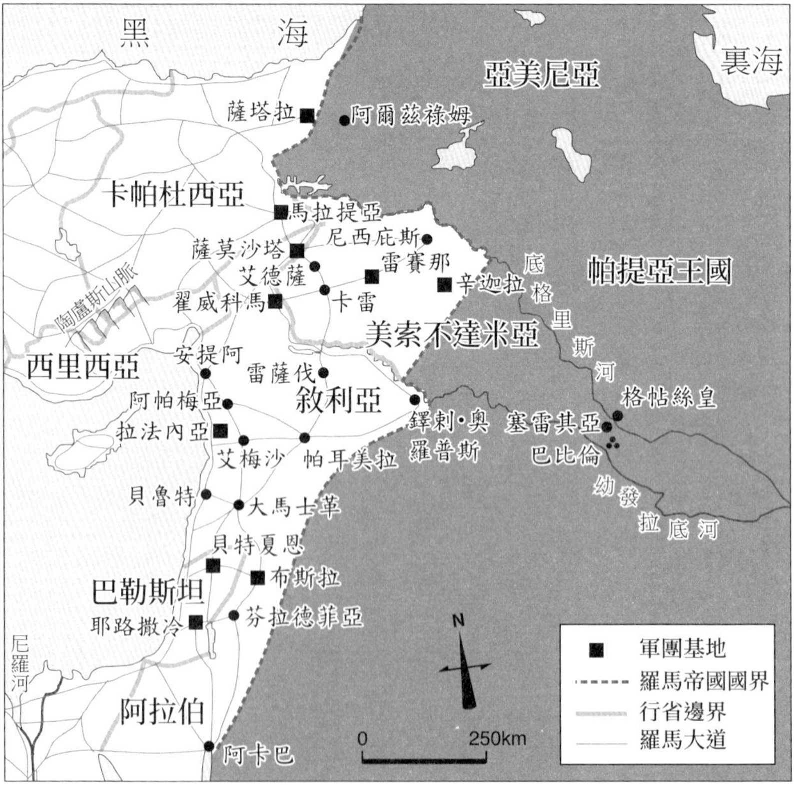

西元三世紀初期的美索不達米亞及周邊

拉卡拉向帕提亞公主求婚的消息，羅馬元老院馬上全面反對起卡拉卡拉。至於這股感情何時會擴散到首都全體市民之間，只是時間早晚的問題。

在付出失去民心支持的昂貴代價之後，不，也許卡拉卡拉沒發現代價如此高昂。總之在違逆羅馬人心，使出羅馬皇帝向外國公主求婚的行為，卻得到被帕提亞國王一口回絕的結果，讓事態變得更為嚴重。羅馬元老院理所當然地會評斷這是傷害羅馬皇帝尊嚴的輕舉妄動。

卡拉卡拉在求婚、求和都遭拒絕後，因季節進入秋季而獲得撤兵的好理由。因為他有必要讓士兵在屋頂下度過冬天。不過，士兵與最高指揮官都沒有退回後勤基地安提阿。皇帝決定在幼發拉底河東邊五十公里處，本次帕提亞戰役的前線基地之一艾德薩過冬。士兵則分散到附近的城鎮設立冬季營區。皇帝與士兵都停留在成為戰場的美索不達米亞地方。這意味著第二年，西元二一七年的春天一來到，羅馬與帕提亞之間的戰鬥又要爆發。

謀殺

比起忙於作戰的士兵來說，在冬季營區裡閒著沒事幹的士兵要更難以統御。西元二一六年到二一七年間的冬季將結束時，有一群違犯軍紀的士兵遭到卡拉卡拉皇帝嚴厲斥責。訓斥別人是人際關係中較困難的行為之一，而如果訓斥時會使對方感到屈辱，就稱不上技巧高明。再加上卡拉卡拉的懲罰讓士兵覺得過度嚴苛。

這群士兵事後向直屬長官馬克利努斯訴苦。而且不僅訴苦，還表示與面對帕提亞時苦戰連連的卡拉卡拉比較之下，如果馬克利努斯願意取而代之，他們可以提供協助。

馬克利努斯是兩名禁衛軍團長官之一，出身於北非的努米底亞行省，相當於現代的阿爾及利亞。這個人的父親是穆亞人，身份為解放奴隸。因此馬克利努斯是出身卑賤的人爬上高階的實例之一。不過這個人並非出身卑微卻靠著輝煌業績扶搖直上的類型。而是在舉措沒沒無聞的情況下，慢慢登上高位的類型。他知道像自己這種人能否維持現有的地位，完全在卡拉卡拉一念之間。當士兵訴苦時，他心中充滿了不安。更不巧的是，原本與士兵間的會談該是祕密舉行的，卻讓卡拉卡拉的一位朋友探知。於是馬克利努斯認定風聲要是傳到皇帝耳中，自己的人頭也就不保。他利用自己的地位傳喚直屬部下，亦即皇帝的衛隊隊長晉見。因為他回想起這名隊長對卡拉卡拉向帕提亞公主求婚一事感到憤慨。

西元二一七年一到了四月，在美索不達米亞北部過冬的羅馬軍就一起開始活動。羅馬軍已經擬定目標，決定攻擊集中在幼發拉底、底格里斯兩大河接近地帶的帕提亞首都與重要都市。卡拉卡拉在八日離開艾德薩冬季營區，決意要在今年打下帕提亞。

羅馬軍離開冬季營區之後，有如小河匯流進入大河一樣陸續集結。他們計畫在幼發拉底河濱的某個基地集結，順流朝東南方前進，攻擊帕提亞首都格帖絲皇。集結地點可能是鐸刺·奧羅普斯 (Dura-Europus)。這座都市周圍繞有城牆，從風格判定，很明顯地是由羅馬人所建。在馬庫斯·奧理略皇帝的時代，這裡曾經是羅馬帝國面對帕提亞的最前線基地之一，而從奧理略的時代至今已經有半個世紀了。不過，卡拉卡拉沒能活著到達這個都市。

要從艾德薩前往幼發拉底河濱，只要沿著從軍團駐地薩莫沙塔起始，順艾德薩、卡雷南下的羅馬大道前行即可。艾德薩與下一個城鎮卡雷之間，只有三十公里遠。在這段路的中間處，遠離大道的平原中蓋有一座神殿。這座祭拜太陽神的神殿規模很小，簡直像個祠堂，而卡拉卡拉起意要前往參拜。當皇帝與衛隊士兵將要離開大道朝平原間的小路前去時，從薩莫沙塔軍團基地派來參戰的第十四弗拉維亞軍

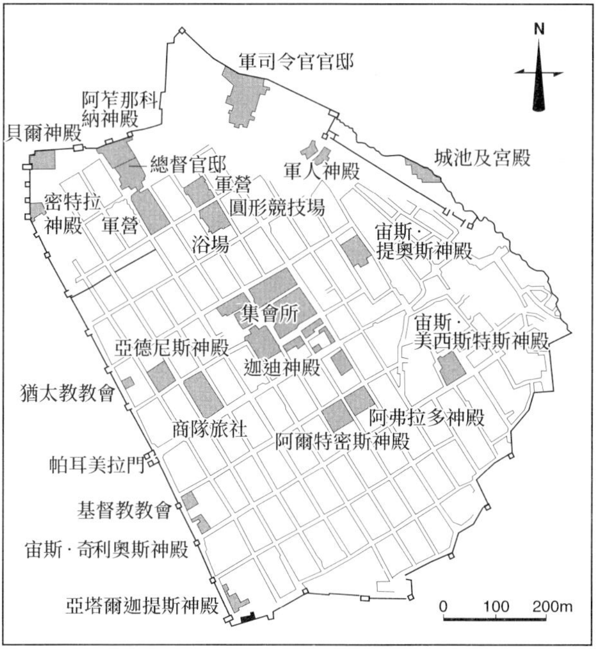

鐸剌·奧羅普斯

團士兵正好超過一行人往前趕路。

卡拉卡拉在無人的小神殿中祈禱時，衛隊隊長連人帶劍朝向他背後衝了過去。等在神殿外面的士兵聽到叫聲後，也衝入神殿內，假裝要為負傷的皇帝急救，脫下他的盔甲。等到皇帝只剩一身短衫後，所有人拔出武器朝他的胸前刺下。

衛隊士兵從兩側扶著血淋淋的屍體，由隊長引導返回羅馬大道上。禁衛軍團長官馬克利努斯也在大道上等候。

暗殺者如何編派皇帝猝逝的理由，至今已經不得而知。即使說皇帝是被藏匿在神殿中的瘋子殺害，也一定有人懷疑為何衛隊士兵無人受到處分。總而言之，卡拉卡拉剛滿二十九歲就遭殺害，而帕提亞王得知羅馬進軍的消息，此時已經揮軍北上美索不達米亞準備迎擊。

從暗殺卡拉卡拉到馬克利努斯就任皇帝為止，共花去三天時間。這段期間內，軍團長與各路將軍開會時究竟在討論些什麼內容，也已經不得而知。總之三天後，十一日時，馬克利努斯就在軍團兵推舉登基的呼聲下就任羅馬皇帝。士兵具有羅馬公民身份，因此也是國家主權者。既然是由有權者舉手通過，那麼由士兵推舉皇帝的過程，也是一種直接民主制度。而且直接民主制度，又具有只要煽動者跟幾個附和者就能引導決議的缺陷。也許大多數官兵對於卡拉卡拉猝逝感到可疑，然而他們畢竟是軍人，知道大敵當前時最高指揮官的位子不能空著。

卡拉卡拉的遺體當場採羅馬式火化處理，骨灰被送回安提阿。身在安提阿的母后尤莉亞·多姆那在接獲消息後，沒留下任何遺言就自盡了。新任皇帝馬克利努斯並沒有派人前來迫害。而是前任皇帝謝維勒的皇后雖然承受了兒子捷塔過世的打擊，但承受不住連長子卡拉卡拉都過世的痛苦。母子兩人的骨灰從海路運回羅馬，送往臺伯河岸邊的哈德良靈廟下葬。馬克利努斯向元老院請求為卡拉卡拉神格化獲得通過，所以卡拉卡拉身後也被封為神明。畢竟羅馬人是個什麼事物都能奉為神明的民族。

至此，穆亞人的兒子，連元老院議員身份都沒有的馬克利努斯，就在五十三歲這年當上了羅馬帝國的皇帝。大敵當前的官兵為何接納他的理由容易理解。至於羅馬元老院會這樣簡單就承認他即位，是因為元老院本來就討厭卡拉卡拉。馬克利努斯從美索不達米亞寄給羅馬元老院的書信中表示，他將以馬庫斯·奧理略的統治為模範。並要求立法將卡拉卡拉定為百分之十的遺產稅與奴隸解放稅稅率調回百分之五。當這兩項稅率倍增時，受損的是富裕階層的人，而元老院議員正屬於這個階層。此外，議員們想必認為新皇帝出身卑微，要看元老院臉色辦事，以後也容易操控。不過當馬克利努斯面對帕提亞軍時，事情就沒這樣好處理了。

皇帝馬克利努斯（西元二一七年～二一八年在位）

冒稱卡拉卡拉意外逝世，向元老院要求為卡拉卡拉神格化之後，姑且不論其個人想法如何，馬克利努斯勢必要接手卡拉卡拉掀起的帕提亞戰役。然而，為了避免權力空窗期，從先帝逝世到現任即位耗費了三天時間。再加上新任皇帝召集各軍團司令官協議，更是虛度光陰。羅馬因此失去攻擊敵軍根據地的時機。

帕提亞軍已經趁這段時間逼近羅馬軍。羅馬原本計畫攻擊對手，最後落入迎擊的局面。因此羅馬一方面聚集兵力，另一方面又設法在會戰前爭取時間。首先派遣和平使節前往帕提亞本部和談，但帕提亞王知道羅馬軍的情勢，提出了超乎意料外的要求。

帕提亞表示，若羅馬撤出美索不達米亞地區，則可以考慮和談。美索不達米亞意指幼發拉底與底格里斯兩條大河間的地區。撤出美索不達米亞，亦即羅馬要退到幼發拉底河以西。如此一來，國界將退回八十年前哈德良皇帝與帕提亞劃定的樣子。也就是放棄馬庫斯·奧理略與謝維勒在諸多犧牲下取得的美索不達米亞北部。馬克利努斯登基後未曾展現過實力，也不像卡拉卡拉具有前任皇帝之子的正統性。如果敢接受這項要求，勢必會引起麾下官兵叛變。

結果，到了夏天將近時，羅馬與帕提亞展開第一次會戰。地點在美索不達米亞東北方的尼西庇斯（今日土耳其東南部的奴塞平）附近，接近謝維勒劃定的羅馬、帕提亞國界。不知為什

馬克利努斯

麼，這個時代的羅馬、帕提亞國界，正好與現代的敘利亞、伊拉克國界一致。

由於羅馬方面的指揮系統不統一，古代兩大強國的第一場衝突以平手終場。不過在戰鬥中帕提亞占優勢。那年秋季進行的第二場戰鬥還是以平手收場，這次一路占優勢的換成了羅馬軍。

到了秋色濃厚時，除非有特殊原由，不然通常會進入自然休戰期。敵我雙方都會收起陣仗，拔營往冬季營區行軍。這一年，帕提亞王回到首都。至於羅馬皇帝馬克利努斯，也沒有像卡拉卡拉一樣為了翌年春天馬上開戰而留在戰場附近。皇帝撤回到安提阿，可能是不想留在前線基地，而想在大都市舒舒服服地過冬。而且今年不是幕僚，是以皇帝的身份度過。我們倒不能指責他把個人享受擺在第一位。這年士兵的冬季營區也沒有設置在美索不達米亞境內，而是分散到敘利亞各處。顯然這次的過冬計畫，不針對明年重新展開戰役設計。

撤退

實際上，到了第二年西元二一八年春季時，帕提亞戰役也的確沒有重新展開。這是因為雙方利用冬季進行極機密的和談動作。

馬克利努斯想要早日趕回首都羅馬，藉著對自己示好的元老院協助穩固帝位。

帕提亞王為了穩固殺害兄長搶來的王位，想要專心於內政。

亦即雙方領袖利害一致。不過，馬克利努斯推動的不算外交動作。所謂外交，是一種盡可能減少「付出」又爭取最大「收益」的技術。馬克利努斯只是接受對方提出的每一項要求，盡快結束談判過程。換句話說，他接受了帕提亞王提出的每一項條件，才達到締結和約的目的。

首先，將卡拉卡拉搶來當人質的帕提亞太后護送回國。

金額不明，不過有支付賠款。

羅馬方面在前述戰鬥獲得的戰利品全數送還帕提亞。

應國王要求，致贈一頂雕工細緻的黃金王冠。過去，曾接受東方人致贈黃金王冠的，先有亞歷山大大帝，後有羅馬皇帝。致贈黃金王冠給過去的敵人，是一種表示恭順的行為。

帕提亞王強烈主張要羅馬撤出美索不達米亞的要求，自然也通過了。二十年前由謝維勒皇帝正式納入行省的北部美索不達米亞，又從羅馬手中轉移給帕提亞。派駐在此地的兩個軍團也調回敘利亞，等待分發新駐地。

如此一來，原本位於羅馬行省內部的美索不達米亞地方都市，也在事隔四十年後又納入帕提亞管制下。不過在艾德薩、卡雷、尼西庇斯、辛迦拉等都市中，有力仕紳通常是希臘後裔。這些城鎮最早是在亞歷山大大帝東征後的希臘化時期，從西方遷移來此的希臘人所創設的。多年來東方化的希臘裔居民以通商維生，對他們來說統治者是羅馬人或帕提亞人影響並不大。因為大家認為只要居住地沒被當成戰場就好。

不過話又說回來，似乎還是羅馬的治理比較受歡迎些。也許是因為羅馬的統治方式比較合理，亦即在體系內較容易估計商業成果。此外，羅馬皇帝少有徵調行省民服勞役的行為；東方專制君主卻認為：受統治的階層，也是必要時可以徵調的勞役成員。美索不達米亞地方之後屢次成為羅馬帝國、帕提亞及其後的波斯薩珊王朝之間的戰場。只要羅馬帝國不拋棄當地居民，他們也始終會站在羅馬這一邊協助作戰。不過西元二一八年時，則是羅馬拋棄當地居民了。

順帶一提，美索不達米亞一詞，是在西元前四世紀的史書中初次問世的希臘文。意指位於幼發拉底、底格里斯兩大河流之間的地方。到了現代，除了西北部為敘利亞國土以外，其他部份都在伊拉克境內。在古代，這裡是「東方」、「西方」兩大勢力時常發生衝突的地方。東方帝國的主要都市，也集中在美索不達米亞。從東方人的角度看來，會撤出美索不達米亞，代表西方勢力已經衰退。

馬克利努斯皇帝應該也知道這些背景。他寧可付出這麼龐大的代價取得和平條約，這也成了他的致命傷。皇帝可以把放棄美索不達米亞行省的條件吞下肚裡，官兵卻未必有這般肚量。馬克利努斯後來也察覺到軍人的感情變化。原本趕著簽訂和約，是為了能早日回首都即位。現在卻演變成成立和約之後，卻無法動身。此時又有一名女性，冷眼旁觀軍方後悔協助馬克利努斯登基的心理變化。

敘利亞的女人

古今中外有個不變的現象，當地方出身的人爬上高階之後，親族也會一同進入中央。西元一九三年賽埔提謬斯·謝維勒登基後也發生同樣的現象。成為皇后的尤莉亞·多姆那有個妹妹，叫作尤莉亞·瑪伊莎。她離開故鄉敘利亞之後，遷居到當時建地面積已經占滿羅馬市帕拉提諾丘的皇宮中。敘利亞太陽神神官的女兒，搖身一變成了皇帝的小姨子。挑選結婚對象時，對方也是元老院議員。做姊姊的多姆那生有卡拉卡拉與捷塔兩個兒子，做妹妹的瑪伊莎則是兩個女兒的母親。而且兩個女兒也早早在羅馬出嫁，各生育有一個兒子。不過兩個女兒在婚後回到了敘利亞，可能是跟隨調職的丈夫同行。因此，兩個外孫是在敘利亞出生的。不管怎麼說，他們畢竟是現任皇帝的親戚，想必受到的待遇會與一般百姓有所不同。

尤莉亞·瑪伊莎

敘利亞的都市埃米薩出身的神官家庭，因為女婿成為皇帝而登上帝國的統治階層。當時最享受這個際遇的，就是皇后尤莉亞·多姆那的胞妹尤莉亞·瑪伊莎了。不過在帝國首都羅馬的華麗生活，最後也隨著皇帝外甥卡拉卡拉的過世告終。這是因為新皇帝馬克利努斯向元老院要求把先帝的親友全數趕出首都，而討厭卡拉卡拉的元老院也樂意實行。卡拉卡拉本人沒有子嗣，母親尤莉亞·多姆那又已經自盡，所以這一條血脈已經斷絕。於是卡拉卡拉的頭號外戚尤莉亞·瑪伊莎只有回到故鄉艾梅沙的分了。

現代敘利亞的都市之一荷姆斯，在古代稱作埃米薩，自古是有名的太陽神信仰中心。太陽神信仰是東方自古傳下的宗教之一，和其他東方宗教一樣地，有獨立的世襲神官階層。當尤莉亞·瑪伊莎回到久違二十年的故鄉時，受到兩名守寡的女兒和兩個外孫歡迎。較年長的外孫荷拉迦巴爾這時才十三歲，但已經當上家傳的神官職位。另一個外孫亞歷山大這時還是個九歲的小男孩。懷念首都羅馬生活，發誓要打倒剝奪族人既得權益的馬克利努斯的人，不是長期生活在敘利亞的兩個女兒，也不是只知道敘利亞風土的兩個外孫，而是享受了二十年首都生活的外祖母尤莉亞·瑪伊莎。復仇的機會比想像中要來得早。由於自己旗下沒有一兵一卒，尤莉亞·瑪伊莎定下的計謀可巧妙了。

埃米薩是東方代表性宗教太陽神信仰的中心地，在羅馬人征服此地前就已存在。從這裡往西七十公里可以到達地中海；向北走兩倍的距離可以到達安提阿。向東橫越沙漠，可經由帕耳美拉到達幼發拉底河岸邊的鐸刺·奧羅普斯。往南可經過大馬士革、芬拉德菲亞（今日約旦首都安曼）走到紅海邊。埃米薩四面交通發達，戰略眼光高人一等的羅馬人當然不會放過這個重要地方。實際上，敘利亞、巴勒斯坦地區的羅馬街道網路，就是以埃米薩為中心鋪設的。這麼重要的戰略要地，按理一定要派遣軍團死守，可是埃米薩偏偏是東方人的城鎮。

在羅馬時代的都市中，像維也納、布達佩斯或史特拉斯堡這種軍團基地與居民住宅區相近的，是由軍團基地先完工，然後才在附近興建平民住宅區。也就是說，這種都市是先有軍團基地存在，之後吸引一般人前來居住。與這種類型相反的，一個城鎮如果在羅馬人征服前便存在，又滿足戰略條件的話，羅馬人也不會強制居民遷徙，並在城鎮原址興建軍營。羅馬人會在既有城鎮附近的土地上興建軍團基地。這項政策是為了避免對居民造成沒必要的刺激，而且軍團設置在行軍半天可以到達的地方，發生事故時還是可以立刻趕到。此外，附近有軍團基地存在，也是對當地的一種無形壓力。埃米薩是中東羅馬街道網要地之一，四十公里外的拉法內亞（今日的哈馬）便派駐著第三高盧迦軍團。

羅馬帝國國防的基本理念，當然在於維護多民族、多宗教、多文化的帝國整體安全。具體來說，是由個人保護故鄉的心情所結合而成。因此除了戰時移動以外，基本上各個軍團會常駐在規定的軍團基地中。羅馬人全面認同軍團兵與駐地原住民通婚，歡迎其後代成為軍團兵，想必是因為羅馬人知道比起抽象的帝國國防理念，保衛鄉土的具體想法還要更適於維繫軍心。只要了解羅馬的國防體系是建立在這種務實的觀點，就能理解為什麼開國皇帝奧古斯都時代的二十五個羅馬軍團，能夠存續到兩百五十年後賽埔提謬斯．謝維勒皇帝的時代。

雖說基本政策是要讓軍團與鄉土結合，但隨著各防線的重要程度演變，有些時候還是不得不遷移駐地。到了謝維勒皇帝的時候，軍團已經增加到了三十三個。其中大多數在兩百五十年間已經更換過三、四次駐地。由奧古斯都時代傳下的二十五個軍團中，只有兩個軍團沒有遷移過基地。在「西方」，是防守萊茵河不受北岸日耳曼人侵略的第二十二普利米捷尼亞軍團，駐地在梅因茲。在「東方」則是隨時監視幼發拉底河東岸的帕提亞王國動態，基地設置於拉法內亞的第三高盧迦軍團。敘利亞行省派有三個軍團駐守，然而兩百五十年來沒有遷移到其他地方，一直守護著敘利亞的，只有第三高盧迦軍團而已。

從名稱可知，這個軍團在最初編組時，是以高盧地區出身的士兵為主體。不過二百五十年來與當地人混血，這時應該大多數士兵是敘利亞人。只不過這一類的組織會重視傳統。當一個人意識到組織的歷史與傳統，一說出所屬組織名稱就能讓眾人認同時，個人對組織的歸屬感會得到滿足。因此重視組織的傳統有助於提升成員對組織的忠誠。在通稱「銀鷲」，頂端有銀製雕像的軍團旗上端，通常會在銀鷲下方加掛代表各個軍團的動物標誌。在這個旗幟下作戰的士兵，是屬於個別軍團的士兵。同時不論他們出身何處，只要頂著銀鷲旗作戰，那這些人同時也

銀鷲旗

是羅馬帝國的戰士。

從這個社會背景來看，第三高盧迦軍團的士兵當然會認為和敘利亞的其他軍團比起來，自己才是真正抵抗帕提亞、保衛羅馬的正牌軍人。而他們也當然厭惡馬克利努斯皇帝面對帕提亞時的軟弱外交政策。存心打倒馬克利努斯的尤莉亞·瑪伊莎，便伺機接近第三高盧迦軍團。

奪回皇位

從軍團基地拉法內亞騎馬到埃米薩只要四個小時。埃米薩是這附近唯一規模夠大的都市，第三高盧迦軍團的官兵無疑地也常常在此地放假散心。而在這個時期，他們偶爾會造訪由利亞·瑪伊莎的家中。由於尤莉亞·瑪伊莎是先帝的姨母，因此軍團長和軍官們有訪問的理由。

尤莉亞·瑪伊莎帶著軍官引見這時十四歲的外孫荷拉迦巴爾。她表示這孩子的親生父親，不是女兒索米亞迪的丈夫，而是女兒的表兄弟卡拉卡拉。這雖然是虛構的，但人要相信一件事情，不一定要是事實，只要有希望這是事實的想法就足夠了。而卡拉卡拉在生前頗受軍人歡迎，第三高盧迦軍團的官兵就此獲得動手擊垮馬克利努斯的具體理由。

拉攏第三高盧迦軍團後，事情就順利多了。由埃米薩北上，朝安提阿而去的大道邊，有個叫作阿帕梅亞的城鎮。馬克利努斯皇帝與帕提亞締結和約後，把第一、第三帕提加軍團調離美索不達米亞行省。在決定新的駐地之前，兩個軍團就暫時駐軍在此地。由於兩個軍團不會派駐在一個基地之中，可見這只是一項臨時措施。這兩個軍團的官兵雖然理由不同，但和第三高盧迦軍團同樣地厭惡馬克利努斯。他們的理由要來得更為直接。直到不久之前，是他們守護著讓馬克利努斯拋棄的美索不達米亞行省。二十年來死守著前線要地，卻在一句「因和談成立而撤軍」之下化為白紙。這就好像當著官兵面前說他們這些年白活了一樣。這兩個軍團接受第三高盧迦軍團邀約也只是時間問題。

尤莉亞．瑪伊莎邪惡但聰明的地方就在於，她沒有浪費時間尋求更多協助者。西元二一八年五月十五日日落時分，這個女人帶著外孫荷拉迦巴爾悄悄離開埃米薩，前往四十公里外的拉法內亞軍團基地。第三高盧迦軍團的軍團長也在當地迎接一行人。第二天早上，這名十四歲的少年被帶到士兵面前。由於事前都打點好了，在一名大隊長發聲，幾名百夫長齊聲贊同之下，最後全體官兵也就響起推舉稱帝的歡呼聲。自始至終一切都在設計下。

馬克利努斯當時身在敘利亞行省的首府安提阿，很快的就收到了消息，不過他必須另外費時編組討伐部隊。在這段期間內，尤莉亞．瑪伊莎已經讓第三高盧迦軍團進軍到了阿帕梅亞，與第一、第三帕提加軍團會合。

馬克利努斯軍好不容易湊足兵力，由禁衛軍團長官率兵離開安提阿。當南下到阿帕梅亞時，馬克利努斯軍與荷拉迦巴爾派的三個軍團展開對峙。原本這裡將展開一場羅馬軍間的內戰，但卻沒有發生。為了要讓已經擺開陣式的馬克利努斯軍官兵都看得到，穿著全副武裝的荷拉迦巴爾爬上了附近的小山丘，還在身旁立著先帝卡拉卡拉全身像。馬克利努斯方面的官兵看到之後，不約而同地拋下武器。雙方官兵互相擁抱，慶祝躲過一場同胞相殘的悲劇。這天唯一送命的，只有禁衛軍團長官一個人，理由是因為他的地位是由馬克利努斯任命的。

馬克利努斯受到麾下士兵唾棄後，若繼續留在安提阿會有生命危險，因此設法向外逃亡。他以遙遠的羅馬為目的地，大概是認為只要回到羅馬，得到對自己友善的元老院庇護，事態就會有所轉變。不過，他這時無法走海路。因為如果有徵調船隻的動態，就無法隱匿行蹤。馬克利努斯只剩下陸路可以選擇，因此他化裝成國營郵政馬車的警戒兵，逃出了安提阿。這時整個帝國東方的士兵已經成了他的敵人。一個掌權的人即使受人憎惡，也絕對不能讓人輕視。偏偏他對帕提亞的軟弱外交政策，只為他換來輕視。

逃亡的過程，就在小亞細亞的俾斯尼亞行省劃下句點。馬克利努斯被大道的警備士兵認出了長相。雖然他匆忙跳下郵政馬車逃命，但被士兵追上殺死。等這些士兵想起來自己有向上級報告的義務時，已經是在忿恨之下亂刀砍死皇帝之後了。馬克利努斯皇帝治國的期間正好一年。直到過世為止，他都未能以皇帝身份踏上首都羅馬的土地。

第二章

西元二一八年～二三五年

皇帝荷拉迦巴爾（西元二一八年～二二二年在位）

在跨越東西雙方的羅馬帝國裡，終於有了出身東方的皇帝。羅馬人雖然從一百二十年前便毫無抗拒地接受行省出身的皇帝，不過圖拉真、哈德良出身西班牙，謝維勒與其長子卡拉卡拉則出身北非。至今為止行省出身的皇帝都是帝國西方的人。就連在位只有一年的馬克利努斯，也出身北非地方。新任的荷拉迦巴爾出生、成長於敘利亞行省，而且還是東方宗教太陽神信仰的神官。

荷拉迦巴爾

另外，由於卡拉卡拉當時正年輕，荷拉迦巴爾的母親索米亞迪想必沒預料到下一任皇位會掉到自己的小孩頭上。荷拉迦巴爾從小到大接受的都是為神職人員設計的教育。也就是說，他從未受過帝國領導階層人員預先要接受的教育。而且他沒有時間與環境滿足對於其他方面的好奇心，十四歲就當上了皇帝。我們自然不能期望荷拉迦巴爾具有圖拉真、哈德良、謝維勒甚至卡拉卡拉都有的氣魄，認為自己不屬於西班牙或北非地方，而屬於全羅馬。荷拉迦巴爾徹頭徹尾是個敘利亞人，本人也對這一點絲毫不感到疑惑。在他心中從未浮現當上羅馬皇帝就該為全羅馬造福的想法。

偏偏當他登基之後，官方姓名叫作馬庫斯·奧理略·安東尼奧·凱撒·奧古斯都，眾人當然對此覺得不搭調。因此人們當面會以皇帝的尊稱「凱撒」稱呼他，背地裡卻叫他「荷拉迦巴爾」。就連皇帝本人，也比較喜歡這個稱呼。敘利亞姓名中的荷拉迦巴爾，意為掌管聖地的人。而他本人在登基稱帝之後依舊沒有放棄太陽神神官的職位。

十四歲的皇帝不管在姓名或行動方面，都讓人覺得不像羅馬皇帝，反而像個東方君主。不管做什麼事情，他總是慢吞吞地。發起行動的速度緩慢，展開步驟之後也不懂得快馬加鞭。身邊隨時陪伴著一堆宦官、神官、樂師，拖垮了任何行動的速度。他在西元二一八年四月底時，已經成為實質上的皇帝。要前往羅馬取得元老院承認時，準備旅行所消耗的時間卻過長。等到皇帝一行人到達羅馬時，已經是第二年的秋天，從離開敘利亞起算已經過了一年五個月。

西元二一九年九月二十九日，皇帝的隊伍在早秋的和煦陽光下進入羅馬，在路旁迎接的羅馬平民卻大吃一驚。十五歲的新任皇帝穿著羅馬軍裝，騎馬進入首都，身後緊跟著由六名壯碩奴隸扛著的轎子。轎子的四面由豪華的簾子遮蔽，大眾都猜想轎子裡應該是皇帝的外祖母尤莉亞·瑪伊莎。然而當微風吹起簾子時，裡面露出來的卻是一塊呈圓錐形的黑色石頭，讓路旁的民眾當場愕然。太陽神信仰的象徵物，亦即神主被送進首都的消息馬上就傳了開來。這座神主原本被安置在埃米薩的神殿中，是荷拉迦巴爾本人堅持要遷移到羅馬。

羅馬人是多神教民族，習於為戰敗者的神明興建神殿，因此不會為了新的神明到來感到訝異。只不過他們雖然會在神殿裡擺設神像，但不會膜拜一塊石頭。

順帶一提，希臘、羅馬人認為穠纖合度的裸體是天下最美麗的事物，只有神明才有資格享有這等榮譽，因此他們雕塑的神像都是裸體的。也因此，死後神格化的皇帝也以裸體型態表現。如果有機會發現裸體的皇帝塑像，那一定是在皇帝過世以後製作的。羅馬人製作的活人塑像一定會穿著衣服。

總而言之，羅馬人雖然習慣赤裸裸的全身、半身大理石神像，卻是第一次看到以圓錐形的黑石頭當神明的。就在眾人的訝異之中，荷拉迦巴爾展開了他的統治。

太陽神信仰長年來流傳於中東一帶，是種一神教。不過與基督教、猶太教相異的是，他們不會奉自己的神明為唯一真神，把其他宗教打為邪教。因此從信奉天地諸神的羅馬人想法來看，這個宗教一點問題都沒有。理所當然地是羅馬帝國內的宗教之一，可以不受任何迫害，自由吸收信徒。因此，這是沒有任何問題的個人信仰。

問題是，荷拉迦巴爾現在是羅馬帝國的皇帝，而羅馬皇帝還兼任帝國的最高神祇官。羅馬人信奉朱比特、其妻朱諾，以及女神密涅瓦為三大主神。並且將代表舉國團結的「融和」神格化，認為帝國是由諸神所守護。因此在獻給諸神的祭典時，身為最高負責人的皇帝必須帶頭祭祀。在羅馬沒有專屬的神職人員，因此也沒有祭典專用的服裝，只用日常穿著的托加袍袍角遮住頭部表示尊敬。遇到國家祭典時，皇帝若身在首都，就絕對不得缺席。

荷拉迦巴爾皇帝卻強烈主張，他會承擔最高神祇官的責任，但獻給太陽神的祭典必須位於這些祭典之上。因此，必須在首都興建安置神主用的太陽神殿。實際上，這座神殿已經在可以瞭望圓形競技場的帕拉提諾丘一角開始動工興建。

無論荷拉迦巴爾多喜好東方格調，他還是個以不排斥其他宗教為特質的古代人。因此他並未把太陽神奉為唯一真神，將信仰其他神明的宗教打成邪教。只不過，他使勁全力想讓羅馬人認為太陽神信仰的位階要比朱比特、密涅瓦等諸神更上一層。在羅馬人的眼中看來，這是一種無視羅馬人精神、文化的自大心態。

剛開始的時候，羅馬平民只是抱著好奇心，看著皇帝的異國作風。不久後激怒民眾的行為卻陸續發生了。

其中之一，是皇帝把住在羅馬廣場的某位女祭司收為情婦又旋即拋棄。這種女祭司選自良家，在職期間有維持處子之身的義務，相對地於官方場合享有席次高於皇后的地位。而荷拉迦巴爾卻把這些人當成東方神殿裡的女巫。東方女巫通常在神殿中兼營向進香客賣春的工作。可是在帝國西方的羅馬女祭司，光是談個戀愛，就要承擔事發時遭活埋處死的風險。

荷拉迦巴爾皇帝犯下的錯誤極多，編年史的作者也鼓起勁來一一詳述。不過若全數在此報告，會占去過多篇幅，在此只另外介紹一件事情，關鍵在於皇帝的同性戀傾向。

羅馬人認為，男人與男人談戀愛，雖然不是值得讚賞的事情，但也不必鳴鼓而攻。雖不致於如同希臘社會給與其「市民權」，但也不會因為某人是同性戀，便剝奪其擔任公職的資格。不過話又說回來，此也僅限於不用親身面對的時候。偏偏荷拉迦巴爾經常在公開場合緊跟著心上人並大拋媚眼，直到儀禮結束為止，一直拉著對方的手放在自己掌上。元老院議員看到這情狀頂多擺臉色，但一般民眾可不會保持沉默。然而不管是遭到群眾嘲笑或喝倒采，荷拉迦巴爾也會朝好的方面解釋沒放在心上。

這不禁讓人佩服，在這種情況下竟然還能維持四年的政權。史學家將其歸功於在背後牽絲引線的外祖母尤莉亞·瑪伊莎統治方法合乎政治平衡。這大概是真的吧。不過筆者認為，荷拉迦巴爾能夠保住政權，真正原因在於帝國國界外一片平靜。

帕提亞王國由於國內局勢緊繃，沒有餘裕攻擊羅馬。

在這段期間裡，北方異族也還沒有足夠力量突破由卡拉卡拉加強後的防線。因為卡拉卡拉不僅加強了國界防線的諸般措施，還採用跨越國界徹底蹂躪敵軍的辦法，對日耳曼各部族造成嚴重打擊。荷拉迦巴爾皇帝登基的時期，實在是個很幸運的好時機。

不過，當最高權位者的言行惹來旁人輕視時，就是他在自掘墳墓的時候了。從荷拉迦巴爾進入首都的時候起算，亦即他實質展開統治的那年起算，兩年後西元二二一年時，連外祖母尤莉亞·瑪伊莎都決定放棄這個東方作風的皇帝。外祖母建議皇孫把「凱撒」稱號賜給比他小四歲的表弟亞歷山大。獲頒凱撒稱號，意為指定為繼承人。外祖母向皇孫表示，若將亞歷山大升為凱撒，就能將皇帝的公務丟給他處理，皇孫就能專心在太陽神神官的職務上。於是十七歲的皇帝欣然允諾。尤莉亞・瑪伊莎的另一個外孫，當年十三歲的亞歷山大，就這樣易名為馬庫斯・奧理略・謝維勒・亞歷山大，由皇帝正式向元老院介紹。

可是不久之後，荷拉迦巴爾開始後悔了。亞歷山大成為正式繼承人之後，前往造訪的元老院議員和地方仕紳開始增加。荷拉迦巴爾知道這情況之後，後悔不該這麼早決定次任皇帝人選。他向外祖母表示要撤回「凱撒」稱號，但不被接受。就在蹉跎之下，進入了西元二二二年。這時荷拉迦巴爾滿腦子只想著要如何殺害政敵。真要進行暗殺，原本該悄悄命令不起眼的人物下手。荷拉迦巴爾竟然召集禁衛軍團長官直接下令，可說是已經失去理智。最後當長官向麾下的禁衛軍下令時，殺害的對象不是亞歷山大，而是荷拉迦巴爾。

西元二二二年三月十一日，十八歲的皇帝在皇宮中遭捕獲，於周圍士兵的嘲笑聲中遭殺害。遺體被人從帕拉提諾丘拖到羅馬廣場上，在此飽受群眾嘲諷。之後被拖到河岸邊，讓人從橋上丟到河裡。他的母親索米亞迪也在這天遇害。

隨著荷拉迦巴爾過世，首都的太陽神信仰，以及攀附而來的各種東方作風立時遭清除。蓋在帕拉提諾丘一角，獻給太陽神的神殿，轉獻給憤怒的朱比特神。至於圓錐狀的黑石頭，則送回敘利亞的埃米薩神殿。羅馬人雖然不信奉，但在東方卻有許多人信奉這尊神明。多神教的觀

謝維勒王朝家譜

朱利斯・巴西亞努斯

（敘利亞的埃米薩太陽神殿神官。從家門名為「朱利斯」來判斷，應該是在凱撒或奧古斯都時代取得羅馬公民身份。）

皇帝賽埔提謬斯・謝維勒（西元193年～211年在位）——尤莉亞・多姆那（西元217年逝世）

尤莉亞・瑪伊莎（西元226年逝世）——元老院議員亞庇托斯

皇帝卡拉卡拉（西元211年～217年在位）

捷塔（西元212年逝世）

尤莉亞・索米亞迪——元老院議員馬爾凱爾斯

尤莉亞・馬梅亞——馬爾奇亞努斯

皇帝荷拉迦巴爾（西元218年～222年在位）

皇帝亞歷山大・謝維勒（西元222年～235年在位）

念中，認同其他人信仰的宗教。既然認同其他宗教，自然不能破壞其信仰的對象。換句話說，羅馬人認為破壞其他宗教信仰是要不得的事情，只有請太陽神回到自己老家去。

皇帝亞歷山大・謝維勒（西元二二二年～二三五年在位）

如果今後還想高人一等地住在帕拉提諾丘上的皇宮裡的話，尤莉亞・瑪伊莎再也不能犯任何錯誤了。對這個敘利亞女人來說，外孫荷拉迦巴爾和女兒索米亞迪凄慘的下場只能當成過去。前一年她讓亞歷山大取得「凱撒」稱號，因此皇位得以順利繼承，問題在繼位之後。新任皇帝的外祖母與母親相互同意，她們這次必須要緊密合作，而且以不起眼的方式進行，絕對不能落入和荷拉迦巴爾同樣的下場。因為她們看到不只是皇帝遭殺害，連太后也跟著陪葬的情況。這次如果把事情搞砸了，只怕連當外祖母的都會給拖下水。

亞歷山大・謝維勒

西元二二二年三月十一日，亞歷山大獲得元老院同意正式繼任皇帝。他是在西元二〇八年十月一日，出生於敘利亞的地方都市阿爾堪・凱撒利亞。後人將賽埔提謬斯・謝維勒肇始，到亞歷山大為止的朝代稱為「謝維勒王朝」。在這個朝代中有個特色，就是都有個埃米薩出身的敘利亞女子在政壇背後運作。阿爾堪．凱撒利亞離埃米薩不遠，距離地中海只有五公里。這一帶有許多希臘人開創的都市，居民的仕紳階層由希臘裔與猶太裔占據。從社會風氣上來說，比較接近國際化的東方都市。

亞歷山大就出生在這種土地，成長在這種氣息下。接受的教育也與荷拉迦巴爾不同，為純粹的希臘、羅馬風格。在羅馬社會中，子弟受的教育是由母親負責，因此這應該是做母親的尤莉亞．馬梅亞下的決定。簡單來說，亞歷山大雖然出生在神官世家，卻沒有受神官教育。可能是因為他出生在謝維勒皇帝的時代，母親馬梅亞認為兒子今後要在姨丈謝維勒，或者表兄卡拉卡拉治理的帝國內擔當重任，所以在決定教育路線時做出這等抉擇。亞歷山大即位時還差半年才滿十四歲，不過他已經是兩個敘利亞女子的最後一張牌。

亞歷山大登基之後的正式姓名叫作馬庫斯．奧理略．謝維勒．亞歷山大。取這個名字的第一項目的，在於強調他與謝維勒以及卡拉卡拉的血緣關係。第二項目的，在於表示將學習當時羅馬人人公認為名君聖主的哲學家皇帝。強調自身與廣受軍方支持的謝維勒有血緣關係，是為了博取帝國防線上的官兵好感。而表示將學習哲學家皇帝馬庫斯．奧理略的治國方針，則當然是在爭取元老院的支持。

元老院馬上通過亞歷山大的皇位繼承案。不僅如此，還一次把皇帝所擁有的所有權利通通頒布給這個未滿十四歲的少年。包括：

奧古斯都稱號。

代表羅馬全軍最高司令官的“Imperatorius proconsularis”稱號。

代表內政最高負責人的“tribunica potestas”（護民官特權）稱號。

具有羅馬帝國這個大家庭共同家長意味的“Pater patria”（國父）稱號。

以及在元老院院會期間，每天可提出五項議案的權利。

議會如此優待亞歷山大，並非元老院議員相信新任皇帝宣稱的「將學習向來與元老院維持良好關係的哲學家皇帝」。他們急著承認皇帝的各項權利，只是想在軍方有動作之前造成既成事實。因為前兩任皇帝馬克利努斯、荷拉迦巴爾讓守衛國界的官兵大為不滿。要是警備國界的各軍團聽到荷拉迦巴爾的死訊，認為這是推舉總督或軍團長稱帝的大好良機的話，羅馬將會陷入內戰。元老院深怕局勢如此演變，一則為了避免內戰，二來保護自身既得利益，才迅速地承認年幼的亞歷山大擁有各項皇帝權利。這至少牽制住了軍方的動作。

亞歷山大皇帝並非俊男，不過他是個長相老實、個性溫和的少年。而且他還有一種讓人見了他就激起保護欲的氣質。更好的是元老院議員和總督年紀都比他大。亞歷山大恢復了馬庫斯·奧理略過世後漸次廢除的元老院議員可在皇帝面前坐下的規矩。「東方」統治習於讓臣民在皇帝面前下跪，但「西方」沒有這等風俗，只不過在皇帝面前人人都得站著。亞歷山大則認為，既然身為元老院議員，就算到了皇帝面前也有資格坐下。

羅馬元老院並非功成名就的老人養老的地方。除了議員並非經由選舉選出以外，其他方面則有如現代的國會。任何法案若未經元老院通過，則不能形成制度，因此我們可說元老院是個立法機構。羅馬皇帝雖然享有絕大的權力，但皇帝提出的法案若沒有讓元老院通過，就不能形成具有長期效力的國家政策。皇帝公布的法令只是臨時法，當皇帝過世後也就自動廢除。如果皇帝希望自己的想法反映到國策上，就必須設法讓元老院通過自己提出的法案。對於行政最高負責人皇帝來說，與元老院保持良好關係一直是件重要的事情。亞歷山大面對元老院議員時如此謙虛，使他剛上任就博得議員的好感。而且議員們在以皇帝名義推動的各項政策裡面，也找不到什麼值得反對的理由。

法律專家烏庇亞努

尤莉亞・瑪伊莎決定要小心行事，因此找來有名的羅馬法專家烏庇亞努當皇孫的顧問。

圖密善・烏庇亞努，生於地中海濱的港都提洛斯，位於今日的黎巴嫩境內，應該是個希臘裔東方人。從烏庇亞努這個姓氏推斷，他的氏族應該是在圖拉真皇帝時代取得公民權，並由皇帝賜姓。既非羅馬人，又不是出身義大利，卻能成為羅馬法專家，這一點令人覺得有趣。正因為即使出身行省，只要獲得羅馬公民權，就能在各個領域一展長才，羅馬帝國才會是個國際化

烏庇亞努像（目前設置於羅馬最高法院前廣場，與西塞羅等法律專家並列）

的“res publica”（國家）。

而羅馬這個國家另一個有趣的地方在於，羅馬人創立了法律體系，卻沒讓法律成為脫離社會的桌上空談。子弟教育科目中，包括修辭學、理哲學、幾何學、歷史、地理等，但不包括法律。這是因為羅馬人認為，法律(lex)是擁有不同文化、宗教的人要形成一個「共同體」並生存下去時所需的規則。對羅馬人來說，法律只有親身體驗學習的分，在家中是餐桌上的話題，在外則是到廣場裡的公會堂旁聽幾乎天天都有的法庭審判。

因為這些背景，羅馬人口中的法律專家沒有學者的意味，而是成為法務官擔任審判，或者為人進行辯護的人。再不然就是與公務相關的實務專家。

不過在羅馬時代，也有如同後世“juriste”（法學著述家）般的人物存在，亦即留下法律相關著作的人物。烏庇亞努除了在首都擔任過許多公職外，還著有百卷以上的法律相關書籍。總而言之，尤莉亞．瑪伊莎為外孫錄用了這名精通法律的實務官當助理。在現代可以常常見到總統助理升官當國務卿的例子。烏庇亞努在歷經「皇帝助理官」(magister libellorum)、「糧食廳長官」(praefectus annonae) 的職位後，最後與同樣是法律專家的寶蘆斯一起就任皇帝的首席親信「禁衛軍團長官」(praefectus praetorio)。禁衛軍團長官有如皇帝的左右手一樣，名額也通常是兩人。

尤莉亞．瑪伊莎讓烏庇亞努無論於公於私都緊密協助亞歷山大皇帝。換句話說，是隨時跟在皇帝身邊。尤其剛開始的幾年，皇帝除了就寢時間以外，無論出現在哪，烏庇亞努也會在場。儘管不久後烏庇亞努當上了公共機構最高負責人，到了羅馬人風俗中每天最悠閒的晚餐時分，烏庇亞努也一定會出現。

這個人對皇帝最大的貢獻，該是恢復皇帝與元老院的「兩人三腳」統治體系。

從開國皇帝的時代起，就有協助皇帝治國的"Consilium"組織存在，相當於現代的內閣。到了亞歷山德爾的時代，又設立了相當於攝政團的機構。這個機構員額十六人，全數由元老院議員組成。只有"Consilium"定案，並由攝政機構通過的法案，才會送到元老院院會中表決。這項改革當然地，是在表達尊重元老院的意識。在這項制度出現之前，直到法案送進元老院為止，議員們對政策是如何制定的不得而知。新的制度出現後，元老院議員也得以參與法案的制定過程。再加上亞歷山大一再表示歡迎熱烈討論法案。曾在獨斷獨行的謝維勒、卡拉卡拉之下活動過的議員為此大感喜悅，覺得好似回到了馬庫斯．奧理略的時代。從助理烏庇亞努的角度來說，這項政策的目的，是為了盡可能減少因皇帝年幼帶來的不信任感。當政治上有這種必要時，最佳的方針就是「公正」(jusitia)。而在內政方面力求公正，可以排除元老院的不信任感的話，將這項方針適用到軍隊中，自然能消除官兵的不信任感了。

羅馬政壇人物喜歡為任何事情做記錄，可能是因為不這樣做，就無法統治跨越歐洲、中東、北非的大帝國。這些記錄大多數已經失傳，不過有一份西元四世紀末五世紀初的“Notitia Dignitatum”流傳了下來。這是一份「官員名冊」，按照姓名、職位、地區分類，記載了所有的文武官員。西元四世紀末五世紀初，已經是羅馬帝國的末期。在這樣紛亂的時代裡，還能留下這樣詳細的記錄，可見在「羅馬和平」引領時代的帝國初期、中期，也一定有同樣詳盡的記錄存在。那麼《羅馬帝王紀》裡邊記載著，亞歷山大皇帝隨身帶著這份龐大的記錄，只要有空便翻閱學習的事蹟，也應該足以相信。在這其中皇帝特別留意的，是有關羅馬軍方的記錄。

這份記錄中，依照服勤地區、軍團分類，記載了所有軍官的資料。內容包括經歷、軍功、年齡、目前曾受過的勳賞等，而且隨時會產生變動。要記得這些資料是件相當辛苦的事情，但據說亞歷山大對這些資料真的瞭若指掌，他和將軍說話時，能馬上叫出將軍旗下的大隊長姓名。這可能是因為皇帝的個性十分一板一眼吧。這個舉措讓官兵認為，皇帝把心思放在軍人身上。既然認為升遷、輪調都在公正的制度下執行的話，軍人當然也覺得甘心。

儘管亞歷山大皇帝年幼，在尤莉亞·瑪伊莎提拔的烏庇亞努指導下，他的統治也漸漸獲得眾人信賴。

荷拉迦巴爾在位時作威作福的宦官、行跡詭異的占卜師，以及優伶等，全數給趕出皇宮。這些人裡面有的曾從荷拉迦巴爾手中獲得官職，不過現在通通給趕出首都了。皇宮僱員的人數也大幅縮減。與其說是為了重建財政而不得不緊縮消費，倒不如說是亞歷山大與「恩師」烏庇亞努兩個人都不喜歡花俏吵鬧的生活。豪華的晚宴當然也不再舉行。

皇帝正值年少時期，私生活卻很樸素。他迎娶了元老院議員的女兒，但沒有在外花天酒地。這並不表示他沒有朋友。他喜歡和同輩朋友一起運動之後，一個人靜靜地讀書。如果他愛讀的書，只有柏拉圖的《理想國》，以及西塞羅的《論責任》的話，筆者會覺得同情。但據說他還喜歡閱讀奧維狄斯寫下的戀愛詩，閱讀範圍可說是與一般青年無異。而亞歷山大一再重複閱讀的，聽說是與他同名的《亞歷山大大帝傳記》。不過他表示無法認同這名古代英雄經常酒後失態，以及少年時期起便常常對朋友做出殘忍舉動。若這就是他的讀後感，筆者還是不免要用反話說，實在是平凡人的才華。

亞歷山大在寢室掛著尊敬的人的畫像。分別是小亞細亞出身的新畢達哥拉斯學派哲學家阿波羅拗斯、傳說中的詩人及豎琴手歐爾菲斯、猶太人始祖阿布拉哈姆，以及耶穌基督。這並不表示亞歷山大的腦袋有問題，反而顯示出羅馬帝國是個由多民族組成的國家。因此涅爾瓦皇帝廣場兩邊排滿了身故後神格化的皇帝立姿像，也不會有任何矛盾。這些雕像是在神格化之後製作的，因此全部都是裸體像。

和平的六年

由於烏庇亞努的指導，以及皇帝本身的個性使然，亞歷山大統治過程顯得穩健公正。在公共建設方面，由於歷任皇帝已經修建了大多數的必要建築物和道路，所以不需要另行建設。不過，相關維護是不可或缺的。儘管皇帝認真地維護，有時還是需要從頭改建。

首都羅馬第二大的浴場，是由尼祿皇帝所興建。這座浴場位於萬神殿附近，從完工至今已經過了一百六十年。建築物能耐用一百六十年，要歸功於歷任皇帝認真維修，不過總有一天還是需要大幅度的改建。而執行改建工程的，正是亞歷山大皇帝。改建完工之後，這座浴場的名稱，就以最初興建的尼祿，以及重建的亞歷山大姓名合稱，叫作"Thermae Neronianae Alexandrinae"（尼祿亞歷山大浴場）。

歷任皇帝還有另一項重要的政策，就是確保首都的民眾有糧食可吃。烏庇亞努也親自帶頭重整糧食相關組織。要保證人口百萬以上的首都羅馬糧食充裕，相關組織之間必須要能保持緊密關係，才能發揮功能。此外，負責運輸糧食的是私人企業群，商人追求利潤的心態會強過愛國心。羅馬帝國沒有選擇運輸業國營化的路線，而採用優待運輸業者的方針。首先充裕港灣設施，並減低關稅等各項稅率，以及保障沉船時的保險理賠。不過只有負責運輸主食小麥的業者才能享受這些優待政策。在羅馬帝國，主食小麥以外的糧食市場是由現代人口中的市場經濟主導。因此保障「糧食」的政策，也就是只保障主食的政策。這項「糧食」保障政策，多虧了就職「糧食廳長官」的烏庇亞努賣力重整。在亞歷山大治國的十三年內，首都民眾得以享用充足的糧食。

筆者認為，重視治安與公正稅制是善政的基礎。亞歷山大皇帝也公開表示，擾亂治安的人是國家公敵。一旦治安紊亂，首先受害的會是一般民眾。有權勢的人可由國家出資僱用護衛，富裕階層的人有足夠財力聘用警衛保鏢。一般民眾的生活便沒有這般方便，所以國家才應該設法維護治安。

羅馬帝國也很理解治安的重要性，在開國皇帝奧古斯都時代已經成立了警察機構。警察權不僅在都市中發揮作用，到了臺伯留時代，更配置到聯絡都市與都市之間大道上的每個「客棧」(mansiones)裡。如果不能確保國內的治安，那麼民眾將會不願意外出旅行，也不願出外耕作。根據至今為止的考古挖掘結果，在羅馬時代，不僅首都羅馬，連行省都市也找不到有錢有權的人聚集在一起，四周築牆，門口僱用武裝警衛的區域。「羅馬和平」並非純粹防衛外敵入侵就能達成，而是要連國內的安全都一起保障才得以實現的和平。羅馬政府當局向來維持嚴厲處分擾亂治安者的政策。亞歷山大只是因襲前人的政策而已。不過因襲前人政策也非易事，要有強烈的自覺以及不斷的努力才得以持續。在亞歷山大任內，無論殺人或強盜，都會受到嚴厲的處分。一般公民在防盜策略方面，只要記得守好門戶，還有在大門前的鑲嵌畫繪出猛犬以及「小心猛犬」的字樣即可。

提到治安政策，在此順便提及亞歷山大留下的法律。這項法律通過之後，以往由皇帝或元老院把持的司法最終審判權，就此委由各行省總督執行。

「小心猛犬」鑲嵌畫

羅馬史專家對這項法律的看法認為，由於這道法律成立，使得二十年後開始增加的鎮壓基督教徒行為更為容易。不過筆者認為，這道法律的影響還要更加深遠。就好像卡拉卡拉制定的「安東尼奧敕令」，使得奴隸以外的全民都獲得羅馬公民權，卻在卡拉卡拉意想不到的地方開始動搖羅馬帝國的國本。

無論共和時期或帝政時期，羅馬公民權所有人具有控訴權。

即使因為住在行省，由行省總督判決有罪，公民也具有控訴的權利。在共和時期，控訴對象為執政官；在帝政時期則是向皇帝控訴。根據法律定義：控訴，為對第一審結果不滿時，向上級法院申請重新審理的行為。羅馬的司法制度中，一審由行省總督執行，上級審判則由皇帝或元老院議員執行。

在此提出尼祿皇帝時代的聖保羅作例子。聖保羅與聖彼得是當時基督教會的兩大中心人物，聖保羅在帝國東方傳教時遭到政府逮捕。羅馬時代的基督教徒罪名是傳播擾亂社會秩序的宗教，聖保羅便因此罪名遭逮捕，並經一審判決為有罪。不過他擁有羅馬公民權，因此行使控訴權。由於這是他個人應有的權利，羅馬政府只好派遣百夫長護送他到羅馬。在羅馬法之下，未經最終審判前，人人都無罪。由地中海往西的旅途漫長，聖保羅乘坐的船也不時靠港停歇。靠港時聖保羅也沒有被送進監獄看守，而是借住在當地的信徒家中等待開航。這項待遇一直到進入義大利本國還是沒有改變。羅馬公民權能夠吸引沒有公民權的人，就是因為當事人不管身在何處、做何等事情，都能適用以兩千年前的標準來說無懈可擊的羅馬法。

亞歷山大皇帝的法律卻改變了這個情況。控訴權以及二審判決就此實質上消失了。由於這道法令發布於注重公正的法律專家烏庇亞努生前，想必目的不是為了減輕皇帝工作，也更不可能是為了方便二十年後的人鎮壓開始抬頭的基督教勢力。應該是因為實際上已經無法處理，才將權限轉給行省總督。

卡拉卡拉皇帝立法，使得廣大帝國內的所有自由民無論是猶太裔、希臘裔，甚至有北方蠻族血統，都成為羅馬公民。隨著公民人數增加，控訴的數量也應該會增加。在卡拉卡拉之前的皇帝已經為處理控訴花費不少時間。雖說實際上，皇帝的工作只是對首都羅馬的高等法院主審法官做指示，但花費的時間還是相當驚人。請各位回想一下，馬庫斯．奧理略皇帝在多瑙河前線時，白天要擔任戰場的最高指揮官，晚上還要處理司法方面的工作。哈德良皇帝治國期間有大半時間花在巡視帝國各處，然而不論身在何處，這項司法工作還是如影隨形緊追而來。

這還是羅馬公民雖然日漸增加，但依舊屬於少數時的情景。在卡拉卡拉皇帝大肆饋贈公民權之後，造成司法機構崩潰自然也不奇怪。卡拉卡拉立法至今已有十五年，看來司法當局已經無力處理上訴。

在新法實施之後，羅馬人失去了控訴權。這又是一個全員擁有等於全員失去的好例子。當然，總有人想法與筆者不同。這些人認為，部份人才能享受的特權不值得存在，既然不能人人享有，還不如乾脆人人都享受不到。羅馬公民權的原有特徵之一，在於並非既得權，而是開放門戶給有意爭取者的「取得權」，此乃自由主義的精神。卡拉卡拉的「安東尼奧敕令」一舉將具有自由主義精神的「取得權」改成了「既得權」。羅馬人正在一點一滴地，放棄了自己身為羅馬人的理由。

這也就是為什麼實質廢除控訴權的責任，不能怪到亞歷山大皇帝頭上。因為事情的起源還在卡拉卡拉立的法。從亞歷山大的立場來說，光是認真值勤已經無法處理問題，只有設法打破目前的局勢。即使新的措施將來會成為行省總督賺取業績的機會。

亞歷山大．謝維勒有充分的意願認真執行皇帝的職務。他不認為自己體內的敘利亞血統是種恥辱，但不喜歡別人稱呼他為敘利亞人。就算外人是對他開玩笑，他通常會很認真的說：為羅馬帝國盡心的人都是羅馬人，而他也是其中一員。亞歷山大具有十足的責任感。當他慰勞部下時，不說「謝謝」(gratia)，而是向部下說「國家感謝你」(gratias tibi agit res publica)，這就有點好笑。讓人不禁覺得為國盡心是好事，但何必如此勉強自己。亞歷山大是個為職責賣命的人，如果活在承平時期，亦即「羅馬和平」不受任何陰影籠罩的時代的話，想必能壽終正寢吧。只可惜命運女神沒放過他。即位四年後的西元二二六年，明君的統治開始蒙上陰影。這年亞歷山大的外祖母尤莉亞．瑪伊莎過世。這名掌握權勢的敘利亞女子，死因是衰老造成的自然死亡。就在羅馬少見的雨水中，盛大的送葬隊伍經過哈德良皇帝興建的阿耶利斯橋，前往「哈德良靈廟」下葬。

忠臣失勢

代替尤莉亞．瑪伊莎成為青年皇帝監護人的，是太后尤莉亞．馬梅亞。瑪伊莎是個邪惡但精明的女人，她的女兒馬梅亞卻是個邪惡但愚蠢的貨色。也就是說，沒有大奸大惡的才幹。對於工作上需要後援的人來說，這是一個難以推動工作的環境。尤莉亞．瑪伊莎逝世後，首當其衝的受害者，該是地位有如宰相的烏庇亞努。

尤莉亞・馬梅亞

尤莉亞・馬梅亞不認為讓百姓知道皇帝背後隨時有太后干政是危險的事情。只要抓到機會，馬上會開始炫耀國家大權不在亞歷山大皇帝，而握在太后手上。若用個俚俗的說法，就是太后開始搶風頭了。馬梅亞初期的對手，是現任皇后薩爾斯提亞。她開始以生不出小孩為由欺侮媳婦，最後逼得媳婦離婚逃回故鄉北非。

既然皇宮內部的氣氛如此惡化，皇帝的首席忠臣烏庇亞努要遭殃也只是時間問題。由於帝國統治過程順暢，所以無法拿實務官的能力問題修理烏庇亞努。不過烏庇亞努能成為皇帝的首席親信，全依賴尤莉亞・瑪伊莎當靠山，因為隨時隨地都會有人與他作對。當瑪伊莎逝世後，烏庇亞努與繼任的馬梅亞保持距離，也就使得政敵抬頭。

對烏庇亞努、亞歷山大來說，這是一段微妙敏感的時期，只要稍有變動，就會影響到接下來的走向。亞歷山大這時正值十八到二十歲之間，已經脫離少年時期了。如果他能擺出堅決的態度的話，也許悲劇就不會發生了。偏偏這個年輕人缺乏處理困難局勢時不可或缺的彈性，以及有必要時血染雙手的決斷能力。光是善良有責任感，還不足以擔任領袖。西元二二八年，尤莉亞・瑪伊莎逝世兩年後，可能是在太后默許之下，經由反對派煽動，烏庇亞努竟然被部下禁衛軍團士兵殺害。

又過了四年，皇帝這時二十四歲。四年來他一再拒絕婚事專心於統治。可能是上天要補償他吧，這四年來帝國在秩序下享有和平。同一個時代的史學家希羅狄安寫道：元老院議員裡無人以叛國罪名受控告，無論身處議場或城鎮都能自由表達反對意見。在亞歷山大．謝維勒治理下的帝國，可說於任何方面都是無血和平。

不過這只是個表象。外觀看來平穩無事，水面下的動態卻紊亂異常。羅馬已經回不到烏庇亞努在世時的樣子。更不用提要回到亞歷山大視為理想的馬庫斯．奧理略皇帝時代。做領導的人如果希望長年維持好的時代，就要有辦法細心為國家掌舵。因為一旦方向轉變，就難以挽回。

史學家迪奧

要說到記載西元二世紀後半至三世紀前半的羅馬史書，首先要推薦的該是加西阿斯．迪奧著作的《羅馬史》。這是以希臘文記載的八十冊巨著，不過能傳到現代的，包括斷簡殘編在內，只有二十五冊。至於這本書的歷史價值，筆者認為敘述迪奧在世時的部份足以信任，敘述其他時代的部份則明顯粉飾太平，對內容持疑比較保險。令人感到有趣的是，迪奧的一生，正是活在羅馬帝國後期的典型才子生涯寫照之一。

加西阿斯．迪奧於西元一六五年左右，生於小亞細亞西北的俾斯尼亞行省省都尼科米底亞，出身於當地的仕紳家庭。雖然是希臘人，但享有羅馬公民權。在祖父的那一代，由當時的皇帝涅爾瓦賜姓科凱亞努斯。所以迪奧的全名是加西阿斯．科凱亞努斯．迪奧。他是三代前已經羅馬化，但出身行省的希臘人。

他的父親受哲學家皇帝馬庫斯．奧理略任用，雖出身行省，但得以進入帝國中樞。當上元老院議員後，由哲學家皇帝推薦當選執政官。卸任後以「前執政官」頭銜派為小亞細亞東南部的西里西亞行省擔任總督。做兒子的加西阿斯也依循當時的風俗，陪著父親一起前往駐地，在少年時期便累積實地經驗。到了該接受學校教育的年紀時，被家人送回首都。這時他的父親也轉任到與本國義大利隔著亞德里亞海相對的達爾馬提亞行省。有趣的是，迪奧雖然是希臘裔，但沒有到雅典、婆高蒙或亞歷山大接受大學教育。可能是做父親的打算讓兒子繼承自己的事業吧。

這種職業歷程，是行省出身的羅馬人爭取社會地位的典型方式之一。到了帝政時期，更是經由政府大力推動，足以證明羅馬的同化政策成功。因為無論戰勝一方多努力試圖同化，若是戰敗一方沒有這個意願也就無法成功。《列傳》的作者普魯塔克曾表示，羅馬強大的第一個要素，就在於同化戰敗者的政策。而他是與加西阿斯．迪奧的祖父同一個時代的希臘人。

如同父親所期待的，後來的史學家加西阿斯．迪奧由於出身元老院階層，職業生涯也開始得很順暢。到了西元一八〇年，也就是馬庫斯．奧理略皇帝逝世那年，他當上了元老院議員。

不過他似乎是代替過世的父親進入元老院。

康莫德斯皇帝時代的加西阿斯・迪奧由於輩分小，只能在元老院敬陪末座。不過他的觀察能力已經敏銳十足，有助於日後的寫作。在他敘述有個偉大父親的康莫德斯不穩定的言行時，就好像把當事人的心剖出來端上臺一樣。巧合的是，這兩人輩分相同。

當康莫德斯皇帝遭暗殺後，由沛提那克斯登基稱帝。加西阿斯也在這個皇帝之下當選法務官。羅馬人稱為「光榮資歷」的帝國要職歷程可說已經走到一半。過不久後沛提那克斯遭暗殺，有三名將軍起兵稱帝，帝國陷入了內戰狀態。這個時期的加西阿斯很快地就進入了謝維勒派系底下。也許是他認為三個人裡面最年輕又冷靜的賽埔提謬斯・謝維勒有收拾內戰的可能性吧。畢竟愛國的加西阿斯・迪奧是真心地為國家擔憂。

內戰結束後，加西阿斯在謝維勒之下首度當上執政官。雖然只是備位執政官，但獲得了以「前執政官」頭銜外派行省的資格。

到了卡拉卡拉時代，迪奧也在這個皇帝之下參加帕提亞戰役。與謝維勒時代不同的是，加西阿斯與卡拉卡拉只維持一個普通元老院議員與皇帝間的關係。後來暗殺卡拉卡拉篡位的馬克利努斯任命加西阿斯・迪奧為小亞細亞的主要都市斯米爾納、婆高蒙的行政負責人。當馬克利努斯遭殺害，荷拉迦巴爾登基之後，還留任了好一陣子。

加西阿斯・迪奧的公職生涯，是在亞歷山大・謝維勒皇帝時代才飛黃騰達的。

首先，他獲派到父親曾就任過的達爾馬提亞行省擔任總督。當任期結束後，又南渡地中海擔任非洲行省總督。他在北非行省省都迦太基的官邸中過了一年。很顯然地，在前兩個行省的統治績效受到肯定。加西阿斯．迪奧從北非卸任回國後，立刻被調任到氣候、地形完全相反的多瑙河前線服勤。以現代的國別來說，他是每年輪調到克羅埃西亞、突尼西亞、奧地利。對於寄望亞歷山大．謝維勒的加西阿斯．迪奧來說，調職對他來說應該只有喜悅，沒有苦楚。

新的派駐地點「近旁諾尼亞行省」長年來省都為卡爾倫托姆（今日的佩特洛那），不過在馬庫斯．奧理略皇帝時，總督官邸遷移到了維德波納（今日的維也納）。遷移的理由，並非為了追求居住環境良好。這兩個城鎮都有軍團基地，也都是面臨多瑙河的軍事要地。包括旁邊以布達佩斯為省都的「遠旁諾尼亞行省」在內，整個多瑙河中游地區是羅馬帝國的北方前線要地。加西阿斯．迪奧總督的任務，除了整個行省的行政、司法等文臣工作之外，同時還是指揮兩個軍團作戰的武將。這也是遠離國界沒有派駐軍團的行省，與瀕臨國界、派駐軍團的行省差異所在。前者稱為「元老院行省」，後者則稱為「皇帝行省」。從國防方面來說，自然是後者比較受重視。擔任過「元老院行省」總督的人會被輪調到「皇帝行省」，顯然是能力受肯定而升遷。加西阿斯．迪奧就在前線度過了西元二二四年起到二二七年為止的三年，正值他五十九歲到六十二歲的時候。這三年累積的經驗，讓他日後寫下了「多瑙河防線是衡量羅馬帝國國防體制功能的儀器」這句話。當他身在前線時，聽到了烏庇亞努的靠山尤莉亞．瑪伊莎的死訊。

目前不得而知加西阿斯·迪奧卸任回國後這兩年在做些什麼，不過烏庇亞努遭暗殺的消息想必對他造成打擊。沒有任何史料記載加西阿斯與烏庇亞努交往密切，不過這兩個人同樣願意奉獻一切協助亞歷山大皇帝治國，想必加西阿斯不會加入暗殺烏庇亞努的計畫。不僅如此，亞歷山大的親信遭暗殺的消息，只怕對他造成嚴重打擊。

又過了一年，西元二二九年時，加西阿斯·迪奧再度當選了執政官。這次不是備位，而是正式的執政官。而且更榮譽的是，與他一同擔任執政官的正是亞歷山大皇帝本人。加西阿斯在六十四歲這年，登上了除了皇位以外羅馬公職生涯的頂點。

可是隨著烏庇亞努的逝世，首都的氣氛也大為改變。儘管有榮幸與皇帝共同就任執政官，加西阿斯卻以痛風的老毛病惡化為由躲在拿坡里附近的別墅隱居，完全不參與在首都召開的元老院會議。執政官稱病不出，工作應該會由備位執政官代理執行吧。也許熱情的愛國者加西阿斯敗給了害怕被暗殺的恐懼。或者是他冷靜地判斷在沒有強力靠山的情況下，「當第二個烏庇亞努」是不切實際的行為。

至於加西阿斯是何時拋棄首都及南義大利的舒適生活，回到故鄉俾斯尼亞地方隱居，現在不得而知。可以確定的是，他在回到俾斯尼亞隱居之後才正式展開寫作生涯。想必他在故鄉得享高壽吧，除了八十冊的《羅馬史》以外，還留下許多著作。原本一度惡化的痛風，說不定也因沒有壓力的生活而獲得緩解。加西阿斯·迪奧的歿年不詳。在他隱居兩年後，亞歷山大皇帝東征時，也許加西阿斯·迪奧曾到隱居地附近的行軍路上向皇帝致意也不一定。不知三年後他聽到皇帝駕崩的消息時，是什麼樣的心情。

亞歷山大皇帝的治世，不管實質如何，表面上至少是國泰民安。徹底改變這個太平盛世的不幸，並非來自內部，而是源於帝國境外風起雲湧的局勢變化。在東方，羅馬的宿敵帕提亞王國滅亡了，代之崛起的是波斯薩珊王朝。

波斯薩珊王朝

在筆者的工作室裡邊，有兩張托斯迦納修道院形式的木桌。小的桌子用來寫字，大的桌子用來閱覽字典或地圖。近來大桌上擺設的，是一張古代、一張現代的中東地區地圖。每天望著這兩張地圖，筆者也開始漸漸了解為何「東方」一直是「西方」的威脅。

在討論東西衝突時，我們姑且不論特洛伊戰爭，光是西元前五世紀波斯與希臘間的戰役就已經讓人耳熟能詳。這場戰役之中，又以薩拉米斯海戰和馬拉松會戰最為知名。由史學家希羅多德流傳於後世。

這場戰役之後，波斯勢力被趕出地中海世界。然而波斯屢屢出現有能君主，使得希臘城邦長年感受到波斯的威脅。

後來由亞歷山大大帝於西元前三三四年到三二三年之間展開東征，才把波斯勢力清除。長年威脅希臘的波斯勢力，就在自稱萬王之王的大流士手中覆滅。表面上來看，東方已經向西方屈服。然而這個情況實際上卻維持不到十年。因為年輕的軍事天才，在三十三歲時就過世了。而在亞歷山大大帝逝世後，接管領國的各路武將，只對地中海附近的地區有興趣，幼發拉底河以東的地區無人過問。

游牧民族帕提亞人也趁這個機會興起。他們入侵以前的波斯帝國中心地帶，亦即底格里斯、幼發拉底兩大河之間的美索不達米亞地區。帕提亞王國就此誕生，時為西元前二四七年。

至於這個時期的羅馬人，才剛拿下整個義大利，又與強國迦太基對立，正在進行長達二十年的第一次布尼克戰役。當戰役獲勝不久，又讓名將漢尼拔在義大利盤據十六年，進行第二次布尼克戰役。最後則是造成迦太基滅亡的第三次布尼克戰役。百餘年來，羅馬人沒有心思處理東方事務。在這段期間，統領波斯人等各部族的專制國家帕提亞王國，已經靠著東方兩大財源農耕與通商發展為強國。

羅馬殲滅迦太基，成為西地中海的霸主後，陸續征服希臘文化圈各國，向地中海東方擴大勢力。先是馬其頓與希臘，其次是敘利亞，最後把埃及納入版圖。地中海至此成為羅馬人的「內海」(**mereinternum**)、「我們的海」。這時已經是西元前一世紀。當時羅馬出身的名將，例如蘇拉、魯克魯斯、龐培等人都有遠征東方的經驗。凱撒也計畫直接與帕提亞交鋒取勝，藉以確立羅馬的東方防線，但因遭到暗殺而沒有機會實現。

開國皇帝奧古斯都繼承了凱撒的絕大多數政策，因此他也知道帝國東方國防政策也就等於對帕提亞的政策。不過他選擇外交優於軍事的政策路線。從凱撒遭暗殺之後，羅馬陷入了長達十四年的內戰，當時正是重整國內局勢的時候。可能奧古斯都認為重建內政才是最優先的問題。此外，奧古斯都不像凱撒那樣可以在戰場上大展長才。換句話說，他不擅長行軍打仗。戰場上要求的是能當機立斷的人才，偏偏奧古斯都屬於深思熟慮的類型。可能上天也知道這項差異，讓凱撒治國的時間不到兩年，奧古斯都卻在位長達四十餘年。順帶一提，亞歷山大大帝軍事稱霸之後也沒有機會治國。

言歸正傳，在凱撒與奧古斯都之後的歷任羅馬皇帝，同樣以維持幼發拉底河國界為目標。至於強化國界防線的策略，也大致可分成凱撒與奧古斯都兩種路線。第一種是攻擊敵方根據地，破壞對方的入侵意圖。第二種則是確立防衛體制、強化防衛措施，避免外敵入侵。若要在皇帝之中找代表性人物，則圖拉真皇帝屬於凱撒型，而哈德良則屬於奧古斯都型。

可是當圖拉真皇帝東征打下帕提亞首都格帖絲皇，又順著底格里斯河而下進擊到波斯灣以後，卻沒打算跨越底格里斯往東行。史學家說這是因為圖拉真皇帝年老力衰，但筆者不這樣認為。要是知道帕提亞王國腹地有多遼闊，應該就能想像百戰百勝的圖拉真皇帝為何要撤兵回頭。古代的帕提亞王國，包括了現代的伊拉克、伊朗、阿富汗以及巴基斯坦在內。而當時羅馬人口中的「東征」，意為跨越幼發拉底河，打到底格里斯河岸邊。帕提亞王國的主要都市聚集在這兩大河流域間，相當於現代的伊拉克。而伊朗以東則是美索不達米亞地方的廣大腹地。羅馬人沒有繼續往東攻擊，表示羅馬的領袖心中沒有打算要征服整個帕提亞王國。

現代伊拉克的首都巴格達，是在這個地方伊斯蘭化之後，於八世紀興建的都市，位於過往定都八百年以上的格帖絲皇北方僅四十公里處。格帖絲皇與巴格達同樣位於幼發拉底與底格里斯兩大河距離最近的地帶。相對地，伊朗首都德黑蘭在十三世紀遭蒙古人攻擊時，還只是個村落。到十九世紀也只是個鄉鎮。二十世紀時英國人為何將此地分成伊朗與伊拉克則不得而知了。不過若想像一下，將伊朗、伊拉克，加上阿富汗與巴基斯坦有多大力量，就可以理解「西方」人對「東方」感到多大威脅。姑且不論石油問題，光是龐大的人口就可以構成十足的威脅。而羅馬帝國隨時要擔憂的，就是這個「東方」。

話又說回來，對羅馬帝國來說，帕提亞在很多方面是個好應付的敵人。

第一點，雖然有足夠兵力渡過幼發拉底河入侵羅馬境內，但沒有力量征服、支配帝國東方地區。

羅馬方面當然也不允許這種情況發生。幼發拉底防線西側為敘利亞行省。如果敘利亞落入帕提亞統領下，之後會引發骨牌效應。位於敘利亞北方的小亞細亞，南方的約旦與巴勒斯坦，以及羅馬的穀倉埃及將會陸續淪陷。所以羅馬人認為幼發拉底防線，與北方國防關鍵萊茵河、多瑙河同樣重要。軍事防線（Limes）的重要程度，可以由失陷後的損害程度來估計。羅馬人為東方防線設計一套體制，只要直接負責人敘利亞行省總督發令召集，東方防線馬上可以聚集十個軍團的六萬兵力。因為東方君主有拿率領的兵力多寡自我炫耀的傾向。而帕提亞擁有廣大腹地，國王加上各地封建諸侯的直屬兵力湊出的人數可不容小覷。

換句話說，局勢為兩大國隔著幼發拉底河對峙。在某種層面上也算是一種軍事平衡，因此兩國得以共存。

帕提亞雖然是敵人但容易應付的第二個理由在於，羅馬與帕提亞雙方都有明確的最高權位者存在，兩國都具有統一的指揮系統。既然如此，就可能由雙方領袖會談解決問題。從這個方面來說，與羅馬為敵的北歐日耳曼民族就不一樣了。領袖會談與簽署協定的地點通常設在幼發拉底河中的沙洲，也象徵了兩國的關係。

第三個理由在於兩國都由眼光放在現實層面的人領導。羅馬帝國東方的各都市，無論安提阿、大馬士革或者帕耳美拉，都依賴與亞洲的貿易維生。無論成品或原料，全都經由帕提亞進口。亞洲貨品雖然另外還經由黑海、紅海進入羅馬，然而大多數的貨品，無論是走陸路經過大草原，或走海路至波斯灣上岸，都是經由帕提亞境內向西運輸。

對羅馬來說，帕提亞雖是敵國，但手上握有羅馬人想要的物產。相反地，外敵日耳曼人手上沒有羅馬想要的物產。

將上述情勢倒過來看，也可以適用到帕提亞身上。東洋進口的貨品不管價值多昂貴，光是

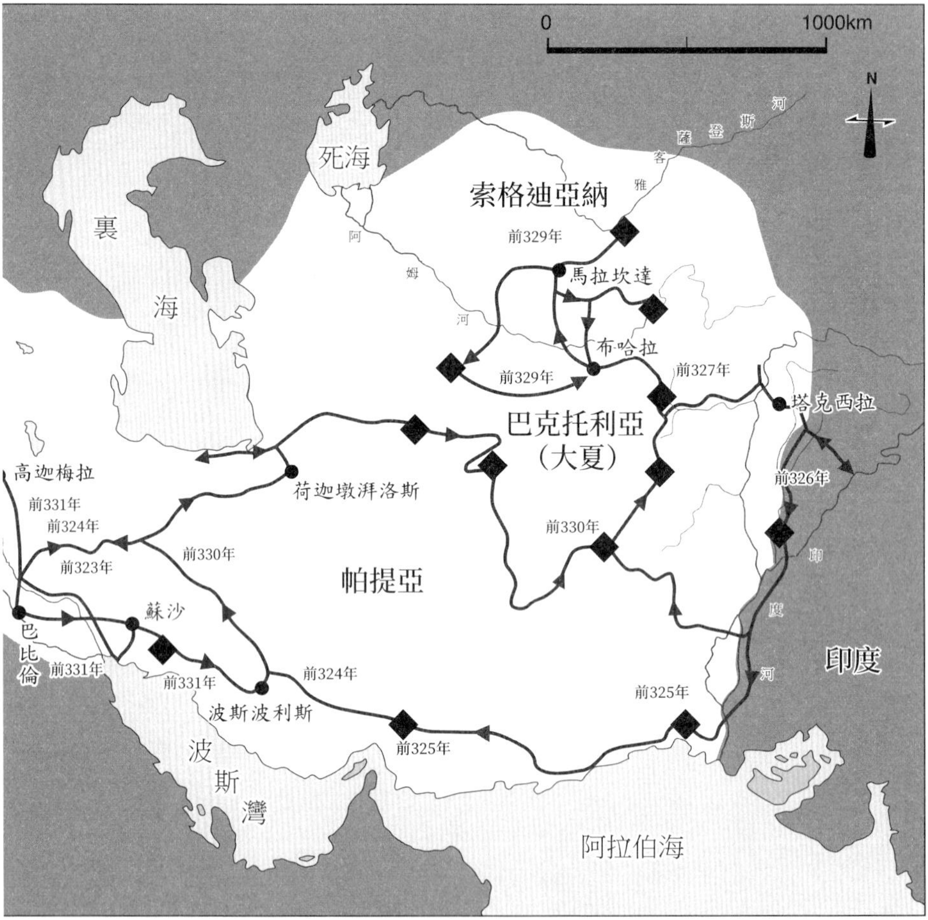
0
1000km
N
死海
裏
海
索格迪亞納
薩登斯河
客
雅
阿
姆
河
前329年
馬拉坎達
布哈拉
前329年
前327年
塔克西拉
巴克托利亞
(大夏)
前326年
印
度
河
印度
高迦梅拉
荷迦墩湃洛斯
前331年
前324年
前323年
前330年
前330年
帕提亞
蘇沙
巴
比
倫
前331年
前331年
前324年
波斯波利斯
前325年
前325年
波
斯
灣
阿拉伯海

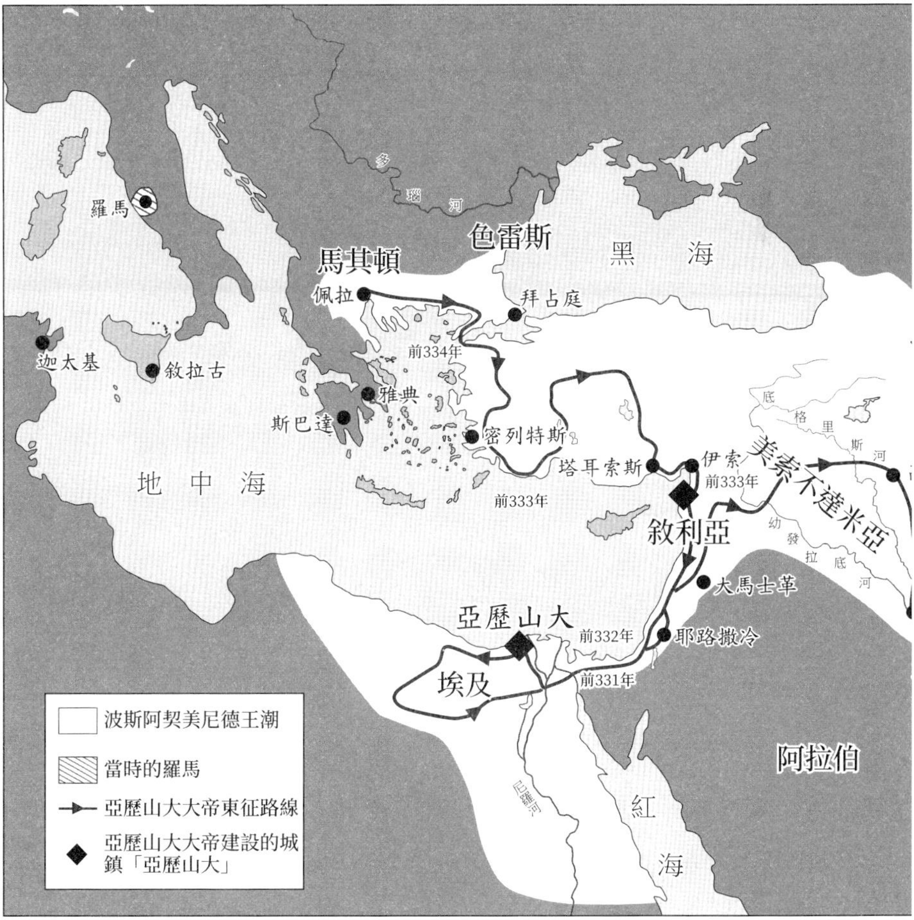

波斯阿契美尼德王朝最大版圖（西元前 500 年左右）及亞歷山大大帝東征路線

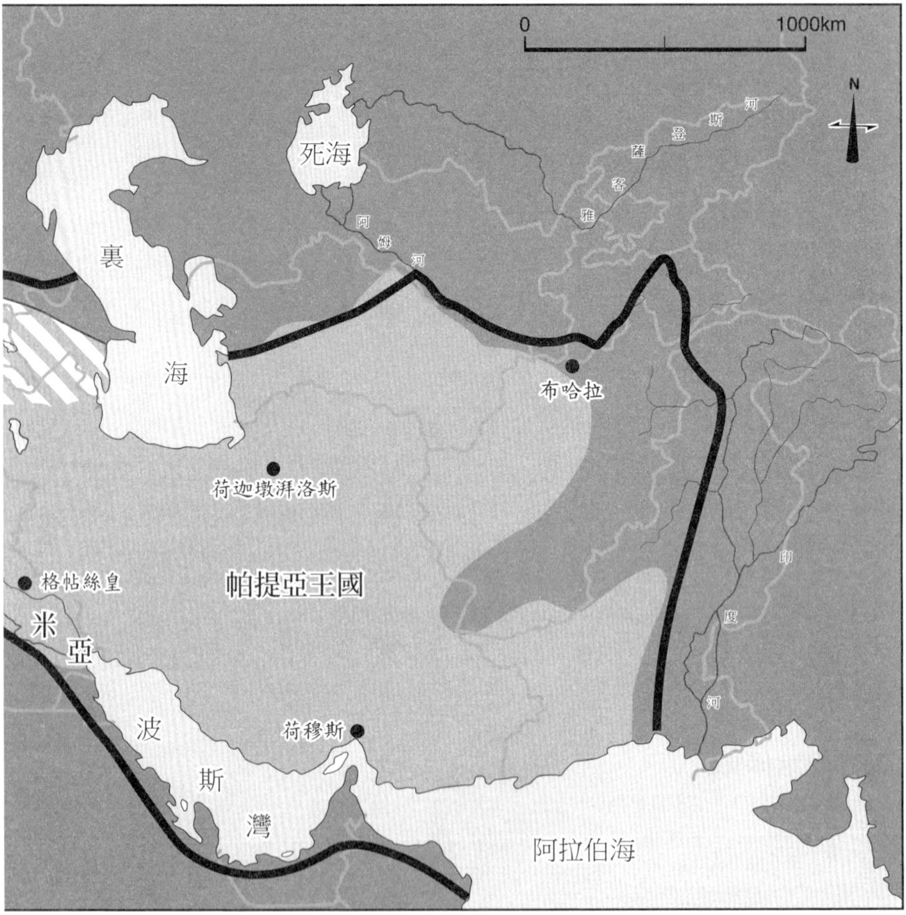
0
1000km
N
死海
薩
登
斯
河
客
雅
阿
姆
河
裏
海
布哈拉
荷迦墩湃洛斯
帕提亞王國
格帖絲皇
米
亞
印
度
河
波
斯
灣
荷穆斯
阿拉伯海

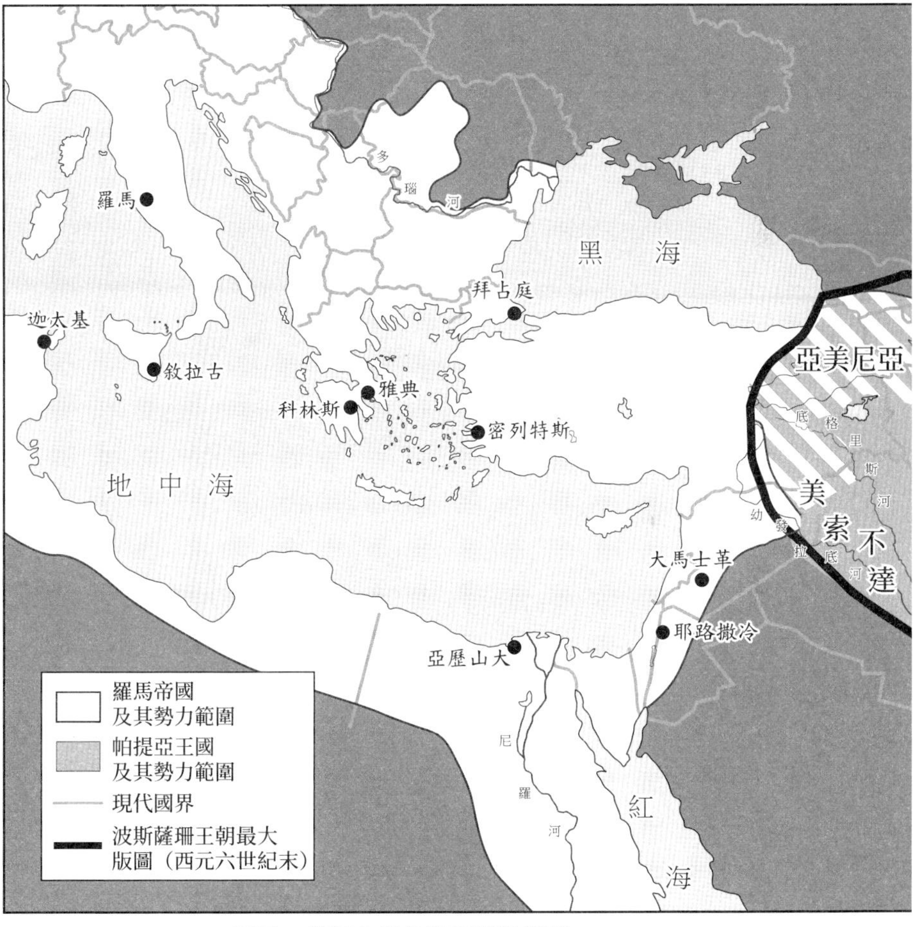

西元二世紀中期的羅馬與帕提亞

握在手上也不會形成利潤，要有消費者才能使繁榮成為現實。而羅馬帝國正是一大消費市場。在兩國間往來活絡市場的，則是隨亞歷山大大帝東征腳步移居此地的希臘人後裔，以及隨時會悄悄定居在有利可圖之處的猶太人。希臘人和猶太人在商業才幹與民族離散 (Diaspora) 方面有其共通之處。

也就是說，希臘後裔之中有人住在羅馬境內，又有人住在帕提亞境內，猶太後裔的情況也是相同，而這些人形成了附近一帶的仕紳階層。在這種情況下，羅馬與帕提亞雙方都不會封鎖國境。就算有封鎖國境的意圖，在沙漠與河流地形上也是無法執行的。這個地區的防線通常保持開放，因為羅馬與帕提亞都知道如此才對雙方有利。基於兩國的國內局勢變化，有時雙方會爆發戰役。不過兩國敵對三百多年來，從未有任何一次軍事衝突升格到讓任何一方受到致命傷。

帕提亞王國結束了長達五百年的歷史。取而代之的「東方」統治者，則是波斯薩珊王朝。亞歷山大．謝維勒皇帝要面對的，也就是新出現的波斯薩珊王朝。

儘管統治者換人，「東方」還是依賴東西貿易維生。波斯薩珊王朝沒有把首都遷回波斯波利斯，繼續定都帕提亞時代的格帖絲皇，就是個很好的例證。位在「西方」的羅馬也認為似乎雙方關係可以和帕提亞時代同樣發展，但實際上卻不是如此。

中興旗幟

波斯薩珊王朝的創始人亞爾達西爾，在西元二二四年的戰鬥中打倒長年支配波斯人的帕提亞王，將帕提亞人從支配者的寶座推下。他又花費了兩年時間壓制國內勢力，在西元二二六年登基稱王。亞爾達西爾提出的口號是復興居魯士、大流士時代的波斯帝國。

亞爾達西爾

請各位將亞歷山大大帝征服地全圖，拿來與帕提亞和羅馬共存時代的地圖作個比較。各位應該一眼就能發現，亞歷山大大帝的足跡與古波斯帝國一致。這是當然的，因為亞歷山大大帝征服的對象正是波斯帝國。

比較兩張地圖之後應該能發現，亞歷山大大帝的領土，經過其後的希臘文化圈時代，最後分成了帕提亞與羅馬帝國東半部。

只要知道這些資訊就能理解，波斯薩珊王朝的目的與帕提亞王國不同。也就是說，波斯薩珊王朝公開宣言，要將版圖恢復到亞歷山大大帝東征之前的樣子。羅馬方面當然不能袖手旁觀。時代已經改變，羅馬與波斯薩珊王朝的對立，與羅馬和帕提亞的對峙不可視為一同。

各位可不要指責古人說：都已經事隔五百年了，如今拿復興波斯帝國當口號是不切實際的舉措。人性奇妙的一點在於，要把眾人捲入一項運動時，光靠合理的邏輯還不足成事。猶太人被哈德良皇帝離散各地至今一千八百年，還固執著要回歸一千八百年前的土地上，才催生了今日的以色列。相形之下，五百年還算是短的了。這項口號已經足以在屈居帕提亞人之下五百年的波斯人心中點火。當國家成立後，波斯也把國教改回祆教。

我們活在後世的人知道波斯薩珊王朝的夢想最後沒有實現。要實現這個夢想，必須等到四百年後伊斯蘭勢力抬頭。不過對於西元三世紀的波斯人來說，復興亞歷山大大帝東征前的波斯帝國的理想，足以賜予波斯人榮譽感，也促成波斯人的團結統一。換句話說，這是在物質和精神兩方面都有效的理想。同樣身為東方民族，帕提亞人就沒有這種氣魄。

而下面這項原理也適用於古今中外的人類社會中。現實主義者容易犯的錯誤，是認定敵人只要面對現實一定就會達成與自己同樣的結論，所以應該不會蠻幹。實際上，兩國以幼發拉底河為界，羅馬主動進攻也頂多將美索不達米亞北部行省化的時代，亦即兩國尋找適當折衷點的時代，已經宣告結束了。

這項變化並非由波斯帝國統治階層的後裔所造成的。新興的波斯人，雖然同屬波斯民族，但與五百年前的統治階層沒有血緣關係。對羅馬來說這是更大的威脅。在歷史上也特別將這個朝代稱為「波斯薩珊王朝」。亦即羅馬人在西元三世紀遇到的敵人，不是在亞歷山大大帝手下猛吃敗仗的王公貴族，也不是他們的直屬後裔。波斯薩珊王朝並非復興古代波斯，而是由新興的波斯人所成立。而且一個新興民族往往有偏好趁勢進擊的傾向。

時機不巧，位於「西方」的羅馬政府，沒能夠正確認識西元二二七年在「東方」發生的變化。在一年前，亞歷山德爾皇帝的監護人尤莉亞．瑪伊莎過世。西元二二七年，亞爾達西爾在波斯民族的根據地波斯波利斯，於波斯風格的華麗皇宮裡舉辦加冕儀式，以統治者姿態回到首都格帖絲皇。一年後，失去尤莉亞．瑪伊莎後援的烏庇亞努遭到反對派暗殺。亞歷山大皇帝當時二十歲，就在這微妙的時期中，他成為沒有精明可信助理的最高權位者。皇帝的母親馬梅亞沒有外祖母瑪伊莎的胸襟氣度。就在「東方」發生巨變時，「西方」沒有人能夠正確認知並樹立對策。亦即走向衰退的羅馬帝國，碰上了充滿新興氣盛的波斯薩珊王朝。

順帶一提，羅馬皇帝不曾舉辦加冕儀式。加冕的行為，無論皇冠、王冠，都是要有人授與才得以成立。加冕儀式的意義就在於授與王冠，代表承認加冕人的統治權有正當性。在羅馬帝國，「授與人」必須為兩大主權者，亦即元老院與羅馬公民權所有人。然而全體主權者將統治權委由某個人代理，亦即人類授權給人類時，沒有必要舉辦誇大的儀式。不，該說舉辦了反而會失去其意義。相對地，在東方，政權不是委託而是授與，因此有必要舉辦豪華儀式，使一般百姓留下印象。

在羅馬帝國裡，沒有皇冠的存在。在貨幣或雕像上常見的冠，多半是由緞帶串著橡樹葉編成。這種冠叫作公民冠，在共和時期便存在。是在戰場上解救同袍後，由同袍親手製作表示感謝。緞帶在後腦勺打結編成的公民冠會轉為皇帝的象徵，是因為羅馬皇帝的第一項職責就在於維護公民安全。

除了公民冠以外，還有一種代表羅馬皇帝的冠存在。這種冠有模仿太陽光環的感覺。公民冠形式普及於帝國的「西方」，而太陽冠則針對「東方」社會使用。這是因為東方沒有公民思想傳統，因此公民冠不具意義，改用太陽比較容易使民眾接受。彈性應變是統治不同民族的大原則，羅馬人連戴冠方面都依循著這項方針。

加冕儀式不是由人類委託人類，而是由超越人類的

刻有皇帝兩種冠的硬幣（左：公民冠；右：太陽冠）

存在所授與才得以成立。而理論上超越註定一死的人類的，自然就只有神明了。亦即要有神職人員代表神意進行授與，掌權者的統治才具有正當性。

正因上述理論，加冕儀式與神明的關係密不可分。「東方」較「西方」重視加冕儀式，與猶太教、基督教、伊斯蘭教等一神教都出自東方的事實也有所關聯。有辭典解釋「加冕」為：歐洲君主即位時的加冕儀式。指的已經是基督教時代以後的歐洲君王了。

話題回到尚未淪入基督教勢力中的羅馬帝國。沒有加冕儀式的羅馬帝國皇帝亞歷山大．謝維勒要面對的，是經由祆教神官授與王冠的亞爾達西爾。亞爾達西爾會對羅馬帝國造成威脅，並非因為波斯薩珊王朝的宗教氣息比之前的帕提亞王國重，而是因為領導的是新興國家。

新興國家常常會為了轉移國內反對勢力聲浪，而將矛頭指向國外。亞爾達西爾揮軍西北所需的時間還不到四年。

在波斯大軍之前，幼發拉底河簡直不存在。朝北渡過幼發拉底河的軍隊，不僅蹂躪了與羅馬同盟的亞美尼亞王國，還突破羅馬帝國防線，攻進卡帕杜西亞行省。而向西跨越幼發拉底河的軍隊，更使敘利亞行省陷入恐怖深淵。貿易商人不敢外出旅遊，躲在四面有高牆圍繞的城鎮中觀望局勢。羅馬歷任皇帝，尤其圖拉真、哈德良為了國防需求與振興東西貿易，在沙漠中辛苦修築了石板大道，可是現在大道上已看不到人馬蹤跡。不久後出現在大道上的，則是重裝的波斯騎兵，以及在耕作期間遭徵調入伍的大批輕步兵。原本派駐敘利亞行省的各軍團應負責迎擊，可是他們已經失去危機處理能力。先是馬克利努斯屈辱地媾和與撤軍打擊了士氣；後來荷拉迦巴爾在位四年，亞歷山大在位至今十年，中央對他們都棄置不理。失去戰力也是理所當然的結局。

如果放任這個局勢不理，等於要羅馬帝國東半部的人民送死。亞歷山大皇帝決定御駕親征。當時是西元二三二年，在即位十年後，二十四歲的亞歷山大・謝維勒皇帝第一次面臨是否符合皇帝資格的考驗。

羅馬人對皇帝的第一項要求，就是要保障帝國與人民的安全。換句話說，羅馬人要求皇帝在緊要關頭能搖身一變成為精幹的武將。我們雖然將其譯為皇帝，然而在拉丁文中"Imperator"一詞，原本是戰鬥獲勝後，士兵懷著敬意與讚賞，向領導作戰的司令官歡呼時的尊稱。因此，在開國皇帝奧古斯都開創帝政體系之前，代表勝利者的"Imperator"一詞已經存在。

這個尊稱原本是獻給作戰獲勝的指揮官，到了帝政時期則轉為「皇帝」。羅馬皇帝兼任全軍最高司令官，因此享有這項稱號也理所當然。

從上述事情中可以得知，羅馬皇帝無論如何躲不過軍人皇帝的身份。亞歷山大在推動善政十年後才遇上考驗，並非他的不幸。不幸的是他要與氣勢十足的新興民族為敵。

波斯戰役（一）

決定要御駕親征後，亞歷山大的動作也很迅速。與其說他知道這種情況下行軍速度有多重要，不如說因為他不講究排場，所以準備行李與挑選隨從時沒浪費時間。總而言之，行動迅速是件好事。從皇帝離開首都，到出現在多瑙河畔為止，所需時間不到一個月。他先前往多瑙河防線，目的在於編組前往東方的部隊。光是看波斯入侵初期時敘利亞軍團的醜態就可了解，他們實在不可靠。

在波斯戰役中，多瑙河前線派出了六個軍團及輔助部隊，因此羅馬方面的兵力約有五萬左右。不過其中的主要戰力軍團兵，亦即重步兵，數量只有三萬。這是因為皇帝預定在到達敘利亞行省後，會合敘利亞周邊各軍團共同作戰。

儘管如此，羅馬軍向東行進的模樣還是只有壯觀一詞可以形容。部隊由多瑙河南下色雷斯，由此轉道東南。渡過區分歐亞洲的達達尼爾海峽後進入小亞細亞。根據當時的人記錄表示，羅馬軍從帶頭的軍團兵到最後一名輔助兵，人人軍裝整齊，隨任務分派的武器保養精良。行軍在大道上時，隊伍沒有半點紊亂。即使在日落之後，都能維持這項秩序。在行軍期間，從皇帝到士卒，人人都露宿在帳篷中。羅馬軍向來注重補給，露營時更能顯現出補給能力，因此這並非尋常的露營場面。因為官兵要在充足的物資補給之下才能激起高昂的士氣。亞歷山大皇帝隨部隊行軍時，也盡力維護這項羅馬傳統。

他不願使用四面有帷幕遮蔽，可以安心躺臥的轎子，也不打算使用較不消耗體力的馬車。大多數時間他與軍團長、大隊長同樣騎馬而行，有時還會與百夫長、士兵一樣徒步前進。

用餐時，士兵吃什麼他就吃什麼。唯一不同的是，士兵要自己下廚，皇帝則有隨行的廚子代為準備。每當用餐時，帳篷的四面都掀開，讓士兵看得到皇帝吃的是什麼樣的伙食。當士兵溜出隊伍潛入農家偷竊遭發現後，會被拖到皇帝面前嚴厲鞭笞。因為雖然沒有從軍經歷，皇帝也知道軍紀必須嚴格維持，有秩序的軍隊才能在戰場上獲勝。亞歷山大既然深信軍紀的重要，當他在漫長旅途後看到的情景，當然只會讓他絕望。

士兵罷工

羅馬向來以長期派駐敘利亞的三個軍團為守護幼發拉底防線的主力，這三個軍團在戰略要地上設有固定的基地。其中兩個軍團位於現代土耳其境內，位於幼發拉底河上游的薩莫沙塔與翟威科馬（今日的巴爾基斯）。另一個軍團如之前所述，基地設於艾梅沙附近的拉法內亞。不過在西元二三二年時，從美索不達米亞北部撤軍的第一、第三帕提加軍團，由於沒有固定基地，因此還停留在敘利亞境內。羅馬軍的傳統之一是，不在都市內部設置基地。這兩個暫時無家可歸的軍團便寄宿在安提阿南方十公里的達弗奈。達弗奈是個因祭祀希臘諸神而興起的鄉鎮，或者該說只是個略具規模的村落。因此羅馬當局認為把大批士兵擺在這裡也沒有什麼問題。當亞歷山大皇帝進入安提阿後，遇到的就是這些士兵。

接下來要介紹的，是這時候發生的故事。所謂「歷史是細節的集結」，這個故事也是細節之一。而細節重要的地方在於，可以提供後人許多線索進行思考。比方說亞歷山大．謝維勒的領導能力如何、歷史是否會重演……。

接下來要介紹的內容，分為「古」、「今」兩個部份。至於「古」的部份，是亞歷山大常閱讀的故事之一。一般士兵可能不清楚這段故事，至少軍官階層的一定會知道。這段故事相當有名，羅馬時代的史學家，例如穗德尼斯．波利納斯、普魯塔克、阿庇亞努斯、魯卡努斯、塔西圖斯等，幾乎都會提到這段故事。「古」的主角是朱利斯．凱撒，「今」的主角則是亞歷山大．謝維勒皇帝。不過「古」的部份在第V冊《凱撒時代（盧比孔之後）》已經敘述過了，請容許筆者在此直接引用。

〔西元前四十七年的故事〕

當凱撒沿著阿庇亞大道向首都羅馬前行時，身在首都的安東尼陸續傳來了緊急消息。據說有部份軍團兵拒絕服勤。尤其帶頭的第十軍團士兵更是手持武器闖入首都，在馬爾斯廣場上聚眾鬧事。法務官查爾斯提斯（日後的史學家）向他們提出給付臨時獎金的妥協方案，但使者被

凱　撒

士兵們趕了回來。

　　凱撒的第十軍團是凱撒旗下最為精銳的部隊，在地中海世界是家喻戶曉。一旦第十軍團作亂，事情可就非同小可。而且凱撒正在聚集兵力準備前往北非收拾龐培派的殘餘勢力，正需要這些可靠的老練士兵。

　　從阿庇亞大道趕往首都的話，到達時將進入首都南方，與馬爾斯廣場的所在位置相反。凱撒沒有理會隨從勸他避險的聲音，直接穿過市中心，出現在罷工氣勢正高昂的部下面前。他連護衛的日耳曼騎兵都沒帶，就直接出現在一群武裝集團面前。對凱撒和第十軍團的士兵來說，自從決定天下大勢的法爾沙拉斯會戰以來，已經有一年不見了。

　　凱撒一出現在講臺上，連招呼都不打，也不說些開場話，劈頭就問：

「你們要什麼？」

　　士兵們七嘴八舌喊著要退伍。他們知道接下來還有北非戰場在等著他們，也知道凱撒需要他們的力量。所以他們推測只要提出退伍要求，凱撒只好妥協，保證加薪或是發放臨時獎金。誰知道凱撒馬上這樣說：

「批准退伍。」

聽到凱撒出人意表的回答後，士兵們高舉的武器垂了下來，喧譁聲浪也停息了。在鴉雀無聲的士兵面前，凱撒繼續說著：

「各位公民，各位的糧餉及其他報酬，將依照約定給付。不過必須等到我，以及跟隨我的其他士兵作戰結束，共同舉辦凱旋儀式慶祝之後。在這段期間內，請各位自行尋找安全的地方等待。」

對於向來以凱撒旗下精銳中的精銳自豪的第十軍團來說，光是聽到凱撒稱呼自己為各位公民，已經是一項打擊。以往凱撒總是稱他們作「各位戰友」。如今凱撒稱大家為「各位公民」，好像第十軍團全體已經退伍，成為與凱撒無直接關係的一般公民。他們覺得凱撒把他們當外人看以後，已經沒有心情拒絕服勤或要求調薪。士兵們哭喊著要求：

「請讓我們當兵！」

「讓我們在凱撒之下作戰！」

卻得不到凱撒的回應。他們本來以身為第十軍團為榮，這時卻是意氣消沉。等到凱撒決定以西西里上的馬爾沙拉港作為前往北非作戰前的集結地時，只有第十軍團沒收到行軍命令。第十軍團的士兵只好像喪家之犬一樣，跟在其他受命行軍的軍團後面。從馬爾斯廣場上的「集體談判」那天起算，凱撒允許他們共同作戰時，已經是將近兩個月以後的事情了。

凱撒就在不加薪也不發獎金的情況下，贏得了第十軍團參戰的意願。而且這不是在哀求或說服之下得來的成果。反而是軍官試圖說服凱撒，再加上第十軍團士兵的天天哀求。有個現代的研究人員這麼表示：

「凱撒以無比巧妙的方式，表演了一場人性喜劇。」

羅馬時代的史學家在介紹這段故事時，也異口同聲說「凱撒只用一句話，就扭轉了士兵的心思」。

凱撒曾寫道「文章要看所選的言辭而定」，這段故事正是最佳寫照。

〔西元二三二年的故事〕

亞歷山大皇帝到達安提阿之後，遇到的卻是隊伍紊亂、服裝不整，而且人員不齊的軍團。打聽之下才知道，大多數士兵根本沒有回到達弗奈營區，而是躲在安提阿的公共浴場、競技場與青樓度日。人員不齊，意味著儘管事前通知過皇帝將前來此地，仍然有許多士兵耽溺玩樂，錯過集合時間。

亞歷山大在盛怒之下，命令逮捕並監禁所有缺席士兵，並且嚴格執行。

當消息傳開之後，其他士兵卻為了抗議同袍受到的懲罰，竟然包圍皇帝所在的行省總督官邸。亞歷山大接獲報告後，下令把拘禁中的士兵以鐵鍊綁起，拖到官邸前廣場，而他本人則出現在官邸的陽臺上。前來抗議的士兵聚集成一個半圓形，抬頭仰望著皇帝。他們雖然停止怒喝，但氣氛依舊十分凝重。在這時候，只聽到皇帝喊著：

「各位戰友，如果各位是來抗議同袍受到的懲罰太輕，表示我們的祖先留下的軍紀依舊通用，羅馬帝國依舊健在。如果各位是來抗議同袍所受的處分太重，那麼羅馬帝國的將來可就令人擔憂。前任皇帝（暗指荷拉迦巴爾）在位時，會對違犯軍紀睜隻眼閉隻眼，朕的任內卻絕不寬容。朕相信這種過度鬆懈的行為，不是肩負帝國國防重責的官兵應該有的。

肩負守護帝國重責的官兵，不得像一般公民一樣貪圖享樂。即便是各位的最高指揮官朕，抑或是直接指揮各位的軍官也是如此。難道各位覺得朕不該抱持如此觀念，懲處違反軍紀的人嗎？難道各位認為朕沒有判這些人死刑，只判處鞭刑，還是太過嚴苛嗎？」

士兵原本靜靜的聽著，這時終於讓怒氣爆發。亞歷山大為了不讓聲音被士兵壓過，也提高了自己的音量：

亞歷山大・謝維勒

「為何不節省下各位的聲音？各位的吼聲不該向著各位的最高指揮官，而是該用在戰場上。戰士的吼聲應該留給日耳曼、薩爾馬提亞或者波斯等敵人，而不是朝向發放糧餉、保障吃住，還把從敵人手上搶來的戰利品與土地分配給諸位的皇帝。快停下各位如同威脅般的吼聲。

朕說過要各位在戰場上怒吼，還要各位知道一件尚未確定的措施。各位的行為已經低於官兵該有的尺度，若是一再做出連平民都不會有的，違反羅馬法的舉動，朕也只好命各位退伍。」

士兵聽到這一段話，認為皇帝搬出退伍當武器，於是情緒更加惡化。不但怒吼連連，還把手上的武器比向皇帝。亞歷山大更是抬高音量。

「放下各位拿劍的手。如果各位還有一點戰士精神，就該想起各位的右手是留給敵人的。朕一點也不畏懼各位的威脅。即使朕在這裡遭殺害，朕不過是一個人罷了，但各位只怕躲不過元老院與全體羅馬公民的憤怒與復仇。」

士兵還是沒有打消怒氣，於是二十四歲的皇帝大喊著：

「各位公民，放下武器，馬上離開！」

士兵到了這時候才停止怒吼。不過他們沒有因為讓皇帝稱為公民而後悔。所有人在放下武器，脫下士兵穿戴的短披風後，離開了廣場。他們沒有回到達弗奈營區，而是分散到大都市安提阿四處可見的客棧旅社裡。

放下武器離開，代表軍團就此解散。政府又花了一個月才把士兵送回達弗奈營區，讓軍團重新發揮功能。由於沒有殘存的記錄，所以無法得知這是在何等妥協案下的結果，也不知道士兵的心境如何。只知道似乎有幾個士兵以煽動抗議集會的罪名遭斬首。不管怎麼說，總算這些士兵也將加入預計於第二年，亦即西元二三三年展開的波斯戰役。

這兩段故事可以給我們許多啟示。故事發生時，凱撒五十三歲，亞歷山大二十四歲，兩個人的年齡差距如同父子。不過這算不上障礙。亞歷山大大帝帶著數萬大軍東征時，也同樣二十出頭。

比起年齡問題，我們更該注意他們有無洞悉人性的能力。「公民」一詞能發揮作用，是因為所使用的對象是習於聽到「戰友」一詞的人。凱撒的第十軍團士兵打了八年的高盧戰役，其後馬上又捲入內戰，與凱撒並肩作戰了十三年，因此是無上的「戰友」。在故事發生的時候，他們也已經與凱撒同甘共苦十年。正因為如此，才會明知違犯國法，還是願意陪凱撒南渡盧比孔河。當他們聽到凱撒把他們當外人看，稱呼改為「公民」，自然會受到衝擊。而凱撒也了解這種心理效應，因此特別演了一場戲。

相對地，亞歷山大與第一、第三帕提加軍團官兵的關係卻正好相反，士兵從來沒見過最高指揮官。如果以現代來打比方，亞歷山大好像一個坐直升機出現在士兵面前的最高指揮官。而且指揮官在即將展開波斯戰役的時候，不但沒有激勵士氣、發放獎賞，反而馬上抓人坐牢。的確，「道理」固然在皇帝這邊。忽視長官的召集命令，當然該受懲處。不過並非什麼事情都能依照「道理」施行。正所謂強盜也有三分理。第一與第三帕提加軍團到現在還沒有分發到常駐基地。一般而言，羅馬軍的常駐基地除了軍營以外，還有劇場、賽場、圓形競技場形式的競技場等諸般設備。這是避免士兵過度出入近鄰鄉鎮的措施，同時也代表軍團基地生活還是有適度的休閒可享受。派駐在達弗奈的士兵可就享受不到這種環境。站在士兵的角度來說，除了前往北方十公里的安提阿以外別無選擇，只不過他們享受過度了。

亞歷山大訓斥士兵的第一句話，卻從「各位戰友」開始。士兵聚集在此的目的，在於抗議同袍受到的懲處太嚴苛，聽到這句話以後自然大感無趣，而且他們對皇帝登基十年來一直沒分派軍團基地一事也覺得不滿。當然他們會覺得，今天才第一次碰面，皇帝憑什麼厚著臉皮稱大家戰友。亦即，亞歷山大在措詞方面大為失敗。領袖的重要資質之一，在於說服力。我們只能說，在發揮說服力時所需的修辭能力方面，亞歷山大表現不佳。

歷史事件是不會重演的，不過在歷史事件中表露出的人類心理則會一再重現。從這段故事可以得知，如果缺乏洞悉人性的觀察力，或者理解未知經歷時所需的想像力與感性，則會把古人成功的案例演成失敗的結局。

最後要提到的是戰術方面的問題。如果要演戲，就必須迅速達成目的。凱撒就是判斷局勢無法以懇談方式收拾，所以才採取表演手段。在這種情況下最不該犯的錯誤，就是花費太多時間。亞歷山大的演說最大的缺點就是太冗長。也因為無法當場解決問題，事後才花了一個月來擺平士兵的不滿。這還不能保證今後皇帝與士兵的關係會好轉，我們只好把這段故事歸類為失敗案例。

第一戰

羅馬與新興的波斯薩珊王朝正面衝突的戰役，就在西元二三三年春天展開。以往羅馬與帕提亞在美索不達米亞地方展開過無數次戰役，如今換個對象，又成為戰場。兩國的領軍司令分別為具有最高指揮官身份的國王與皇帝，因此兵力自然不少。羅馬方面為六到七萬，波斯方面則據說超過十萬，不過雙方都沒留下詳細數字記載。波斯方面在建國第七年就能動員這般龐大的兵力，只怕是因為背後有廣大的腹地。而且還要加上波斯賭上民族尊嚴，聲稱要把西方勢力趕入地中海裡。

西元二三三年的波斯戰役，對羅馬來說是一場防衛作戰。不知該說出乎意料，還是該說理當如此，總之羅馬方面採取的是攻擊戰略。羅馬方面兵分三路採夾擊戰術。分別為由幼發拉底河上游渡河攻進美索不達米亞的分隊；由敘利亞沙漠向東進，渡過幼發拉底河中游攻打美索不達米亞的主力；以及從西南往上進擊的部隊。這個戰略還不錯。不過必須要有一貫的戰略思想，並能靈活運用三支部隊。最高指揮官亞歷山大的工作，就在於參酌戰況下令實現戰略。

羅馬帝國把環繞「地中海」的土地都納入版圖，因此獲得將其稱為「內海」的資格。波斯薩珊王朝則打算把羅馬趕回西方，讓羅馬再也不能稱地中海作內海。隨著帕提亞王國滅亡，以強化幼發拉底河防線為政策，為了相鄰的亞美尼亞王國與美索不達米亞北部所屬權開戰的時代也跟著結束了。從此以後羅馬帝國東方隨時要與波斯薩珊王朝為敵。偏偏關於雙方的第一場戰爭，亦即西元二三三年波斯戰役的正確記錄卻沒有流傳下來。不知是一開始就沒有記錄，還是在後世失傳了。波斯方面沒有流傳記錄的原因很好推測，專制君主國家通常只記錄打贏了的戰爭。而羅馬方面沒有留下大量記錄，可能是這時候的羅馬沒有人發現這場戰役代表了時代的變遷，至少亞歷山大皇帝沒有發現。如果他發現了這場戰役的意義，就不會以這種形式結束戰役了。

在此將西元二三三年羅馬與波斯的第一場戰爭的已知資訊條列如下：

一、由於雙方戰鬥損耗都十分嚴重，因此不分勝負，戰役以雙方回到出發地點作結束。既沒有媾和，也沒有為和談締結停戰協定。

二、羅馬方面沒有表明自身的詳細損害數字，不過其中似乎有個規模約一千人至兩千人的部隊完全覆滅。

三、羅馬收復了十五年前馬克利努斯與帕提亞媾和時失去的美索不達米亞北部（今日的敘利亞境內，位於幼發拉底與底格里斯兩大河之間的地區）。第一與第三帕提加軍團重新獲得了常駐基地。

四、羅馬的官方聲明表示這場戰役獲得勝利。如果這是事實，在優勢下妨礙波斯薩珊王朝進擊的最佳策略，就是攻下波斯主要都市密集的美索不達米亞中部地區，亦即幼發拉底與底格里斯兩大河最為接近的地帶。戰役結束時夏天還未到來，因此羅馬方面有充裕的時間進行追擊。可是亞歷山德爾皇帝卻以過冬為由撤軍。如果他預備在第二年重新推展戰役，大可學卡拉卡拉皇帝在戰線附近過冬。然而他沒有這樣做，只把第一、第三帕提加軍團留在美索不達米亞北部，將其他部隊撤回幼發拉底河以西，本人則為了舉行凱旋儀式而回到首都羅馬。皇帝向元老院提出戰勝報告的時間為這年的九月二十五日。從美索不達米亞與羅馬之間的距離來推算，唯一的結論是他確認雙方打成平手後才向西撤軍。

根據《羅馬帝王紀》的敘述，九月二十五日那天，二十五歲的亞歷山大．謝維勒皇帝向擠滿議場的元老院議員做了下列戰勝報告：

「各位元老院議員，吾等已經戰勝了波斯。要證明此事，應該不需太多言辭。只需列舉事實，就能讓各位了解。

敵方以七百頭戰象帶頭衝鋒。這群戰象上設置以皮帶固定的高塔。塔上的弓箭兵一邊射擊一邊向我方進攻。我方的士兵毫不畏懼、勇猛進擊，殺死了其中兩百頭，俘獲三十頭。俘獲的三十頭戰象中，有十八頭運回羅馬以便舉行凱旋儀式。

緊接著戰象之後，敵方投入了一千八百臺戰車。這些戰車均為東方形式，四輪外側設置有鐮刀。我方成功地以殺死戰馬的方式，使其中兩百臺失去戰力。這兩百臺戰車原本可當成戰利品帶回國內，不過有的受損嚴重，其他的則粗製濫造沒有帶回國的價值，因此棄置在戰場上。

在十二萬名波斯軍人中，我方成功擊破敵方主力一萬名重騎兵。此外還擊潰、俘虜許多波斯步兵。由於俘虜人數眾多，在分發給官兵當奴隸之後，多餘的則送入奴隸市場，並將其利潤歸入國庫。

我軍成功地收復了長年不得踏入的兩河地區，這是值得特別記載的戰果。

吾等擊退了波斯軍，迫使亞爾達西爾王敗逃。這個國王一手掌握地位與權力，可見是個強力的君主。然而波斯人親眼看到自身所畏懼臣服的君王不顧一切，逃回首都格帖絲皇的模樣。國王瘋狂策馬逃亡的路線，也是古早前吾等的軍旗被人當成戰利品拖曳而行的路線（此指西元前五十三年克拉蘇全軍覆滅一事）。如今波斯的軍旗在吾等手中，讓我軍拖回羅馬。

各位元老院議員，以上是我軍的所有成就。相信不必再以言辭多加說明。各位剩下的工作，是表決本次戰勝是否值得向諸神表示感謝，以及為表達感謝舉辦能讓諸神滿意的凱旋儀式。」

當皇帝結束報告之後，元老院議員起立向他齊聲呼喊：

「亞歷山大·奧古斯都，願諸神長久加護您！」

亞歷山大走出元老院議場後，又受到聚集在羅馬廣場上的群眾歡呼：

「我們期待您戰勝日耳曼人！」

「無論與任何人作戰，您都將會獲勝！」

「只有勝利者才能如手足般驅使軍隊！」

《羅馬帝王紀》的亞歷山大一章的作者生於君士坦丁大帝時代，已經在這段故事百年後。敘述歷史的人面對史料時往往不敢過度解釋，他也不例外。在記述亞歷山大皇帝與波斯戰役的相關事項之後，這個人追加了下列感想：

「上述記載是由作者從羅馬公文書庫收藏的官方記錄與編年史節錄所得，並不表示沒有反對意見。其中有些人表示羅馬與波斯間的第一場戰鬥實情，是亞歷山大皇帝為避免敗戰結局，在局勢明朗前就發出撤退命令。」

如果參考各項官方、非官方記錄的話就能得知，在當時這還是少數意見。史學家希羅狄安不但表達了與當時輿論相反的意見，其敘述內容更是極端：

「亞歷山大皇帝帶去進行波斯戰役的士兵裡，有許多是因寒冷、飢餓與疾病而喪生的。」

希羅狄安是於哲學家皇帝馬庫斯．奧理略在世時出生於敘利亞行省的希臘人。從西元一九二年起，他在首都羅馬居住了十二年。他前往首都的目的是接受高等教育。至於離開學校後的就業情況則不明，只知道不是任教就是從事公職。總之他在西元二〇四年後回到敘利亞，於羅馬帝國東方大城，也是他的故鄉安提阿定居。這個人會被稱為史學家的原因，在於他寫下一本叫作《馬庫斯．奧理略皇帝死後的羅馬帝國史》的書，記載從西元一八〇年到二三八年之間的歷史。這本書全長八卷，算不上長篇大作。在內容方面，雖然對史實調查詳盡，但敘述平實無奇，也缺乏對人性的深刻剖析。因此可讀性不佳，後世的人也遺忘了這本書的存在。不過這是當代人的證言之一，而且作者出身東方，熟悉地理條件，因此值得現代人參考。

儘管這是當代人於現場留下的證言，也未必可以完全採信。姑且不論現代的實況轉播記者水準如何，人們或多或少總會相信自己聽到的消息才是千真萬確。敘利亞行省省都安提阿在西元二三三年波斯戰役時，是羅馬軍方的後勤基地。在安提阿打聽到的消息與其說是戰役的客觀事實，不如說是參戰士兵的意見。在一次勝負未分的會戰之後，明明季節還適合作戰，皇帝卻發出撤退命令，自然有許多官兵為此大感不滿。

話又說回來，西元二三三年的波斯戰役裡，羅馬方面的確是在沒落敗但也沒有取得明確勝利的狀況下草率撤軍。這不必依賴現場證人出面，光分析亞歷山大皇帝在元老院的報告就可得知。

在七百頭戰象中，羅馬軍方擊殺兩百頭，俘獲三十頭，表示波斯方面還有四百七十頭。古代的迦太基與波斯人把戰象當成今日的戰車使用。這些「戰車」中只有三分之一遭羅馬摧毀。對付「東方」常用的鐮刀輪馬車時，一千八百臺裡面只有兩百臺遭摧毀，比例占九分之一。

羅馬軍方表示他們擊潰十萬以上的步兵，且俘獲其半數以上，可是東方的步兵與羅馬的重步兵地位不同。羅馬軍方以重步兵作為主力，東方君主國家的步兵卻都是強制徵召來的農民兵，只能當成輔助戰力。不管擊垮多少步兵，對戰局的影響都不大。實際上，亞歷山大大帝東征時，根本不管對方的輔助戰力數量有多少。他親自帶兵衝鋒時，往往以如何迅速擊倒對方主要戰力為目標。

波斯的主要戰力是人馬皆由重裝防護的重騎兵。亞歷山大表示他擊潰了一萬名重騎兵。要讓人馬都加上武裝需要龐大費用，而且持重裝戰鬥需要經過長期訓練。不論東方君主有多喜歡率領大軍出征，也無法湊到數萬名重騎兵。擊潰萬名重騎兵的戰果，應該可以視為擊倒大多數的敵軍主力。與波斯間的第一次作戰能夠稱為勝仗，原因也在這裡。而波斯王會朝首都逃逸，只怕也是因為看到主力部隊的慘狀。

羅馬能夠達成這項戰果，是因為當時羅馬軍團兵還能發揮主要戰力的功能。而且能讓戰局發展到使重步兵與重騎兵衝突，讓雙方主要戰力相互對決。

騎兵，尤其重騎兵，必須在部隊與敵人有相當距離時，才能發揮令敵人畏懼的衝擊力。如果騎兵不能獲得從起步到全速衝鋒所需的距離，儘管波斯騎兵的重裝備有如中世騎士，其攻擊力也會極端低落。在不能自由活動的場地上，騎兵會失去應有的功效。因為攜帶了重裝備，一旦遭到步兵接近並包圍後，更是難以躲避其攻擊。

西元前四十八年凱撒與龐培進行法爾沙拉斯會戰時，凱撒採用的就是這種戰術。西元二三三年羅馬與波斯作戰時，也可能採用包圍並孤立敵軍騎兵，使其失去行動自由後進行殲滅的戰術。史料記錄中表示，在羅馬與波斯間的第一次戰鬥中，重步兵發揮了極大功效。可見這段時期的羅馬人還是採用傳統的作戰方式。人在徹頭徹尾照著適於自己的方法行事時，才能有效發揮自身的力量。

亞歷山大皇帝在元老院的報告中，雖然沒有說出全盤事實，但至少沒有說謊。

一來他的確達成擊退入侵波斯軍隊的初期目標。二則擊潰敵軍主要戰力，這點值得讚賞。事實上，接下來二十年裡面，波斯薩珊王朝一直無力入侵羅馬。第三項功績則是他收復了十五年前失去的美索不達米亞北部。讓這個地區保持羅馬行省地位，也就是讓羅馬帝國能夠從西北與西側雙方牽制波斯薩珊王朝。

簡而言之，亞歷山大在波斯戰役中的表現值得獲取正面評價。不幸的是這場勝仗獲得了過高的評價。而且元老院與一般公民都認定只要他領兵作戰，不管對象是波斯人或日耳曼人都一樣會獲勝，這可能會對二十五歲的皇帝造成壓力。第二年，西元二三四年一到，羅馬帝國的兩大主權者「元老院與羅馬公民」一致同意把亞歷山大送到萊茵河前線建功，這件事情卻要了年輕皇帝的命。

日耳曼政策

有人認為蠻族羅馬化是羅馬帝國衰退的原因，但筆者不能認同。蠻族羅馬化的現象，在羅馬人口中稱為文明化。具體而言，是讓異族獨立居住在羅馬帝國防線外，亦即支配範圍外側，同時又與防線內的羅馬人在許多方面有往來。尤其羅馬讓異族帶著物產進入羅馬境內的市場出售，並得以採購所需物資，使異族雖然被隔離在防線外，內外居民接觸卻出乎意料地頻繁。歷任皇帝也獎勵這項措施，因為人一旦有能夠失去的東西，就不容易鋌而走險。羅馬領導階層唯一需隨時留意的地方，在於不讓這些羅馬化的異族聚集發起統一行動。而羅馬人將這類異族稱為「近蠻族」。雖然是假想敵，但對於這些人並沒有隨時敵對的意識。這些「近蠻族」與羅馬人之間至少維持著一定程度的良好關係。

在第XI冊裡，筆者曾經敘述過。哲學家皇帝馬庫斯．奧理略的時代，羅馬人面對的「時代變遷」，是以往統稱為「蠻族」的異族，開始分為「遠蠻族」與「近蠻族」。「近蠻族」就居住在羅馬的防線外。而相對地「遠蠻族」則是發源自現代的斯堪地那維亞、德國東北、波蘭、甚至俄羅斯的民族與部族。這些人每當人口增加後，就好像暴漲的河水往低處流一樣，有的部落往南遷徙，有的則取道西南。而且他們不會朝無人的地方前進，無人的土地代表人們在此難以維持生計。如果一塊土地能夠生產足供吃穿的物資，那自然會有人居住。如果腦袋裡想得到開墾無人荒地定居的主意，這些人也就不會讓人稱為蠻族了。所謂蠻族，意為在一開始只想要迅速達成目的的人。既然只有這種想法，當這些人發現遷徙的目的地已經有人居住時，只有兩種對應法。一是攻擊對方將其收為奴隸，二是攻擊對方使其投降，藉此吞併。在西元二世紀後半，羅馬的防線外正在產生這類變化。馬庫斯·奧理略皇帝會苦於北方蠻族入侵，也是因為這種轉變在他任內浮上檯面。不願讓「遠蠻族」奴役或吸收的「近蠻族」侵入羅馬領地，弱小部族甚至向羅馬帝國申請移民的史實，也是這個現象表面化的佐證。異族入侵的問題由來已久，甚至可說羅馬的歷史就等於擊退蠻族的歷史。不過隨著時代變化，實情也有所不同。

羅馬帝國的北方防線為萊茵河與多瑙河。這裡在卡拉卡拉皇帝逝世後還能維持十五年的和平，是因為卡拉卡拉生前跨越防線積極出兵，使得蠻族在損耗之餘無法輕易入侵羅馬境內。不過十五年的和平原因還不僅如此，恐怕「遠蠻族」在防線外壓制、兼併「近蠻族」的動態也是原因之一。當十五年後蠻族重新入侵羅馬，代表部族間的合併已經告一段落，這些人的眼光開始往西、往南觀察，而且突破萊茵河防線闖入西邊的高盧地區。要迅速達成目的，最快的方法就是掠奪，也只有羅馬帝國的領地具有掠奪價值。

基於上述原因，羅馬帝國到了西元三世紀同樣要為了入侵的蠻族傷腦筋。而且有趣的是，西元三世紀的羅馬人不再稱呼「近蠻族」與「遠蠻族」，用詞又恢復到馬庫斯．奧理略時代前的「蠻族」。可是其中代表的意義，已經不是馬庫斯．奧理略時代前，在某些方面羅馬化、與羅馬人共存的「蠻族」。各位讀者大可認為與羅馬從未接觸，因此沒有羅馬化的「遠蠻族」取代了「近蠻族」，成為萊茵河與多瑙河對岸的居民。簡單來說，到了這個世紀之後羅馬帝國的衰退更為迅速，其主要原因之一不在羅馬化的蠻族，而在未曾羅馬化的蠻族上。二十五歲的亞歷山大皇帝要面對的，也正是這些百分之百的蠻族。

據說御駕親征時，元老院議員與公民代表從首都羅馬送行了一百羅馬里。將羅馬里換算成公里，則這些人送行了將近一百五十公里。由此可見全體國民對亞歷山大抱持多大的期待，這次年輕的皇帝勢必要帶著完全勝利歸來不可。

萊茵河畔

羅馬時代的莫根提亞奎姆為現代德國的梅因茲。這個地方原本是凱爾特人的村落，羅馬人在此地設置軍團基地後使得村子變成都市。這個村落位於緬恩河匯流入萊茵河的地點旁，河流寬度相對較窄，因此羅馬人很早就發覺此地適於作為前線基地。到了今日，在梅因茲還能找到許多羅馬時代的遺蹟。原因在於這是最早軍事基地化的地方，而且規模龐大。從開國皇帝的時代起的一百五十年間，梅因茲基地與其他基地不同，隨時都派駐有兩個軍團。當二世紀中葉多瑙河防線的重要程度提升後，派駐的軍團數量減為一個。不過羅馬軍方整頓了道路，只要有任何戰略需要，萊茵河下游的波昂與上游的史特拉斯堡隨時可以派出部隊馳援。順帶一提，在羅馬帝國滅亡一千年後，發明活字印刷技術的古騰堡也誕生在梅因茲。

羅馬時代的科隆也同樣是重要的軍事據點。當羅馬人面對河流興建基地時，通常會在對岸設置小型據點。由於小型據點的監視性質高於防衛，因此會在據點與基地之間設置橋梁。不過當敵軍來襲時，橋梁必須拆毀，因此不會修築長期性的橋梁。只是把小船並排，於上方鋪設厚木板而已。這種橋梁可以允許步兵、騎兵渡河。只有羅馬軍方在大軍渡河時，會像凱撒一樣修築具規模的木造橋梁，或者平行鋪設多道舟橋。雖然沒有殘存的記錄，不過能肯定的是亞歷山大到達梅因茲時，曾下令修築上述兩種橋梁之一。萊茵河前線官兵迎接皇帝御駕，整個防區為了久違多年的戰鬥而士氣高昂。在萊茵河上修築足供大軍渡河的橋梁，代表即將渡過萊茵河攻入敵軍領地。

除了常駐於梅因茲的第二十二普利米捷尼亞軍團之外，由波昂派來的第一密涅瓦軍團、由史特拉斯堡派來的第八奧古斯塔軍團也在陽光下頂著耀眼的銀鷲軍團旗到來。雖說梅因茲比當時僅是個小據點的法蘭克福要更加都市化，整個營區還是讓士兵給塞滿了。更何況這時唯一駐軍在義大利境內的第二帕提加軍團也正受命北上。從總督、軍團長到每個士兵都認為，羅馬正在聚集兵力，不久後就要對外開戰。只有他們的總司令亞歷山大開始有了不同的想法。

亞歷山大．謝維勒皇帝可能是想要為達目的不擇手段。可是這個歷練不足的二十六歲小夥子，就算不擇手段，也只是在倫理道德方面不擇手段，還不知道要如何選擇有效達成目的的方法。

這算是他個性上的缺陷吧，面對緊要關頭時，說好聽點叫作謹慎，說難聽點就是膽小。在波斯戰役時，他原本有條件派兵往敵國首都格帖絲皇追擊逃竄中的波斯王，卻放棄大好時機。一年後的日耳曼戰役時，同樣的傾向又萌芽了。

羅馬軍以梅因茲為前線基地，在西元二三四年冬季到來前就完成了作戰準備。接下來只要在羅馬境內等待嚴酷的北歐冬季過去，春天一到就大舉渡過萊茵河攻擊即可。可是在這年冬天，皇帝卻開始與日耳曼人展開外交談判。也許他認為羅馬的目的在防止日耳曼部族闖入羅馬境內，只要能達到目的，採用經濟手段替代軍事也無妨。皇帝向日耳曼人提出經濟援助案，希望藉此解決羅馬人眼中的日耳曼問題。

這個方案對羅馬皇帝來說，不算新鮮事，在五賢君時代裡也經常採用。問題是以往面對的是逐漸理解羅馬化好處的「近蠻族」。

羅馬方面提出的經濟援助，可以分為現金、技術支援、開放市場三大類。這些政策的目的，在於讓「近蠻族」的生活基礎由狩獵轉化為農耕。只要生活以農耕為主，自然會定居一處。即使以後雙方翻臉，定居一處的對手總比行蹤飄忽的敵人好應付。而且生活水準提升之後，人的心態也會趨於保守。凱撒在征服高盧之後，也把高盧人從狩獵民族轉化成農耕民族。高盧人在定居之後生活日漸豐裕，也就失去了入侵義大利的想法。這是高盧人羅馬化程度勝於其他民族的源由所在，也證明在古代，農耕要比狩獵適於持久提升生活水準。

五賢君時代的羅馬正值帝政時期的鼎盛期。與高度成長期的凱撒時代不同的是，帝國再也不以擴大領土為基本政策。除了圖拉真皇帝征服達其亞（今日的羅馬尼亞）一事以外，羅馬人一直享受著穩定成長期的生活。這並不表示羅馬人認為住在防線外的蠻族不是羅馬人，所以過什麼樣的日子都無所謂。如果這些可能成為敵人的部族生活穩定，也就等於加強了防線的威力。歷任皇帝施行的「經濟援助」，就是以穩定外族生活為目的，且獲得成功。「近蠻族」的羅馬化政策並非出於人道思想，而是羅馬國防政策的一部份。也就是說，這是羅馬諸般國防體系的一個環節，多年來能獲得成效，在於這是以羅馬強大軍事力量為背景的和平政策。接受羅馬皇帝「經濟支援」的外族可不會認為這代表羅馬人沒膽子開戰。

事隔一個世紀之後，亞歷山大・謝維勒皇帝也想推動在形式上完全相同的政策。可能這項政策，是他在藏書完整的公文書庫裡邊閱覽參考來的。只不過他沒發現記錄中的時代與現今的蠻族性質已經不同；不知道百年前的蠻族面對的是固若金湯、無法入侵的羅馬防線，與現在的蠻族條件不同。西元三世紀的蠻族，是與羅馬接觸經驗少、不關心農耕，滿腦子只想著如何迅速掠奪的日耳曼人。這些人聽到羅馬方面提出經濟援助提案時，只會認為這是羅馬對日耳曼人不入侵羅馬領地所提出的補償。與只看過公文書庫記錄的亞歷山大不同的是，萊茵河防線上的官兵長期對付日耳曼人，已經發現蠻族的性質有所變化。他們知道一旦送出經濟援助，日耳曼人不會拿來開墾，只會用來吞併弱小部族或提升武器品質。

隨著亞歷山大的談判進展，聚集在梅因茲一帶的官兵對只顧著如何與蠻族交涉的皇帝也日漸不滿。並非有人居中煽動，而是官兵心中自然地對亞歷山大皇帝產生輕視的念頭，而且一天比一天嚴重，可以說整個萊茵河防線的官兵開始反對皇帝。

西元二三五年三月，官兵的情緒終於爆發了。亞歷山大當時停留在梅因茲附近的村落裡，而這天有一群士兵衝進皇帝的帳篷中行兇。據說行兇的士兵在亂刀行刺的同時，嘴裡怒喊著「這個沒斷奶的小鬼」。本次戰役中太后尤莉亞．馬梅亞與皇帝一同前往戰線，遇刺時正待在旁邊的帳篷內，因此也遭到殺害。不過亞歷山大．謝維勒與太后的遺體還是讓人運回首都，在舉辦符合皇帝、太后身份的葬禮後，入葬於哈德良靈廟。皇帝逝世時還未滿二十七歲，在位期間卻長達十三年。

這場暗殺皇帝的事件，事前沒有經過縝密的計畫，也沒有動員大量士兵執行。不過在亞歷山德大刺後，停留在梅因茲附近的軍隊並沒有因此動搖。原因在於軍官與當時在科隆訓練新兵的馬克西謬斯將軍連絡，士兵也贊同由這名將軍登基即位。沒有任何證據顯示馬克西謬斯與本次暗殺有關聯。

接下來的五十年，在羅馬史上稱為軍人皇帝時代。今後半個世紀，是由軍團無視元老院的意願，拱出自己的指揮官登基稱帝，使得國家走向紊亂的時代。羅馬帝國的衰退，通常被人歸罪在這段軍人皇帝層出不窮的時期。而亞歷山大．謝維勒皇帝的統治能受到好評，也因為他不是出身行伍。

的確，接下來的半個世紀是一段前途茫茫的時代。不過筆者不認為原因在於軍人出身的皇帝身上。卡拉卡拉與亞歷山大．謝維勒並非行伍出身，而是文人皇帝，然而羅馬衰亡的種子只怕是這兩個人種下的。因為筆者抱持這項觀點，所以一路詳細探討卡拉卡拉與亞歷山大．謝維勒的事蹟。筆者認為軍人皇帝的出現，只是順應西元三世紀時代需求的現象而已。

筆者甚至認為，光憑軍人皇帝四個字來指責後任的皇帝，是以現代的文民統治 (civilian control) 觀念批評古人，簡直像是一種過敏現象。

雖說軍人皇帝是應時代需求出現，畢竟軍人出身也會產生缺點。甚至這些缺點又形成今後國家走向不定的原因。接下來會陸續討論到與這點相關的問題。不過筆者要提醒的是，以現代觀念指責古人有礙於學習歷史。在學習歷史時最重要的一點，是不要輕易的排斥古人的言行。順帶一提，各位可把羅馬帝國的「文臣」簡單歸類為元老院出身；「武將」則是軍團中歷練出來的人才。

又順帶一提，有些人才同時是一流的文臣與武將，比方說朱利斯·凱撒就是最好的例子。到帝國中期為止，即使才能不如凱撒，歷任皇帝中還是有不少人了解軍事的重要性，熟練行軍打仗的功夫。西元三世紀缺乏的正是這種人才。

第三章

西元二三五年～二六〇年

皇帝馬克西米努斯・色雷克斯（西元二三五年～二三八年在位）

這名皇帝叫作蓋烏斯・朱利斯・威勒斯・馬克西米努斯，光聽姓名彷彿與朱利斯・凱撒與馬庫斯・奧理略有血緣關係一樣。值得同情的是，在羅馬史上，「色雷斯人馬克西米努斯」(Maximinus Tracus) 這個稱呼較為耳熟能詳。因為這名皇帝出身色雷斯行省。

早在百年前，羅馬帝國已經有行省出身的皇帝。不過當時的人卻不會稱皇帝為「西班牙人圖拉真」或「西班牙人哈德良」。因為這兩名皇帝出身於三百年前由出身義大利的退伍軍團兵組成的殖民都市義大利加。這種殖民都市統稱為"Colonia"。當他們出現在歷史舞臺前已經具備帝國元老院議席，屬於行省出身的菁英階層。而且在治國期間也能不受出身地影響，貫徹為全國人民造福的羅馬皇帝立場。

色雷斯人馬克西米努斯

馬克西米努斯雖然與這兩名皇帝一樣出身行省，但不屬於本國或行省的菁英階層，也與首都的統治階層沒有裙帶關係，因為他的父親只是個牧羊人。

色雷斯緊臨多瑙河下游南岸的「遠莫埃西亞行

省」南邊，是從多瑙河防線前往小亞細亞的必經之路，西邊則緊臨馬其頓。除了面臨地中海的南部地區外，整體屬於多山地形，自古是有名的良馬產地。亞歷山大大帝是第一個活用騎兵的古代武將，在他東征時率領的正是色雷斯騎兵。

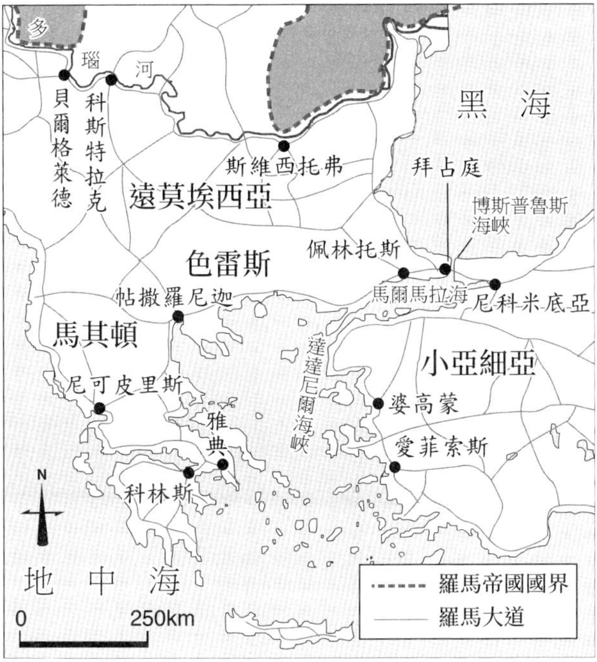

色雷斯及其周邊

在色雷斯地區，牧羊人並非只養羊而已，同時還飼養牛隻，更是盛行養馬。即使地中海世界改由羅馬人所統治，對色雷斯出產的馬匹需求依舊不變。據說馬克西米努斯在少年時期也協助父親放牧。而在當時的色雷斯，牧童可不是拿著手杖，跟著牧羊犬瀟灑度日，而是像美國西部牛仔一樣背著武器騎在馬上到處跑。雖說從小幫父親放牧，馬克西米努斯卻沒有打算繼承父親進入小規模畜牧業。才剛脫離少年時期，馬克西米努斯馬上就前往羅馬軍團志願從軍。由於色雷斯沒有軍團基地，馬克西米努斯只好前往莫埃西亞入伍。馬克西米努斯沒有羅馬公民權，沒有資格應徵軍團兵，這是在卡拉卡拉向行省民大肆饋贈羅馬公民權之前的事情了。

馬克西米努斯應徵的是向行省民開放門戶的輔助兵。雖然他未滿入伍下限十七歲，不過超乎十六歲少年的強健體格讓負責選兵的隊長留下印象，因此得以入伍。這個年輕人在說羅馬軍方通用的拉丁文時，滿嘴色雷斯腔調，而且沒教養又不懂禮貌，但為人大方坦率。好玩的是入伍第一年的菜鳥兵，竟然就在這年把自己推銷給日後當上皇帝的謝維勒。

這一年，西元一八九年，對謝維勒來說係繼長子卡拉卡拉之後，第二個兒子捷塔出生的年份。為了慶祝捷塔誕生，當謝維勒巡視各軍團基地時，士兵會舉辦武術與體育競賽。馬克西米努斯當然卯足全力參賽，只不過他剛入伍又是輔助兵，只能參加列席的謝維勒不會注意的項目。在一路奮鬥之下，馬克西米努斯擊垮了所有對手。

於是馬克西米努斯走到謝維勒跟前，用不順暢的拉丁文請願。他表示跟新兵比賽沒意思，想要找高階的士兵比劃比劃。

謝維勒雖然沒有動怒，但也不打算讓他如願。在羅馬軍團中，不論比賽或演習，都嚴格禁止高階與低階之間比試。羅馬軍的訓練向來嚴格，當時俗話說羅馬軍演習與實戰唯一差距在流血與否。即使在訓練期間，大多數時間拿的還是正式的武器。為了避免低階士兵藉機公報私仇，羅馬軍規定訓練與演習只能在同階級的士兵間進行。

謝維勒打算在不違反軍紀的情形下成全這個新兵。他准許這個色雷斯青年與軍團酒保，亦即管理酒窖的士兵比賽。雖說是酒保，但同樣是在前線基地服勤的士兵，因此同樣有作戰能力。馬克西米努斯同樣連戰連勝，最後一共擊敗十六名士兵，這時已經無人可與他比試。一個剛入伍的色雷斯新兵，竟然囊括了謝維勒為輔助兵準備的銀手環、披風鐵扣，及鑲銀扣環腰帶等獎品。

連續擊敗十六人的戰績，使得這名色雷斯青年獲得士兵好評。馬克西米努斯不僅體格高大魁梧，為人又率直。大大的眼睛好似代表了他的個性，讓人覺得容易相處。

兩天以後，當謝維勒騎馬巡視基地時，發現馬克西米努斯與其他士兵在輔助兵宿舍外喧鬧。謝維勒命令隨行的大隊長去教育這個野蠻的年輕人什麼叫作羅馬軍的紀律。

不知當時大隊長是如何訓斥馬克西米努斯的。總之當大隊長把這個色雷斯青年帶到謝維勒面前時，他仰望著馬上的謝維勒低聲下氣地道歉。謝維勒沒有回應，只說了這些話：「我現在要驅馬快跑，你跟得上嗎？」說完後立即拍馬全力奔馳而出。

在每個軍團的常駐基地裡邊，都會設置有訓練騎兵用的馬場。謝維勒繞著馬場全速跑了幾圈，還是沒辦法甩掉馬後的色雷斯青年。於是謝維勒停下馬匹，向這名新兵說：

「色雷斯人，在這場賽跑之後你還能搏鬥（如同後世的摔角）嗎？」

這個年輕人連大氣都不喘一口，立刻回答沒問題。由於這次的比試不使用武器，所以謝維勒挑選了公認為羅馬軍主力的軍團兵參賽。而十六歲的色雷斯青年又連續擊敗了七個人。事後謝維勒任命這名新兵為主帥帳衛兵之一。色雷斯牧羊人的兒子，就這樣展開了職業生涯。

西元二一一年，謝維勒於遠征途中病逝在不列顛的約克郡，進入了卡拉卡拉治國的時代。這一年馬克西米努斯三十八歲，據說已經晉升指揮八十名軍團兵的百夫長。那麼他應該已經取得羅馬公民權，第二年西元二一二年發布「安東尼奧敕令」時，沒有受到升格公民的優惠。卡拉卡拉在位的六年裡，馬克西米努斯正值三十八到四十四歲，是一個男人生涯中的黃金時期。不過他的官階一直維持在百夫長。因為他受士兵仰慕，戰鬥時又身先士卒，是絕佳的中隊指揮官人選。不過他會這樣任上層擺布，與他出身低下，父親是色雷斯牧羊人應該也有點關係。儘管如此，馬克西米努斯依舊對謝維勒一家忠心耿耿。

西元二一七年卡拉卡拉遇刺，由禁衛軍團長官馬克利努斯接任皇帝。官兵們猜想是馬克利努斯在背後為刺殺行動穿針引線，可是這時正在對帕提亞作戰。全體官兵只好承認在新皇帝之下作戰，只有馬克西米努斯不肯。他表示不願在殺害恩人兒子的人底下作戰，拒絕宣示效忠並辭官回到故鄉色雷斯。這是軍人絕對不能犯的抗命罪行，可是馬克利努斯沒有問罪。由於馬克西米努斯受到士兵仰慕，新任皇帝正想討好旗下官兵，不敢面對處分馬克西米努斯造成的負面效果。

馬克西米努斯回到色雷斯之後，拿出兵役期間的儲蓄買了土地，轉行經營農牧業。他的母親據說出身哥德族的分支阿拉尼族。馬克西米努斯每當有所收穫，便透過母親的關係把產品賣給哥德族。而哥德族此時定居在帝國北部防線多瑙河的北岸。他們也把馬克西米努斯當成自己人看待。在多瑙河兩岸之間，蠻族與羅馬人的交易就這樣順利的起步。不過這種生活在一年後又結束了。因為馬克利努斯遭殺害，之後由卡拉卡拉的外甥荷拉迦巴爾即位稱帝。

這年四十五歲的「色雷斯人」訪問正往首都趕路的新任皇帝。他想對皇帝表示，願意與謝維勒皇帝在世時一樣擔任主帥帳的衛兵。因為他認為如果當年自己推掉升遷百夫長的機會，亦即如果繼續擔任主帥帳的衛兵，卡拉卡拉皇帝也就不會遭暗殺了。可是新任皇帝荷拉迦巴爾沒有回應，卻這樣對他說話：

「聽說你以前可以跟十六個、二十個，甚至三十個士兵打鬥，而且面不改色。那你有沒有辦法跟一個女人連續玩上三十趟？」

馬克西米努斯滿臉不悅，一言不發地退出了皇帝面前。他實在不願保護這種出言不遜的皇帝安全，打算直接回到故鄉色雷斯。想必是皇帝的外祖母尤莉亞·瑪伊莎勸告荷拉迦巴爾，認為馬克西米努斯大名鼎鼎，全羅馬官兵都認識，還是設法拉攏比較好。荷拉迦巴爾也接受勸告，任命馬克西米努斯擔任大隊長。色雷斯人把生意興旺的農牧業轉讓出手，成為指揮千名部下的大隊長之後，又回到了前線勤務上。只不過他一點也不感謝皇帝升他為大隊長。荷拉迦巴爾在位的四年內，馬克西米努斯一直在躲避與皇帝碰面的機會。一般大隊長階層的軍官，為了能順利升遷軍團長或行省總督，總會設法尋求與皇帝碰面的機會。而馬克西米努斯每當有見面機會時，總是以公務繁忙或生病為由，打死都不肯回首都羅馬。

西元二二二年，荷拉迦巴爾遇刺之後，亞歷山大．謝維勒登基即位。五十歲的馬克西米努斯聽到消息後馬上趕往羅馬。年幼的皇帝熱烈歡迎他，並任命這個具有大隊長資格的色雷斯人負責訓練新兵。

這項人事措施，應該是出自皇帝首席親信烏庇亞努的主意。而這也是一項適才適用的好政策。在卡拉卡拉立法之後，行省民才得以應徵軍團兵。不過早在百年之前，羅馬軍已經開放軍團吸收服勤基地附近的民眾志願入伍。也就是說，西元三世紀時，羅馬軍團成員已有過半為值勤地出身。既然情勢如此，志願兵之中也自然多半有所謂的蠻族血統。因為照常理來講，國界附近的地區，無論國內外都會有民族混血的趨勢。前來訓練新兵的馬克西米努斯體內就有哥德族分支的阿拉尼族血統。他身高體健有北方人的味道，曬太陽之後皮膚不會變黑而是發紅，也是北方血統的證明。新兵自然會對「色雷斯人」馬克西米努斯抱持好感。而馬克西米努斯本人也高高興興地認真執行新兵訓練任務。

馬克西米努斯執行的訓練，與現代美國陸戰隊的入伍訓練頗為接近。不過他雖然嚴格但不嚴苛。他讓士兵每四天進行一次全副武裝，有如實戰的劇烈演習；每天執行服裝檢查，嚴格檢視頭盔、鎧甲、劍、槍、盾、短衣、軍靴等項目。然而訓練時的氣氛與其說是長官命令下屬，不如說是父親在教育兒子。在打赤膊進行摔角時，馬克西米努斯同樣會脫掉衣服與士兵一起下場。而且儘管他已經年逾六旬，還是能一一擊倒新兵。即使擊倒六、七名新兵，還是可以聽到他在場上大聲喊著「下一個」。

有一天，一個與他同位階的大隊長對他說：

「馬克西米努斯，跟還在受訓的新兵比試，不管打贏多少人都不值得自豪。」

馬克西米努斯回答說「那你能當我的對手嗎？」

這個大隊長也答應了，於是兩人下場比試。馬克西米努斯一掌拍中大隊長的胸口，讓對方倒地不起，過程簡直像是空手道比賽。馬克西米努斯也不扶對方起來，只大聲喊著「下一個是誰？上前來。以大隊長為限！」

既然相處過程如此，馬克西米努斯自然會受到士兵擁戴。在官兵不滿亞歷山大皇帝的軟骨頭外交政策，打倒皇帝之後，拱出來接替的正是馬克西米努斯。這時「色雷斯人」六十二歲。他沒擔任過軍團長，也沒當過行省總督。當然，他也不具備元老院議席。

實力與正統性

元老院面對既成事實，只好追認其正當性。馬克西米努斯因此順利取得元老院的即位承認。不過，元老院議員身為當時羅馬帝國的權勢集團(establishment)，在私底下藐視著馬克西米努斯，稱他為「半蠻族」。每個議員心中都不希望新任皇帝出現在首都羅馬。

而馬克西米努斯不是舊有的權貴階層，也不是「新入門」，亦即新進的權貴階級，心中或多或少有些自卑。他下令從官方記錄中，刪除他父親那一聽就知道不是拉丁人或希臘人，而是巴爾幹半島賤民的姓名。同時也刪除他母親那令羅馬人更聽不習慣的姓名。至於他本人，儘管已經要承擔整個帝國統治工作，還是不願前往首都羅馬。

受人仰慕是一種實力，然而光靠實力還不足以將地位正當化。要將地位正當化，除了實力以外還需要正統性輔助。世襲制度能夠一直延續，就是因為可以在不及表露實力之前，讓大眾了解正統性。敘利亞的太陽神神官荷拉迦巴爾會被擁上皇位，只因為他是卡拉卡拉的外甥。五賢君之中，除了馬庫斯·奧理略以外，在看上有實力的人物，決定選其為繼承人時，都會先收對方為養子。這是因為皇帝的「兒子」身份可以保障正統性。

羅馬是個多神教社會，不是一神教社會。在一神教之下，正統性是由神明指定。而在多神教社會，正統性是要由眾人公認。即使是擁有正統性的統治者，也必須以能讓眾人接受的方式展現實力。相對地，依靠實力爬上高位的人，必須不斷地累積成果，證明自己的確有正統性占據現有的高位。如果疏忽了這項工作，即使是前任皇帝的兒子一樣會惹上殺身之禍。皇帝為終身職，在這個制度下，只有殺害皇帝才能表達對皇帝的不信任。

「色雷斯人馬克西米努斯」似乎了解自己沒有足以將皇位正當化的業績與正統性。在業績方面，他只是個訓練新兵的一流人才，沒有發揮過對外的戰功。

因此馬克西米努斯決定暫時不前往首都，先設法贏取戰功。對他來說，這稱不上是犧牲。馬克西米努斯苦於不知如何應付元老院，只要能把前往議會的行程往後拖延，不管與日耳曼人之間的戰鬥有多激烈都無所謂。因為他有十足把握，士兵會願意跟著自己作戰。

在西元二三五年亞歷山大皇帝遇刺不久後，由帶隊衝鋒的新皇帝領頭，羅馬軍在各處積極對抗日耳曼人。跨越萊茵河深入敵境五十公里的事已經不希罕。馬克西米努斯帶領的部隊甚至進軍到後世稱為西發里亞的地區，與迎擊的日耳曼人激戰。從戰略上來說，不是追擊入侵高盧燒殺擄掠的蠻族，而是攻擊蠻族根據地，逼對方放棄入侵高盧，是項正確的決策。也因此每個戰線都能取得優良戰果。每當獲得戰果，馬克西米努斯都會送報告書到元老院，例如：

「各位元老院議員，不知道要用什麼話，才能告訴各位羅馬軍的士兵做了什麼事。我們穿過防線深入敵境四十到五十羅馬里（換算後約等於六十到七十五公里），看到日耳曼人的聚落就放火，搶奪家畜、殺死士兵，把女人小孩抓來當俘虜。妨礙我軍前進的不是日耳曼人而是沼澤。要不是這片濕地阻擋，我軍應該可攻進有名的日耳曼森林。」

當戰線從萊茵河推移到「日耳曼長城」之後，這項有如焦土作戰的戰術依舊沒有改變。皇帝得意洋洋地向元老院如此報告：

「各位元老院議員，即位至今的時間這麼短，我卻有把握作戰的次數比起每個前任皇帝都多得多。而且我連戰連勝。我拿到了可以讓每個羅馬人都嚇一跳的大批戰利品。我軍抓到的日耳曼俘虜眾多，如果要全數送回首都，只怕連首都這麼大的都市都無法容納。」

接下來皇帝請元老院把羅馬軍獲勝的場面繪成版畫，放在市中心的迴廊上。

羅馬軍難得有輝煌戰果，元老院本來應該是一片歡喜。可是臺下的議員卻苦著臉聽皇帝的戰勝報告。議員在聽到由他們藐稱為「半蠻族」的皇帝意外獲勝時，自然不大高興。不過更重要的原因在於，每當聽到馬克西米努斯的報告時，這些權勢集團實在難以忍受內容的低俗，哀怨自己竟然要屈居這種人之下。

簡潔是好事，率直也不壞。可是文章在簡潔率直之餘，還是可以保持品味的。如果文章有品味，即使內容一樣，給人帶來的感受可不同，將轉化成使人聽從的力量。馬克西米努斯可能是基於自卑感，不願意在身邊安排教育程度高的部下。皇帝身邊原本該有祕書官或為其代筆的書記官。可是在亞歷山大時代就職，擅長文書的宮廷官僚，到了馬克西米努斯時代全遭到疏遠。

也許馬克西米努斯認為只要把他說的話直接記述下來就好吧。可是馬克西米努斯沒有朱利斯·凱撒那種脫口成章，流傳後世的文才。

元老院議員前後共聽了三年皇帝的俗氣報告。換句話說「色雷斯人」打了三年勝仗。到了即位的第三年，西元二三八年時，馬克西米努斯皇帝把前線本部遷移到西爾謬姆。既然他以主動出擊戰略重新確立萊茵河防線與「日耳曼長城」的防衛功能，下一條戰線自然會是多瑙河中游。同一個時代的史學家希羅狄安這樣寫著：

「如果諸神多給他幾年人生，想必萊茵河、日耳曼長城以及多瑙河等帝國北方命脈將會平穩化吧。」

羅馬人口中的平穩化，意為祖國羅馬獲得和平，因此原文作 "pacificatio"。羅馬人若想要享受和平生活，在西元前一世紀必須以武力壓制高盧人，在西元二世紀則是要以軍事力量抵制日耳曼人。正因如此，「羅馬和平」才會是由羅馬人營造，為羅馬人提出貢獻的和平。只不過因和平 (pax) 獲得利益的人，包括歐洲、中東、北非的全體民眾。

馬克西米努斯在位時盡心盡力，使得羅馬帝國北方防線得以「平穩化」。可是扯他後腿的也是羅馬人。事情的開端，在北非行省的地區抗議運動。

朱利斯・凱撒在執政官時期成立的「農地法」,從某個角度來說可說是保護中小自耕農的政策。這項法律到帝政時期由後人繼承,因此義大利本國傳統上重視保障中小農莊優於大型農莊。對於格拉古兄弟與朱利斯・凱撒等以民眾為權勢基礎的政治人物來說,保障握有投票權的中小農民,當然是重要的政策。到了帝政時期以後,皇帝隨時要應付自認為是皇帝監督機構的元老院,包括自耕農在內的中堅階層同樣還是皇帝的民意基礎。因此有皇帝在義大利推動自耕農利息優惠政策。

到了羅馬人征服並行省化的地方,局勢就不同了。這些地方在受羅馬人征服之前,已經習於使用眾多奴隸的大規模農莊制度。在進入羅馬帝國版圖之後,還是承襲以往的制度。一則羅馬人統治外族的方式向來隨機應變,二則行省的農民為行省民,不具備羅馬公民身份,所以對皇帝來說,稱不上「主權者」。

大規模農莊制度尤其以北非最為盛行。主要原因如下:

一、與有山丘起伏的義大利半島相較,北非地區在布尼克戰役由迦太基掌控。除了地形上的差異外,迦太基人在農莊經營效率上要比羅馬人先進。因此當地人適應大農莊制度的程度要超過中小農莊。

二、現代人很難想像,古代的北非地區與埃及同樣是大型農產地區,具有為義大利本國提供主食小麥需求量之三分之一的能力。除了小麥以外,本地還出口多種農產品。既然像義大利本國這樣一個具大量需求的市場就在旁邊，提供貨源的北非地區也相對地會注重提高生產效率。

現今遺留在北非一帶的遺蹟，足以透露出羅馬時代的本地經濟力量有多強大。一旦經濟力量強大，也當然會影響到社會、政治、文化各方面的地位。哲學家皇帝馬庫斯．奧理略的恩師佛倫多就是出身北非。馬庫斯．奧理略選為女婿的優秀武將裡，有好幾名也是北非出身的。後來北非行省又出現了賽埔提謬斯．謝維勒皇帝。而足以把這些人才送進中央的基礎，正是北非的大型農莊。西元二三八年群起抗議的，也是屬於這個勢力的人。由於起身抗議的是北非真正的地方勢力，所以這個從帝國整體來看屬於地方問題的事件才會影響到全國。

羅馬時期的「亞非利加行省」相當於現代的突尼西亞，省都位於迦太基市。由迦太基向東南走約兩百公里處，為提司鐸爾斯（今日的伊爾傑）市。這個地方至今還留有圓形競技場等許多羅馬時代的遺蹟，足以證明這是羅馬時代以周邊農地為中心繁榮發展的都市。

事情剛開始時，是農莊主對從迦太基前來此處收稅的皇帝財務官爆發不滿。這個財務官似乎是個死板的官吏，不顧實際收穫量直接課徵暫時特別稅。而且他聲稱是受到正在北方戰線作戰的馬克西米努斯皇帝命令，沒有商量餘地。這項行為引發大型農莊主爆發不滿。其中年輕的農莊主更是情緒激動，在扭打之際不慎擊殺財務官。原本只是一場對徵稅表示不滿的示威抗議，頓時轉變成對公權力的挑戰。年輕的農莊主讓莊園裡的農民拿起武器，帶領農民前往省都迦太基。他們準備向行省總督直接抗議財務官的徵稅過度嚴苛，因為現任總督葛爾迪亞努士向來體諒民心。

當農莊主到迦太基的總督官邸會談時，話題卻往意外的方向發展。這些年輕的農莊主竟然請求總督接受推舉登基。

元老院反擊

亞非利加行省總督葛爾迪亞努士頗受亞歷山大·謝維勒皇帝信任（有流傳書信佐證），五年前由皇帝派遣至北非就任總督。在事情發生時，已經是八十高齡。而這個人在各方面都足以代表西元三世紀時，羅馬社會最有權勢的那群人：

第一點在於家世顯赫。葛爾迪亞努士的父親出身從共和時期流傳下來的世家，四百年來一直在元老院擁有議席；母親有圖拉真皇帝的血統，同樣出身元老院世家；妻子是安東尼奧·派阿斯皇帝的外曾孫女。他有一子一女，兒子葛爾迪亞努士二世未婚，與父親一同前往迦太基赴任。女兒嫁給朱利斯·凱撒的親信，西班牙出身的巴爾布斯後裔，給葛爾迪

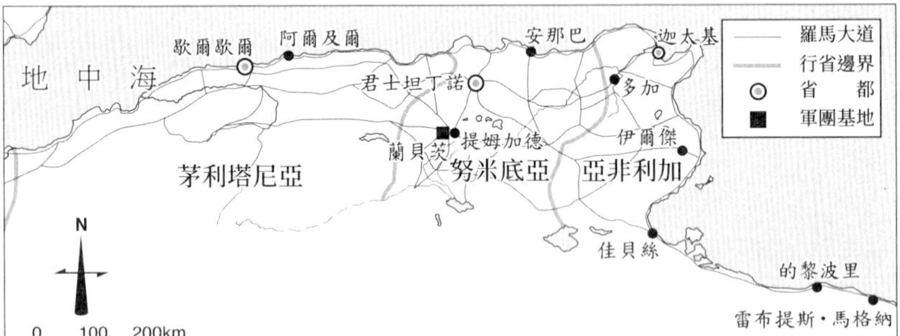

北非地圖

亞努士生了一名現年十三歲的外孫。

在財力方面，葛爾迪亞努士家族更是超出同事許多。葛爾迪亞努士家在羅馬七座山丘之一柴利歐丘上的宅院，原本是由「偉大的龐培」所興建。龐培出身於義大利中部的大地主家庭，本人在世時宅院已經以豪華聞名。當龐培敗給凱撒之後，凱撒的副官馬爾克斯·安東尼把龐培的宅院買下當個人住宅。而安東尼與克麗奧佩脫拉聯手對抗屋大維，在埃及失敗身亡之後，宅院由安東尼的遺孤繼承。宅院幾百年來陸續轉手，到了五賢君時代由葛爾迪亞努士的家族所買下。不知是一再改建改裝的結果，還是正好與羅馬帝國的鼎盛期重疊，羅馬市區內的這座宅院以豪華聞名於整個西元二世紀。同一座山丘上的馬庫斯·奧理略皇帝老家在這方面就差得遠了。

不過，真正象徵葛爾迪亞努士家族財富的，還不是這座宅院。而是興建於離羅馬市中心東方五公里處，普雷內斯提納大道與卡西利納大道交叉口附近的

葛爾迪亞努士一世

葛爾迪亞努士二世

別墅。

興建於郊區的別墅，條件與土地有限的市區不同。隨財力所及，建地要多寬闊就多寬闊。最能代表財力的，就是四方由圓柱迴廊環繞的中庭了。葛爾迪亞努士別墅中庭四周的迴廊上共有兩百根大理石柱。這兩百根石柱，又分希臘產的白綠條紋柱、埃及產的紅柱、努米底亞產的黃柱、小亞細亞產的白底灰斑點柱等四種。四種柱子交互穿插，矗立在中庭周邊的迴廊上。在羅馬時代，大理石柱也是衡量資產的標準之一。從這兩百根大理石柱的美麗外形與運輸費用可以斷定，所有的柱子都是比義大利產品昂貴的進口石柱。色澤變化豐富的大理石會比白大理石昂貴的原因，在於義大利境內只有出產優質的白色大理石。甚至有人說，要分辨帝政初期西元一世紀的建築物，與二世紀帝政中期的建築物差異，只要看是以白大理石或彩色大理石為主要建材就好。又有人說，葛爾迪亞努士別墅的迴廊就象徵著帝國的財富。

順帶一提，當時令人眼睛一亮的葛爾迪亞努士別墅圓柱，在歷經中世紀與文藝復興時期之後，已經給某些紅衣主教搬走，沒有留存到現代。葛爾迪亞努士別墅所在地區，到一千七百年後的現代還讓人稱呼為「撥爾迦達．葛爾迪亞尼」。義大利文裡的「撥爾迦達」意為「新市鎮」。自然形成的新市鎮往往容易淪為低收入地區，這個地方也不例外。話說回來，羅馬郊區在古代固然是富翁修建豪華別墅的地區，如今卻絕大多數與「葛爾迪亞努士新市鎮」有同樣遭遇。

葛爾迪亞努士絕對想像不到，他的家族名號可以流傳到一千七百年後。不過可以確定的是，受人意外推舉稱帝的葛爾迪亞努士，是個標準的西元三世紀羅馬元老院議員。三世紀時的羅馬上流階層已經漸漸不重視子弟的軍事經驗，葛爾迪亞努士也從未有前線經驗。不過既然出身元老院階層，他也與其他議員一樣，經歷過相當程度的「光榮資歷」無給職公務員生活。葛爾迪亞努士經歷過會計監察官、法務官、執政官等職位，到他以「前執政官」頭銜獲派為行省總督為止，生涯一帆風順。

葛爾迪亞努士生於優渥環境，忠於社會義務。曾將私人書齋的六萬卷藏書公開作為公共圖書館，熱心於贊助詩人、藝術家，本人也熱衷於作詩。目前雖然失傳，但葛爾迪亞努士曾著作一部長達三十卷，敘述安東尼奧·派阿斯與馬庫斯·奧理略兩位皇帝時代的史詩。其個人言行穩健。簡單來說，是個心態想法都留在西元二世紀，典型的三世紀前半帝國既有權勢集團成員。

像這樣的人物，連受人推舉登基都要問問元老院的意見。西元二三八年六月二十六日，就在元老院議場上，該年度的執政官朱利斯·西拉努斯當眾宣讀亞非利加行省總督葛爾迪亞努士寄來的書信：

「各位元老院議員，亞非利加行省下個世代的青年梁柱推舉在下登基。在下已居風燭殘年，不大願意接手。但又認為在如此困難時局中擔綱重責，也是吾等的義務所在。願將一切決定委由諸位，登基與否全看元老院決議裁奪。」

向來厭惡「色雷斯人」的元老院馬上抓緊了機會，當信件一宣讀完畢，議場立刻爆發了熱潮。情緒激動的議員站起身子，高聲呼喊著：

「葛爾迪亞努士．奥古斯都！願諸神守護您。您一定能穩健地統治帝國。」

「我們終於得救了。葛爾迪亞努士拯救了帝國。我們要感謝他決心救出身陷野蠻的帝國。」

執政官兼議長出聲制止議員的吶喊說：

「各位議員，我們必須決定如何處置馬克西米努斯。」

「敵人，公敵。我們應宣告他是國家公敵。」

「殺死他的人有賞。」

執政官又詢問道：

「留在馬克西米努斯身邊的人應如何處置？」

「同樣是公敵。殺死這些人的人也可以獲得獎賞。」

於是元老院一致通過下列的議案：

「國家公敵應如同奴隸般受十字架刑。無論逃竄何處，元老院的敵人都將受到追擊，直至消滅最後一人為止。」

第二天一大早，帶著下列公告的使者便策馬往全國各地疾馳：

「元老院及羅馬公民通告行省總督、軍團長、軍團官兵及各地方都市議會等公共機構相關人員：立刻集結於為從野蠻人手中解救帝國而起的葛爾迪亞努士皇帝麾下。葛爾迪亞努士受諸神加護就任皇帝，由於其人格完美，且長年擔任元老院議員為國服務，吾等決議向其獻上奧古斯都稱號。同時考量其高齡，為免於帝國統治陷入空白之危機，謹此提供共同皇帝地位給葛爾迪亞努士之子。

如今帝國是否能重回適於統治帝國者之手，全看諸位之決意與實行。為使野蠻敵人無反擊機會，集結葛爾迪亞努士父子之下之行動刻不容緩。謹此公開宣言，元老院一致決議馬克西謬斯及其黨羽為國家公敵。」

羅馬元老院向馬克西米努斯皇帝遞出挑戰書，親手揭開了內戰的序幕。當馬克西米努斯在多瑙河附近的色米姆荷洛接獲消息時暴跳如雷，抓到東西就扔、拔起佩劍亂揮，沒有人能夠阻止。等到發洩完畢，馬克西米努斯命人送酒上來。千杯不醉的馬克西米努斯，這天終於醉倒了，就這樣如同忘記一切煩惱般地入睡。

第二天馬克西米努斯召集官兵。受元老院彈劾為野蠻敵人、國家公敵的馬克西米努斯皇帝至此才正式表態：

「各位戰友，相信各位已經知道了，不過還是要重複強調。北非行省和元老院打破了我就任皇帝時的效忠誓言。他們把一隻腳已經踩進墳墓，年老力衰的葛爾迪亞努士拱上皇位。話說回來，這些身為羅馬社會最高階層，飽受尊敬的元老院議員，也是違背誓言的慣犯。羅穆路斯和朱利斯．凱撒會遭暗殺，也是這些人搞的鬼。元老院竟然彈劾我，為他們與蠻族作戰節節獲勝的我，是國家公敵。這項彈劾不僅針對我一個人，也針對與我同心協力，共同作戰三年的你們。元老院把奧古斯都稱號送給葛爾迪亞努士父子，不僅侮辱了我，也是侮辱擁立我登基的各位。如果各位還是男子漢，有男子漢的氣魄，那就舉著旗幟向首都進軍，前去打倒元老院與非洲人吧。當各位打倒這些人的時候，他們的資產就是你們的了！」

與多瑙河對岸的蠻族之間的戰鬥暫時放在一旁。馬克西米努斯皇帝率軍朝向首都前進，內戰就這樣揭幕了。

一年五人即位

而在葛爾迪亞努士這方面，事態發展得並不順利，剛起步就遇上阻礙。

「亞非利加行省」的西側為「努米底亞行省」。除了埃及以外，努米底亞是北非唯一有軍團基地的地方。開國皇帝奧古斯都設立第三奧古斯塔軍團派駐於此，三百年來軍團一直保護北非民眾不受穿越撒哈拉侵擾的沙漠流民傷害。也正因如此，軍團兵對軍人身份感到自豪，團結意識堅定，退伍後也有集體居住的傾向。蘭貝茨軍團基地附近的提姆加德，就是退伍後的士兵為了展開第二段人生而興建的都市。歷任皇帝也獎勵退伍兵移居到基地附近的村落，因為這就好似在基地附近擺設預備部隊一樣。

第三奧古斯塔軍團看不慣東側的亞非利加行省居民與羅馬元老院共謀擁立葛爾迪亞努士稱帝。雖然他們對葛爾迪亞努士父子沒有任何不滿；也不討厭亞非利加的農莊主。此外，他們對馬克西米努斯的執政能力也沒有太高評價。讓軍團不滿意的是馬克西米努斯由軍團擁立，卻由元老院拖下臺。在第XI冊中筆者曾經敘述過，賽埔提謬斯．謝維勒皇帝優待軍隊的政策，反而會加深羅馬軍的「軍方」與元老院統合的「民間」之間的鴻溝。第三奧古斯塔軍團的動態只是其結果之一而已。

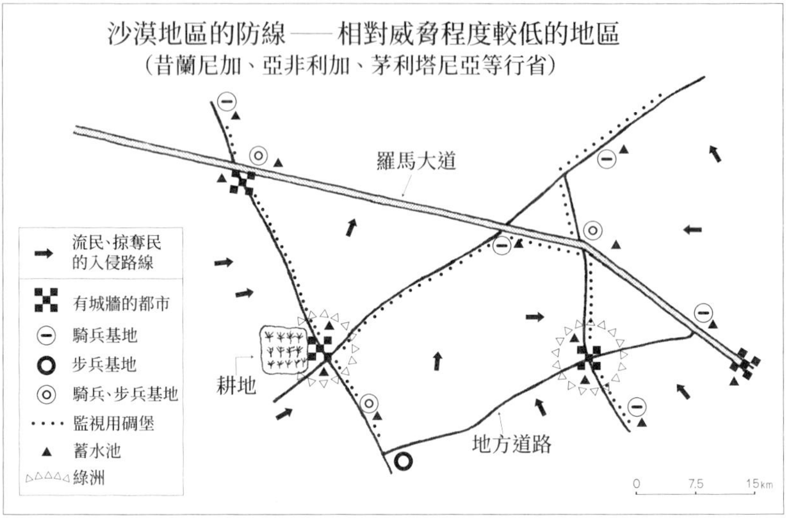

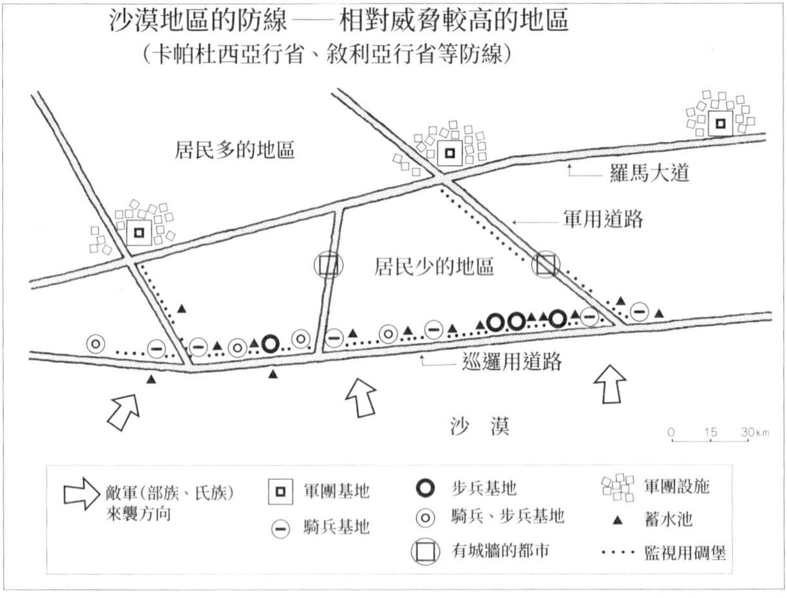

以上引用自 E. N. Luttwak, "*The Grand Strategy of the Roman Empire*"

軍團兵就在銀鷲旗率領下，朝向葛爾迪亞努士所在的迦太基行軍。一般而言出兵時軍團基地不會唱空城，但北非地區例外。因為越過沙漠來襲擊的流民不會像日耳曼人一樣組織大軍入侵。也就是說，以蘭貝茨軍團基地為中心的北非防線，平日面對的是小規模的零星盜匪。各位可以和面對帕提亞或波斯的前線做個比較。同樣面對沙漠，羅馬人防衛的方策依舊維持彈性應變。而且在北非地區有個比其他地區顯著的傾向，當軍隊外派時，周邊多得是願意代為留守基地的「鄉勇」。

到了二十世紀後半，新興的海洋考古學才終於證實：北非的中心地迦太基在納入羅馬版圖後，依舊是一個大型物產集散地。考古學家發現迦太基與羅馬間的航線之下，有不少古代運輸船殘骸躺在海底。迦太基的地位重要，在羅馬人行省化之後依舊讓其擁有省都地位，不過沒有在此設置軍團基地。但這裡畢竟是北非的重要都市，因此和高盧的首要都市里昂一樣，派駐有千名衛隊。

羅馬的主要戰力軍團兵，地位有如今日的美軍陸戰隊。一旦遭受六千名軍團兵攻擊，一千名衛隊當然不是對手。葛爾迪亞努士的兒子雖然帶頭勇敢作戰，不過還沒開打雙方的局勢就已經底定了。最後一千名衛隊遭到驅散，葛爾迪亞努士二世陣亡。葛爾迪亞努士皇帝收到消息之後，也自殺身亡。從他即位起算還不滿一個月。

羅馬元老院接獲消息後，為了意外發展而慌亂。這時他們又不能撤銷對馬克西米努斯發出的國家公敵通告。元老院召開會議，討論到半夜，最後決定新擁立兩名皇帝，以新任皇帝為中心迎擊正往首都進軍的馬克西米努斯。這兩人都是元老院議員，其中帕庇艾努士具有從軍經驗，另一人巴庇諾斯沒有進過軍隊，是個純粹的文臣。因此元老院決定讓帕庇艾努士率軍北上，由巴庇諾斯留在首都負責內政。

這兩名人選與葛爾迪亞努士沒有任何關係。只因為雖然一登基就被打倒，但當初擁立葛爾迪亞努士的是元老院，因此元老院有必要表示最初擁立葛爾迪亞努士的想法沒有錯。元老院把凱撒，亦即次任皇帝的封號賜給住在首都的葛爾迪亞努士外孫，讓他與兩位新任皇帝搭配。葛爾迪亞努士這時還是個十三歲的少年，不過元老院讓他提前行成年禮，介紹給和「元老院」同為羅馬兩大主權者之一的「羅馬公民」。

馬克西米努斯離開多瑙河邊南下途中，收到葛爾迪亞努士父子的死訊。剛收到消息時本來還挺高興的，可是不久後又得知元老院另外擁立兩名新任皇帝。只怕到了這時候，他才發現元老院對自己深惡痛絕，以及只剩下武力手段足以打倒元老院。或許他到這時候才發現，過去以為憑著擊退蠻族就足以負起皇帝的職責，只要獲勝就能保住自己的地位，是一項錯誤的判斷。就算他現在才醒悟，也已經無可挽回。

馬克西米努斯深信他與士兵連續打了三年勝仗，保衛了國界平安，因此行軍途中的鄉鎮、地區一定會樂於提供食宿，因此出發時只讓士兵攜帶少量的糧食。不幸的是這項判斷卻對他造成打擊。元老院彈劾馬克西米努斯為國家公敵的通告，這時已經傳遍整個帝國的都市、鄉村，而且越接近義大利本國，通告的效力就越強。馬克西米努斯與其下的軍隊面臨了身在國內卻物資糧草匱乏的局面。

居民的反應其實很容易理解。這些人從未見過馬克西米努斯本人，也沒聽說過其行徑，換句話說根本不認識這個皇帝。相反地，他們卻很熟悉元老院布告。

元老院也卯足全力，從議員中挑選二十名走積極防衛路線的議員成立委員會，試圖以軍事及各種手段來打倒「色雷斯人」。

真正讓馬克西米努斯皇帝走上絕路的，還是居民的抵抗。由多瑙河順著羅馬大道進入義大利之後，第一個見到的大都市是亞德里亞海附近的亞奎雷亞。當地居民拒絕開啟城門迎接馬克西米努斯皇帝，而這時候從首都派來的帕庇艾努士皇帝還沒有到達亞奎雷亞。

如果是以前的馬克西米努斯，大概會以他擅長的快攻戰略繞過亞奎雷亞往首都趕路。雖然這樣做會在途中遭遇帶兵北上的帕庇艾努士皇帝，不過馬克西米努斯率領的部隊有在前線服勤與蠻族作戰的經驗，比起帕庇艾努士旗下只知道首都生活的禁衛軍要占優勢。一旦獲得決定性勝利，也許可以轉變目前的困苦局面，畢竟社會局勢往往會因某個契機而轉變。

遭到居民排拒時，馬克西米努斯已經不是過去的他了。他下令部隊在亞奎雷亞城門前擺開陣式，展開攻城戰鬥。亞奎雷亞平日只有數百名衛兵，進攻方面卻是老練的部隊，原本應該能迅速攻陷，事情卻沒有這樣發展。因為在居民協力合作之下，亞奎雷亞防衛能力大為增強，進攻方面的糧食又幾乎見底，再加上冬季已經逐漸逼近了。雖說沒有多瑙河沿岸寒冷，義大利東北部的冬季也挺讓人吃不消。一路僵持之下，馬克西米努斯旗下的部隊一天比一天動搖。士氣動搖得最嚴重的，是第二帕提加軍團，他們的基地位於首都附近的亞爾巴諾。士兵們開始擔心因為自己幫助遭到元老院彈劾的馬克西米努斯，留在基地的妻小已經被押做人質。

最後，趁著月黑風高，第二帕提加軍團的士兵襲擊了皇帝的帳篷，以「色雷斯人」外號聞名的馬克西米努斯皇帝就這樣結束人生。四天後元老院的人員前來檢查「色雷斯人」的首級，之後不允許下葬，將首級投入臺伯河裡，而且沒有任何議員反對。

原本正在包圍亞奎雷亞的馬克西米努斯部隊，好像要趕著消除失敗的痕跡一樣地解除了包圍。亞奎雷亞的居民也敞開城門迎接他們，提供溫暖的臥榻與伙食。當帕庇艾努士到達之後，馬克西米努斯旗下的部隊與亞奎雷亞居民共同向皇帝宣示效忠。表面上看來，內戰危機已經過去，羅馬帝國在元老院主導擁立的兩名皇帝之下恢復統一局面。可是當「色雷斯人」離開政治舞臺後，兩名新任皇帝之間卻鬧翻了。

當時七十歲的帕庇艾努士雖為元老院議員，但是憑一己之力取得席位，亦即羅馬人口中的「新入門」。據說他雖出身義大利本國，但屬於「平民」階層。這種階層的人要提升地位，最快的方式就是進入軍團。他在康莫德斯皇帝在位時展開軍旅生涯，一路發展順暢。一般而言，於各前線服勤表現良好的人，可以獲得皇帝推薦進入元老院。這名平民出身的人也依循慣例取得議席。進入議會後依舊常調職各地的防線或行省，範圍西至高盧，東至小亞細亞。直到就任首都長官以後，行蹤才終於穩定下來。帕庇艾努士在首都的表現頗受民眾歡迎，據說元老院會推舉他登基，就是因為看上首都民眾對他的好感。然而，一個人到了七十高齡，要期望他因為地位改變而轉換生活方式，怎麼說都不容易。

另一名新任皇帝巴庇諾斯出身貴族世家，不過並未因天生屬於元老院階層，就樂於享受在首都的舒適生活。至六十歲登基為止，巴庇諾斯幾乎外派過每個帝國行省。巴庇諾斯在能力上與帕庇艾努士不相上下，絕非無能的貴族。

只要與巴庇諾斯見過面的人，馬上都能感受到他的出身良好。雖然不是所謂的小白臉長相，但巴庇諾斯身材修長，是個十足的美男子。穿起長袍時風度翩翩，又有絕佳的口才。據說當他站在法庭上為人辯護時，真是讓人看了滿意、聽了動心。巴庇諾斯在日常生活中也講究品味，尤其對葡萄酒要求甚嚴。羅馬人早已講究「葡萄酒」(vinum) 的產地與釀造年份，到了西元三世紀時，羅馬老饕特別講究的是與生葡萄酒混合用的水，以及為茶水調味的香料。在當時，巴庇諾斯是經常發明新種香料配方，使其轉為流行的名人。

這兩人之間會感情惡化，與其怪罪當事人，不如說責任在馬克西米努斯出乎意料地早期退場之後，頓時鬆懈下來的全體元老院議員。元老院內部沒有團結一致協助兩名新

巴庇諾斯

帕庇艾努士

任皇帝，反而分裂為各擁護一方的情勢。此外，受人擁護的帕庇艾努士與巴庇諾斯也沒有能力與氣概設法解決面前的問題。這兩個人雖然有足夠的能力與責任感擔任元老院議員，但氣量也僅只如此。

在元老院一片混亂之下，最先失去耐心的，就是與馬克西米努斯共同進軍首都，在馬克西米努斯遭暗殺後向兩名皇帝宣示效忠的官兵。事到如今，官兵才開始後悔，覺得馬克西米努斯竟然是為了地位崇高但缺乏統治能力的元老院議員送命。以軍人的角度而言，馬克西米努斯要比議員優秀得多。

這股失望與輕視的想法，最後演變成打倒現任皇帝的行動，而帕庇艾努士與巴庇諾斯也沒有機會抵抗。元老院看到遭棄置的屍體才發覺事態嚴重。

西元二三八年一年之中，共有馬克西米努斯皇帝，這年登基的葛爾迪亞努士一世、其子葛爾迪亞努士二世、帕庇艾努士、巴庇諾斯等五名皇帝出現又消失在歷史上。政治舞臺的頂端只剩下一個十三歲的少年。

過去圖拉真皇帝曾諷刺說，元老院隨時在分裂狀態，要到自身大難臨頭才會團結一致。

不到半年之中，元老院陸續面對葛爾迪亞努士父子、帕庇艾努士、巴庇諾斯等同夥的死亡。擁立的對象隨即喪命，代表元老院的作法有問題。羅馬元老院從翻譯字面讓人聯想到是功成名就的老人養老的地方，實則不然。從建國初期的王政時期，到後來的共和、帝政時期，元老院一直是三十歲就具有議員資格，為國家儲備要職人才的機構。筆者一直強調元老院有如現代國會的理由也在此。治國是需要人才的，而在這個時期，如果真心想活用人才的話，元老院還有足夠的能力活動。

葛爾迪亞努士三世

共同的危機意識促使元老院議員團結一致。當時十三歲的葛爾迪亞努士三世已經具有「凱撒」稱號，元老院也一致決定擁立讓這名皇位繼承人升為「凱撒·奧古斯都」，亦即新任皇帝。

擁立帕庇艾努士與巴庇諾斯登基時設立的「二十人委員會」，便直接轉移成以幼年皇帝為首的「政府」中樞。基於事態緊急，以六百人為定額的元老院也保證將協力迅速頒布法案。幸運的是，由於「色雷斯人」的主動作戰奏效，防線外的蠻族沒有足夠力量跨越防線入侵。

另外還有一點難以忽視的幸運之處。幼年皇帝的外祖母及母親與謝維勒王朝時公開、私下操控皇帝的敘利亞女子不同。太后與太上后出身羅馬元老院階層，作風也符合羅馬社會風氣，不會開口干涉屬於男性的政治領域。

只有在兩種狀況下，未經選舉的女子才能參與政治。一是這個女子生為女王，二是出身有內廷政治傳統的國家。總而言之，如果女子想在政治舞臺活躍，只有到專制君主國家去。「東方」向來盛行專制君主制度，因此出身敘利亞的女子對透過兒子來干預政治不覺得有任何抵抗感，甚至覺得這理所當然。「西方」缺乏專制君主傳統，在基督教掌權前對世襲制度抱持懷疑的眼光，因此西方人會對於兒子登基之後開始插嘴管政治的女子持疑。尼祿皇帝的母親阿古力庇娜遭殺害之後沒有人同情，也是這種社會風氣使然。

實務官員提梅吉丟斯

葛爾迪亞努士三世雖然幼年即位，令人意外的是羅馬帝國卻能享受六年的和平生活。方才敘述的幸運條件固然影響重大，不過統治工作必須要面面俱到，其中自然包括不起眼的行政方面。元老院議員組成的「二十人委員會」能夠充分發揮行政功能，全仰賴某個擅長實務工作的人物的判斷與組織才幹。

這個人名叫提梅吉丟斯，全名蓋烏斯・伏流士・薩比紐斯・亞奎拉・提梅吉丟斯。從這威風八面的拉丁姓名聽來，會以為他是建國初期延續至今的貴族後裔。不過姓名大量沿用羅馬史名人的人，通常會是所謂的「新入門」。提梅吉丟斯出身地不詳，有人說他是出身義大利的平民，也有人說他出身後世的法國南部的普羅旺斯地區，在羅馬時代通稱意為「行省」的"prōvincia"。唯一可以確認的是他不是「東方」人，而且他知道不管要在哪一個領域出人頭地，都要受過相當的教育。

這個人的職業生涯，無論服勤地在哪、職位為何，都與行政脫不了關係。雖然擔任過軍團勤務，但沒有帶過兵。因此只要列出這個人的職業生涯，就能了解羅馬帝國行政官工作時的模樣。

據說提梅吉丟斯一出生便擁有羅馬公民權，職業生涯由西班牙行省開始。羅馬平日在伊比利半島派駐有一個軍團。主要戰力軍團兵，通常會與輔助部隊共同行動。輔助兵的基地也會設置在能與軍團基地迅速取得連絡的地方。當時卡拉卡拉的敕令還未問世，輔助部隊是由行省民構成。提梅吉丟斯的任務，就是擔任輔助兵大隊的"praefectus"。這個官職一般翻譯為「長官」，不負責指揮作戰，而是其他各方面的總負責人。

軍隊由於必須深入敵境作戰，因此組織獨立性高。換句話說，軍隊組織必須要有能力自行解決大多數的問題。也因為如此，平日的軍隊才會被派去防衛天災或救援難民。既然軍隊具有這等性質，指揮戰鬥的「軍團長」之下，最重要的自然是「長官」。而且俗話說「羅馬軍靠後勤補給打勝仗」。羅馬軍重視後勤補給，在作戰會議時長官通常列席在軍團長與大隊長旁邊。後勤負責人必須要隨時留意有需求的軍團與輔助部隊，以及提供資源的當地民眾。

提梅吉丟斯在後勤方面的績效受到肯定，隨即轉任各個軍團的後勤負責人。後來他的專長延伸到行省的財務方面，新的職務為「皇帝財務官」，除了要注意整個行省的財務狀況外，收稅也是重要的業務之一。由於立場夾在課稅與繳稅兩者之間，因此這項勤務難度頗高。除了經常要直接面對抗議稅賦過高的群眾以外，運氣不好的還可能像亞非利加行省擁立葛爾迪亞努士時一樣遭到殺害。又加上到了西元三世紀之後，羅馬帝國怕提高既有稅賦的稅率會引發群眾暴動，常常以戰時臨時稅的名義課徵特別稅。對負責徵稅業務的人來說，進入了更加困苦的時代。

儘管在如此艱困的時局下，提梅吉丟斯負責的行省卻從未出現群眾抗議的情形。可能是業績受到肯定吧，提梅吉丟斯擔任過「皇帝財務官」的行省幾乎網羅整個帝國：

高盧北部的「比利時嘉」、萊茵河沿岸的「高地日耳曼」、「低地日耳曼」；相當於現代約旦，羅馬時代的「阿拉伯行省」；敘利亞、巴勒斯坦；小亞細亞西部的「俾斯尼亞」、「亞細亞」行省。後來又調回西方的高盧，輪調以里昂為省都的「高盧．盧古都南西斯行省」，以及省都位於波爾多的「亞奎塔尼亞行省」。財務官地位僅次於行省總督，當總督因特別原由離開行省時，財務官必須兼任行省統治的最高負責人。

當服勤地點好不容易調回羅馬時，已經是馬克西米努斯皇帝的時代了。提梅吉丟斯在首都擔任徵收遺產稅的官員，不久後轉於實務方面支撐由元老院議員組成的「二十人委員會」。就在這個職位上，提梅吉丟斯的實力受到元老院與皇帝雙方的肯定。西元二四一年，幼年皇帝治國的第三年，皇帝任命提梅吉丟斯擔任禁衛軍團長官。

「禁衛軍團長官」是員額一萬人的禁衛軍團負責人。同時，歷任皇帝也習於任命最為信賴的部屬擔任這項職務。以現代來說，地位有如執政黨祕書長。如此形容下來，提梅吉丟斯當然再適合不過這項職務了。只不過提梅吉丟斯不僅要當左右手，還要兼任皇帝的智囊。

葛爾迪亞努士三世深深信賴提梅吉丟斯。如果從這兩人現存的書信來看，不僅是信賴，簡直是迷戀。提梅吉丟斯寄給皇帝的信件中，經常為青年皇帝打氣，諄諄教誨國家政策應該以什麼為目標。十六歲的皇帝也在這年成婚，迎娶的正是提梅吉丟斯的女兒。筆者認為與其說皇帝是重用岳父，倒不如說是迎娶仰慕對象的女兒。總而言之，接下來三年內，年輕皇帝與布衣卿相的提梅吉丟斯之間毫無爭執、合作無間。但這不代表羅馬帝國從此不必面對嚴重問題，實際局勢的發展與期望正好相反。

遠征東方

西元二四一年，皇帝任命提梅吉丟斯擔任禁衛軍團長官的這年，東方的波斯薩珊王朝創始人亞爾達西爾過世了。王位理所當然地由長子繼承，不久之後卻由次子篡位。羅馬史上的重要人物夏普爾一世，就如此出現在歷史舞臺上。

雖說篡位是經由王室內部的迅速政變達成，這種狀況下新任國王首先急著要做的事情，就是把國內的不平不滿轉向國外。簡單來說，就是向外進攻。波斯薩珊王朝既然以恢復遭亞歷山大大帝滅亡的波斯帝國為標榜，唯一的攻擊目標自然是國界相連的羅馬帝國了。

話又說回來，既然實際目標在轉移國內的注意力，進攻時自然沒有整頓足夠兵力以便占據羅馬帝國東半部。不過與亞歷山大．謝維勒皇帝作戰至今已經八年，當時損傷慘重的波斯主要戰力重騎兵團，這時應該已經恢復到某個程度。波斯軍跨越幼發拉底河向西進攻，不久後便逼近位於敘利亞，與埃及亞歷山大同為羅馬帝國東方首要都市的安提阿。

波斯薩珊王朝的第二代國王夏普爾一世是個為達目的不擇手段的人，這也是夏普爾與他的父親亞爾達西爾最大的不同處。他事先命一個出入波斯宮廷，出身安提阿的希臘人潛入安提阿市內。在這個背叛者的煽動之下，中東最美麗的大都市不久就敞開城門投降。

不過夏普爾沒有打算長期占據這座城市，既然不納入版圖，自然應該徹底掠奪。只不過掠

夏普爾一世

奪也需要付出些時間，波斯王又打算在羅馬帝國東方防線上的軍團離開基地出動前解決事情。安提阿是東西貿易的中心地，以此地為根據的商人，無論希臘裔或猶太裔，都比其他民眾來得富有。而只要能花錢消災時，有錢人自然不會猶豫。結果在波斯軍擄掠之下，失去房舍、冒生命危險的還是一般市民。話說回來，波斯軍的暴行也的確比預料中結束得早。夏普爾將事前派來煽動的奸細任命為安提阿市長，自己帶著戰利品渡過幼發拉底河回到了首都。至於留下來的「市長」下場如何，就不關他的事了。最後這個奸細自然有奸細該遇到的淒慘下場。

當身在西方的提梅吉丟斯獲得消息之後，認為這是波斯對羅馬展開進攻的「肇始」，不是偶發事件。而且敘利亞行省省都安提阿竟然這樣輕易讓敵人掠奪，對於羅馬帝國東部的希臘及中東等地民眾自然會造成影響。帝國必須要能保障霸權下各地民眾身家財產安全，才稱得上是帝國。因為身家財產受保障，民眾才願意納稅。提梅吉丟斯曾在帝國各個行省擔任徵稅事務，相信他會特別熱心說服認為這只是偶發事件，不願出征的元老院。總之皇帝與元老院最後一致認為，有必要與波斯開戰。

對波斯戰役的準備工作，正是提梅吉丟斯拿手的範圍，而他的作風也頗符合羅馬社會。或者說，他恢復了逐漸受人忽視的羅馬傳統作風。

羅馬人的作風，向來走慎重穩健路線。當羅馬人掃蕩地中海海盜時，不是在海上與海盜硬碰硬打擊對方兵力，而是沿著海岸一路攻陷可能成為海盜據點的地方，為地中海帶來徹底的和平。在進行作戰時，也喜好在正式衝突前便獲得勝算的作法。即使面對少數敵人時，也不會認為派遣大軍迅速殲滅的行為可恥。在羅馬共和時期，天才型的武將輩出，例如西比奧·亞非利加努斯、蘇拉、朱利斯·凱撒。到帝政時期之後，這種武將幾乎絕跡，因此羅馬才設計出適合羅馬帝國的戰略。就連將羅馬帝國版圖擴至極限的圖拉真皇帝，也不是天才型的武將。

圖拉真在進行第一次、第二次達其亞戰役之前，就做好了充分的準備，在開戰一年內就將戰事敉平。事隔一百四十年之後，提梅吉丟斯的目的應該也是相同的。不一樣的是，圖拉真的目的在征服達其亞；提梅吉丟斯的目的則不在征服波斯，而是令波斯陷入無法輕易進襲羅馬領地的局勢。這個戰略目的，同樣是依循傳統的羅馬東方戰略。

遠征波斯的羅馬軍主力，按例由多瑙河沿岸各基地的官兵擔綱。畢竟隨時面對強敵的部隊，才是最精銳難擋的精兵。基於上述情勢，東征部隊的編組與後勤準備，便不在首都，而在多瑙河沿岸的前線基地進行。部隊一方面準備東征，一方面應付不時渡河入侵的日耳曼部族。對羅馬方面來說，這正是一石二鳥之計。正好可在東征之前，消除背後的隱憂。而提梅吉丟斯也充分發揮了組織能力，東征軍伴隨著皇帝與禁衛軍團長官，在冬季到來前就進入了安提阿。

儘管皇帝現年才十六歲，但御駕親征代表羅馬帝國重視邊界問題。安提阿雖然還殘留著波斯軍破壞與掠奪後的痕跡，不過畢竟是讓人稱為東方之珠的國際都市，而且當地居民充滿了協助羅馬軍作戰的意願。

有位英國學者說，羅馬帝國就有如英國人主導，於二次大戰後實現的"commonwealth"（聯邦國家）。安提阿居民才剛剛見識過中央集權的波斯統治方式，對他們來說大幅容許地方自治的羅馬政體要來得好多了。居民重新體認到羅馬人以同化統治被統治雙方的政治哲學。也因此，當羅馬以安提阿為補給基地準備波斯戰役時，過程一切順利。羅馬也決定於第二年，西元二四三年春季展開戰役。

古代地緣政治學

幼發拉底與底格里斯兩條大河，水源都起源自將中東分隔成南北兩區的陶盧斯山。在匯集眾多支流形成大河的途中，底格里斯往東，幼發拉底往西迂迴，使得兩大河夾著美索不達米亞地方。而底格里斯轉道朝南；幼發拉底向東南流逝。儘管時代改變，兩大河最接近的地帶一直是民族、國家的主要功能都市聚集之地。在上古有巴比倫，其後則有塞雷其亞與格帖絲皇，到了西元七世紀伊斯蘭勢力興起時則有巴格達。過了這段要地之後，兩大河的距離又再度分開。

約在五百公里之後才又拉近，分別注入波斯灣。

從帕提亞時代起，到東方敵國換成波斯之後，羅馬帝國一直與東方國家爭奪美索不達米亞，尤其是美索不達米亞北部的所有權。這並非羅馬帝國對領土權貪得無厭，而是基於地緣政治的考量。

「地緣政治學」(geopolitics) 一詞是後人組合兩個希臘文造的詞，不過就算沒有這個詞，羅馬人也知道其重要性。羅馬向來盡力在本國防線之外尋求友好的國家民族。在東方，有亞美尼亞王國。羅馬向來把亞美尼亞視為同盟國，在經濟與技術兩方面協助該國進行基礎建設。不過亞美尼亞文化上則屬於「東方」，也因此帕提亞王國一直主張該國介入亞美尼亞是應有的權利。即使東方霸主換成了波斯，局勢也沒有絲毫變化。

夾在亞美尼亞與帕提亞、波斯之間的地區，就是美索不達米亞北部了。亦即，若是美索不達米亞最後落入波斯手中，很明顯地亞美尼亞會是下一個遭殃的地區。若以現在來比喻，有如一個剛剛奪取敘利亞東北部，背後有伊朗與巴基斯坦，主要都市集中在伊拉克的大型勢力，隨時會襲擊土耳其東部。如果這個狀況形成定局，從黑海到紅海的羅馬帝國東方防線，將直接面對勢力龐大的波斯。羅馬人的固有政策為「分離並統治」(divide et impera)，讓敵人形成一大勢力並棄置不管，將違反羅馬傳統政策。所以說美索不達米亞北部的存留與否對羅馬領袖來說是個重大問題，原因不在於擴張領土的欲望，而在於地緣政治。

不過，美索不達米亞北部（今日的敘利亞東北部）的問題，要到了哲學家皇帝馬庫斯．奧理略的時代才逐漸嚴重。以往羅馬帝國能維持以幼發拉底河為防線，亦即沒有確保美索不達米亞北部的必要，原因不在於從奧古斯都到安東尼奧．派阿斯的歷任皇帝比後任皇帝愛好和平，而是在以往羅馬具有絕對的軍事優勢。

歷任帕提亞國王也時常試圖越過幼發拉底河入侵亞美尼亞，然而頂多剛開戰時能占便宜，當羅馬重整態勢派兵前來時，根本不是對手。哈德良皇帝在世時，曾重新確認以幼發拉底河為國界，同意由帕提亞王室成員登上亞美尼亞王位，並宣言羅馬無意染指美索不達米亞北部。這項政策能發揮效益，也是因為背後有絕對的軍事力量作靠山。事實上，後來幼發拉底防線沒有再度受侵略，亞美尼亞王也一直與羅馬保持關係。美索不達米亞北部的各都市居民是以希臘文化圈時代移居此地的希臘人後裔為主體，在行政上固然劃分在帕提亞境內，實際上居民一直嚮往羅馬的統治。重新劃分以幼發拉底河為國界，對哈德良來說，亦即對羅馬方面來說，根本不痛不癢。或者說這樣反而保住了帕提亞王的面子，使其不會出兵侵略，是更為有效的政策。

可是時代在改變，羅馬帝國的外敵也換了個性不同的對象。羅馬帝國的軍事力量，就在應付外敵的過程中，逐漸失去以往在地中海世界所向無敵的風貌。直接統治美索不達米亞北部，亦即將其行省化會成為重要課題，原因就在於能否將亞美尼亞與波斯在地緣上分隔，對羅馬東方防線來說已經事關生死。羅馬軍方失去絕對的優勢，所以美索不達米亞北部的去就才會顯得重要。馬庫斯．奧理略與賽埔提謬斯．謝維勒率兵東進時，也考量到如何奪下美索不達米亞北部，卡拉卡拉皇帝更是在美索不達米亞北部喪生。之後美索不達米亞北部一直是羅馬與波斯薩珊王朝之間的必爭之地。即使基督教徒當上了羅馬皇帝，這個勢力構圖也沒有改變，畢竟地緣政治與宗教無關。

了解上述情勢之後，自然能理解為何羅馬軍東征時，會由安提阿往正東前進，渡過幼發拉底河進攻美索不達米亞北部。迫於形式使然，羅馬軍的基本戰略受限為先攻下美索不達米亞北部，之後才進攻波斯首都。

西元二四三年的羅馬軍也是按照這項戰略行軍。當時的東征軍名義上是由葛爾迪亞努士三世率軍，實質上則是由提梅吉丟斯帶隊。夏普爾無疑

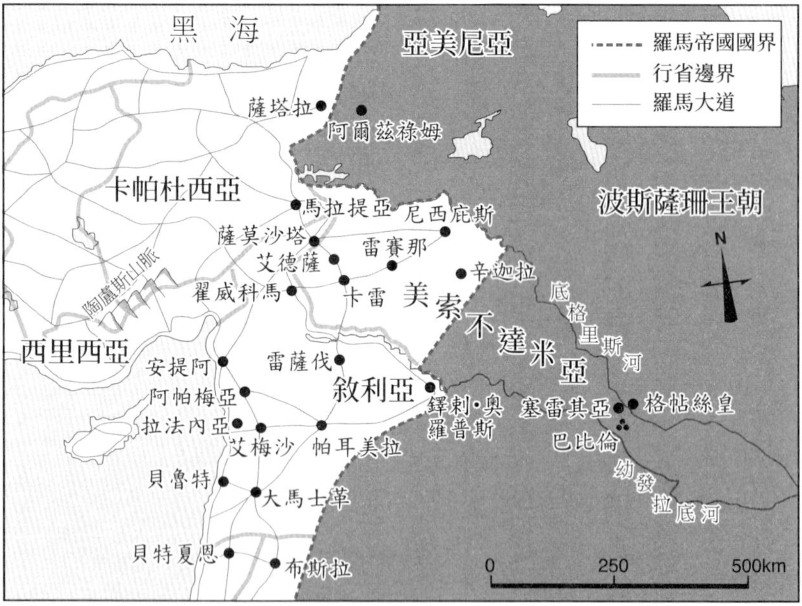

西元三世紀中期的美索不達米亞及其周邊

地也知道羅馬會如何行動，波斯方面不必派遣間諜，就可以得知羅馬的行動方針。只要站在羅馬總司令的角度設想，就能得知十之八九。只有天才型的武將，才能在這種局勢下提出讓人意外的手段，然而西元三世紀的羅馬已經欠缺這等武將。即使缺乏軍事才能的夏普爾，也可以放心設計作戰。事實上，當波斯王得知羅馬軍往東行進的消息後，也毫不猶豫地命部隊北上。

一如預期，雙方最後以美索不達米亞北部為戰場。五萬人以上的羅馬大軍，打一開始就飽占優勢。主力部隊雖來自氣候地形皆與中東不同的多瑙河沿岸，但後勤補給完善，與派駐敘利亞及約旦的部隊間也合作良好。羅馬短期內便收復了艾德薩與卡雷，隨即持續向東進擊，拿下離底格里斯河的距離較幼發拉底河短的尼西庇斯與辛迦拉。這些城鎮的居民多為希臘裔，他們自動敞開城門，因此羅馬方面無須包圍就取得了城鎮主權。兩軍之間也未曾發生布陣平原上的大型會戰，只見波斯軍一遇到羅馬軍就遭驅散。波斯勢力在短期之內，就被逐出當時羅馬人單純稱為「美索不達米亞」的美索不達米亞北部。

既然收復了美索不達米亞北部，戰役的第二階段，自然是要進擊底格里斯與幼發拉底最接近處的波斯首都格帖絲皇。此時官兵士氣高昂，每個人都認定羅馬軍所向無敵，在西元二四三年內便能結束波斯戰役。實際上，羅馬軍也的確開始如同雪崩一般由美索不達米亞南下，然而不幸的事情就在這時發生了。

沒有任何史書表示，提梅吉丟斯死於常見的毒殺或行刺。可能是在作戰會議等眾目睽睽的場合失去意識，就在昏迷狀況下逝世。不過從史書的字裡行間可以猜測得出來，提梅吉丟斯三年來承受了多繁重的業務。在當時還沒有「過勞死」的概念與名詞，如果有的話提梅吉丟斯應該是因此而死。這個布衣出身的「公僕」過世時才五十出頭。

隨著提梅吉丟斯過世，西元二四三年由他個人能力發揮至極編組而成的羅馬軍也頓時冰消瓦解。羅馬軍已經無力襲擊波斯首都，逼使夏普爾向東流竄。最大的傷痛，在於補給體系失去功能。羅馬軍陷入了在幼發拉底河岸邊進退不得的局面。雖說將提梅吉丟斯的次席官員菲力普升格補位，情況依舊沒有好轉，羅馬軍只能停在原地消耗糧餉。

身在敵境時遇到這種情況，不僅困擾而且有覆滅的危險。士兵知道局勢不妙之後開始騷亂，這本是葛爾迪亞努士三世皇帝表現個人解困能力的時候，偏偏十九歲的皇帝還帶著剛登基時的幼年風氣。

葛爾迪亞努士三世聚集官兵，向官兵明示目前羅馬軍面臨的困苦。坦然表態本身不是壞事，問題在於現實中有不該表態的時候，也有不該表態的對象。士兵聽完皇帝正直地訴苦後更是失望至極，甚至有人表示該找禁衛軍團長官菲力普協助打破困境。然而菲力普長官卻以未曾獲得授權為由，冷眼旁觀皇帝的立場一天天惡化。

在皇帝列席，召集包括上級百夫長在內的作戰會議中，羅馬軍決議第二年春季到來後重新向波斯首都進攻。為了方便春季到來時立即展開攻勢，羅馬軍決定留在美索不達米亞北部過冬。皇帝也沒有回到舒適的大城市安提阿，而停留在幼發拉底河岸邊。因為在羅馬人稱為「美索不達米亞行省」的美索不達米亞北部，即便在冬季期間補給也不困難。

按常理來看，士兵心中會開始不平不滿的時候，往往不在戰鬥期，而在休戰期間。而比起全面的匱乏狀態，相對的匱乏還要來得容易引起不滿。羅馬軍在幼發拉底河邊過冬時，並未挨餓受苦。只不過當士兵心中揣測隔壁的帳篷獲得的食物較豐富時，需要最高負責人毅然的態度來打消這種念頭，然而十九歲的皇帝缺乏這種氣魄。而不滿的情緒沒有在冬營期間爆發，是在冬營期間將結束，快要進入戰鬥期間的時候爆發的。

西元二四四年二月將結束時，有九名士兵闖入葛爾迪亞努士三世的帳篷。據說這九名士兵已受到禁衛軍團長官菲力普收買，禁衛軍團長官菲力普隨即向羅馬元老院報告說皇帝因病逝世。當然，他也召集官兵，強調戰役期間內，身兼最高司令官的皇帝席位不能空缺，要求官兵推舉自己即位。

推舉的形式，是由官兵附和，亦即有數名人員提議，其餘人員齊聲贊同的方式。這是一種直接民主制度，然而直接民主制度的缺點，在於容易受煽動者操控。軍官會同意推舉菲力普登基，應該是因為想避免在戰役期間遇上最高司令官空缺的窘狀。畢竟菲力普是唯一一個在這個時期稱帝的人。話說回來，菲力普至今為止沒有特別突出的功績。

羅馬元老院只好追認既成事實。由於元老院沒有預想到年輕的葛爾迪亞努士三世會這樣早過世，在突發狀況下，只好承認菲力普登基。並且接受菲力普要求，決議將已故的皇帝神格化。

在幼發拉底河岸邊失去皇帝的官兵裡，有不少人想親自憑弔皇帝。官兵不約而同地聚集起來，收集石材、水泥，在皇帝帳篷遺址上，朝幼發拉底河方向建了一座羅馬式的大型墓碑。皇帝的骨灰已經送回羅馬，所以這座墓是空墳。不過官兵在墓碑的四面刻上羅馬皇帝葛爾迪亞努士三世的諸般稱號，以及紀念皇帝於此逝世的文章。為了讓當地居民與路過的旅人都看得懂，這些文字分別有拉丁文、希臘文、波斯文、希伯來文四種文字的版本。

皇帝菲力普．阿拉布思（西元二四四年～二四九年在位）

菲力普這姓氏雖然屬於希臘人，不過從俗稱後面加上意為「阿拉伯人」的「阿拉布思」一詞可以得知，這次在羅馬帝國登基的是個阿拉伯人。菲力普出生於敘利亞行省西南部的一個小鎮，在登基之後將此地易名為「菲力普城」。他出身於長年在此地發展的阿拉伯氏族，一心想要出人頭地，於是選擇羅馬軍團作為職業生涯起點。只不過他接替猝逝的提梅吉丟斯職位前的經歷不明，羅馬軍向來不在意部屬的出身民族，可見他並沒有過人的業績。

從圖拉真皇帝至今，行省出身的皇帝已有一百五十年的歷史。到了西元三世紀之後，還出現了以「色雷斯人」外號聞名的馬克西米努斯皇帝，其母親出身於多瑙河防線外的哥德族分支。至於母親出身敘利亞的皇帝，也已有卡拉卡拉、荷拉迦巴爾、亞歷山大．謝維勒三名皇帝。因此皇帝的血統不是問題。問題不在體內的拉丁血統濃厚與否，即使完全無關也無妨。問題癥結在於是否具有身為羅馬帝國最高負責人的自覺。至少與他同一時代的人在意的不是血統，而是共同意識。

「阿拉伯人」菲力普登基後第一件做的事情，就是派遣使者向波斯王夏普爾求和。這並非菲力普皇帝熱愛和平，只是他不想與「色雷斯人」馬克西米努斯一樣，認為只要連戰皆捷就不須回到首都，犯下讓元老院另外擁立皇帝的錯誤。

菲力普．阿拉布思

波斯薩珊王朝的第二任國王夏普爾一世，在軍事方面也許不如其生父，但在其他方面卻要高明許多。尤其見機行事賺取優勢的才能，更是出類拔萃。當西元三世紀，羅馬的領袖階層漸漸失去這方面才能時，東方竟然出現夏普爾這類的人物，只能說是羅馬帝國的不幸。

西元二四四年時，波斯方面明顯地占劣勢。說誇張點的話，夏普爾的命運根本是風中殘燭。打倒兄長篡位至今才第三年，雖說有掠奪安提阿的戰績，但隨後一直遭到羅馬軍壓制。這個局勢會讓波斯宮廷裡的反對派勢力抬頭，說不定在羅馬軍攻入首都把他趕出東方前，反對派會先派人進行刺殺。向夏普爾伸出援手的，卻是「阿拉伯人」菲力普。波斯人向來自認是東方最具文明的民族，也很清楚該如何應付這種情況下的阿拉伯人。

夏普爾答應接受菲力普皇帝的求和，不過強調在和約中必須明文規定，羅馬人全面放棄其稱為「美索不達米亞行省」的美索不達米亞北部。而且要求不僅如此，還包括羅馬皇帝默許波斯將亞美尼亞王國納入波斯勢力範圍內。

這個和約為日後的羅馬帝國與波斯薩珊王朝埋下了導火線。然而菲力普一心只想趕緊回到首都羅馬順利登基，竟接納了夏普爾的一切要求，羅馬與波斯間的和談就此成立。

西元三世紀的羅馬帝國有一項特色，就是政策方面失去持續性。以往即使是惡名昭彰的皇帝逝世，只要前任皇帝的政策值得施行，續任的皇帝也會毫不遲疑地沿用並發展下去。正因如此，基本國策的持續發展才得以受到保障。光是皇帝在位期間長，還不足以保障政策的持續性，而是要自覺到持續才能避免浪費精力。西元三世紀時，羅馬帝國已經不在意浪費國家精力。這也是羅馬人逐漸不是羅馬人的徵兆之一。

拉丁民族在哲學、藝術方面不及希臘人；體力上贏不過肉食民族的高盧與日耳曼人；技術方面必須受到伊特魯里亞民族指導，才有能力推動技術立國，修築完善的基礎建設；在經濟能力上也遠不如迦太基與猶太人。羅馬人能夠將上述民族納入旗下，架構如此龐大的帝國，並且長年維持存續，原因就在於執著於如何合理徹底活用本身具備的力量。

西元三世紀的羅馬帝國出現了眾多皇帝，甚至需要列表才能一一釐清。在當時的帝國來說，每當換了皇帝，代表政策又遭打斷。在活用力量這點來說，「持續即力量」的確是真理。

而對於這種浪費力量的情況，最為敏感的當然是發揮力量的當事人。以波斯戰役來說，自然是實際作戰的官兵。循海路趕往首都羅馬的新任皇帝菲力普沒發現，與波斯媾和之後返回多瑙河沿岸基地的官兵心中有多少不滿。

菲力普皇帝進入首都以後，外界對他的評價比他預期中要好。因為這名阿拉伯裔的羅馬皇帝對元老院畢恭畢敬。元老院議員其實挺瞧不起新任皇帝，認為他出身貝德溫族。在過去，地中海與幼發拉底河之間的敘利亞沙漠，本是乘著阿拉伯馬的貝德溫盜匪的天下。後來羅馬帝國執著於在沙漠地區樹立「羅馬和平」，因此將這股沙漠盜匪吸收為輔助兵部隊。位於敘利亞沙漠中央的帕耳美拉能在羅馬時代達到繁榮顛峰期，也是因為帝國在沙漠中確立了「羅馬和平」。而貝德溫讓羅馬軍吸收之後，兩百年來已經從流民轉變成定居民族。因此菲力普皇帝出身貝德溫族的傳言也並非無中生有。

不管怎麼說，菲力普皇帝待在首都的兩年內，既沒有受元老院彈劾，也沒有遭到一般民眾敵視。其主要原因，一則東方的波斯沒有動靜，北方的日耳曼人也偃旗息鼓。二來如同上述，皇帝對元老院畢恭畢敬。第三點則因為菲力普在政策方面實際上什麼都沒做。

由皇帝提案，請元老院立法的政策，絕大多數是順著元老院的意願擬定：

一、未經皇帝的助理機構「內閣」同意，即使皇帝本人也不得提出法案。

二、遭逐出首都的人得以全數回歸首都。在當時沒有人遭驅逐出境處分，因此立法後也沒有人得以回歸首都。簡單來說，這是皇帝保證不會放逐元老院議員的法案。

三、廢除亞歷山大．謝維勒時代立法，將控訴權由皇帝及元老院轉移至行省總督的法案。

這項法案實際上根本無法發揮作用。因為一切起源自卡拉卡拉發布「安東尼奧敕令」，將羅馬公民權賜予所有的行省民（犯罪者除外），造成司法當局無力處理龐大案件。控訴權原本僅有羅馬公民權所有人才得以行使，如今公民權所有人數量暴增十倍，首都羅馬的高等法院當然會因此崩潰。亞歷山大．謝維勒將其委由行省總督代行，作為地方分權政策之一。事隔二十年後，又讓菲力普皇帝廢除。問題在於卡拉卡拉的公民權法依舊有效。也就是說，這項法令根本無視有效與否，只是幫著元老院議員維護既得權益。

四、立法規定地方議會的議員子弟中，至少一人有義務繼承父親議員職位。

這項法令之歷史意義大於政策意義。羅馬帝國的地方議會議員與元老院議員同樣為無給職。因為羅馬人認為，社會、經濟地位優渥的人，有責任為所屬的共同體服務。不但要無薪工作，還要出資負擔公共工程費用。雖然議員是一項榮譽職，卻是一種將自身資產回饋社會的榮譽職位。筆者曾說明，屬於元老院階層的人，認為無薪擔任國家要職是「光榮資歷」。而在地方政府擔任議員就是羅馬社會中產階層的「光榮資歷」了。即使沒有報酬，羅馬依舊多得是願意候選競爭的人選。唯一的理由，就是無論共和、帝政時期，羅馬人的公德心都十分強烈。

然而到了西元三世紀之後，羅馬人的公德心也開始衰退。有名的龐貝遺蹟原本是西元一世紀時羅馬的地方都市。事隔一千八百年讓考古學者挖掘出來後，至今在牆上還能看到許多地方議會議員競選用的宣傳壁報。如果現在挖掘出與龐貝同規模、但是為三世紀時的地方都市，只怕在牆上已經找不到競選壁報了。羅馬的中堅階層已經開始迴避公職。這又是一個羅馬人逐漸不是羅馬人的徵兆。

羅馬千年國慶祭典

在各類史書記載中，阿拉伯出身的羅馬皇帝菲力普唯一的功績，是他主辦了羅馬千年國慶祭典。根據故老相傳，羅穆路斯建國時，正值西元前七五三年。因此西元二四八年為羅馬建國千年國慶。從後人的角度來看，也許會覺得由阿拉伯人主導拉丁人國家的千年國慶，是一件奇妙的事情。不過羅馬人向來以同化戰敗者為哲學，或許他們會認為這正是同化路線的成果。西元二四八年四月二十一日起，羅馬舉辦了三天的千年國慶祭典，帶頭的是以羅馬式托加長袍衣角遮頭的「阿拉伯人」。然而列席的元老院議員與公民對此沒有半點抱怨，想來這是帝國應當有的社會風貌。

千年國慶祭典就在背朝臺伯河的情況下莊嚴又熱鬧地揭幕。白天在溫暖的陽光之下，夜晚則以火把稍微驅逐令人發抖的寒意。祭典不可或缺的各項體育競賽、四頭馬車賽，以及鬥劍士決鬥應有盡有。因為菲力普皇帝本人也為自己竟有幸主辦千年國慶感動，為了本次祭典不惜一切花費。

這名阿拉伯出身的羅馬皇帝是真正打心底讚嘆首都羅馬的雄偉。自從來到羅馬以後，皇帝總喜愛四處逛逛這個讓人稱為「世界首都」的都市。每當在街上逛時，他總要嘀咕說自己真的在以這都市為首都的國家登基了嗎？

從如今殘存的遺蹟數量可以證明，敘利亞在羅馬時代也有許多建築物。不過行省的都市，自然規模與外觀上都無法與位於義大利本國的首都羅馬相提並論。在西元四世紀時，一世紀的公共建築物依舊存在，而且能發揮功用。這個令人驚訝的事實，是歷任皇帝苦心維修、改建的成果。

羅馬建國千年紀念幣

西元三世紀慶祝建國千年時，包括共和時期的經營成果在內，帝國首都已經有四百年的歷史。不只是帝國東方的敘利亞，首都羅馬與帝國西方的其他都市也有所不同。同樣位於西方，羅馬時代的倫敦、里昂、科隆、維也納、布達佩斯一樣與羅馬沒得比較。就算將範圍限於出自不列顛行省的文物，大英博物館展示的古羅馬文物，在質與量兩方面還是不能與羅馬的任何一家美術館相比。只因前者是帝國行省的都市，羅馬則是帝國首都。菲力普皇帝在登基前從未到過首都，因此對於「世界首都」的壯麗更是加倍感動。

然而，從慶祝建國千年的這一年起，羅馬人有整整半個世紀要忙於應付如同波濤般南下的日耳曼人。這也是歷史上常見的，讓人覺得諷刺的巧合。

有許多研究人員喜歡以「民族大遷徙」一詞代替蠻族入侵。在羅馬帝國垮臺的西元五世紀時，民族大遷徙是個正確的說法。因為西元五世紀時，多半的蠻族會定居在入侵的地方。不過兩百年前的三世紀時，「蠻族入侵」才能反映出實情。因為西元三世紀的日耳曼人群集突破帝國防線、搶奪人員財物之後，還會回到防線外自己的土地上。簡單來說，他們是為數眾多的盜匪。

那麼，為什麼羅馬帝國，尤其西元二世紀末以後的羅馬帝國，會苦於應付這些蠻族呢？

從啟蒙主義時代至今，主流意見認為這是因為羅馬人不願待在營區度日，寧可選擇悠閒舒適的都市生活造成的。如果這項假設正確，羅馬早在西元三世紀就該滅亡了。然而羅馬帝國卻能與北方蠻族作戰，繼續維持國家命脈兩百年。這表示羅馬人之中還是有人願意在危險的前線度日。

另一個說法認為，日耳曼民族由於所在地的耕地不足，在人口增加、糧食匱乏的結果下，只好向羅馬帝國入侵。不過這項論點的說服力還不足夠。難道說，現代的德國、波蘭、烏克蘭等地，在地形及氣候兩方面都不適於人類生存嗎？現代的法國固然阡陌連天，然而當年凱撒征服此地時，高盧四處是森林與沼澤。到了納入羅馬版圖以後，和平受到保障，人民也開始定居，開荒除草增加農地，才把狩獵民族轉化成農耕民族。

簡單來說，日耳曼人與高盧人不同之處，在於他們到西元三世紀時，還不懂得活用土地。到這時候，他們還是與住在斯堪地那維亞、俄羅斯時一樣，苦於貧困飢餓。偏偏這些人體格強健到足以壓倒羅馬人，又沒有東西可失去，因此不知畏懼為何物。當然，西元三世紀時的蠻族，已經不像西元前一世紀凱撒時代那樣只以毛皮蔽體。哈德良皇帝之後的羅馬人也開始留鬍子，因此不能以鬍鬚來區分，不過還是可以頭髮長短來分別。羅馬軍有戴頭盔的必要，因此留短髮；蠻族沒有戴頭盔的習慣，因此留長髮。至於服裝方面，可以西元二世紀初期的圖拉真時代為準。在「圖拉真圓柱」上頭刻著以輔助部隊身份加入羅馬軍的日耳曼士兵。這些士兵在戰鬥時，只穿著丁字褲一類的服裝。羅馬軍方允許從軍的異族輔助兵在作戰時穿著容易戰鬥的服裝。因此這種幾乎全裸的服裝應該是日耳曼人的活動服。西元三世紀中期距離圖拉真時代已經有一百五十年，蠻族外觀上可能有些改變，不過內在應該沒什麼變化。亦即他們在提升生活水準時，不是以「汗水」，而是以「鮮血」為代價。

西元二世紀時，羅馬人稱呼居住在防線外，但與羅馬人接觸頻繁的異族為「近蠻族」；住在這些人北方，與羅馬沒有往來的則是「遠蠻族」。然而到了西元三世紀之後，情況又不同了。「遠蠻族」南下攻擊「近蠻族」，在吸收合併之後，過去的「遠蠻族」成了今日的「近蠻族」。除了與喜好以「鮮血」代替「汗水」獲利的蠻族直接接觸以外，還有一點對羅馬不利的地方。

西元二世紀時，亦即五賢君時代時，羅馬帝國已經對「近蠻族」實施經濟支援政策。目的在提升防線外居民的生活品質，藉此防止這些人入侵羅馬。話說回來，羅馬也並非單純提供金錢支援而已。另外還開放市場，以及向對方採購軍團必須物資，希望藉此協助這些人經濟自立。在饋贈禮品、軍服、武器、馬具等給部族酋長時，也特別挑選豪華昂貴，但不實用的物品。羅馬提供經濟援助的目的，在使蠻族羅馬化，亦即定居化。面對「近蠻族」時，這種綜合安全保障政策十分有效。

到西元三世紀之後，「近蠻族」已經遭「遠蠻族」吸收，這項政策便失去效果。與羅馬帝國接壤的「遠蠻族」不要羅馬帝國經濟支援，轉而要求直接以金幣送上年貢。簡單來說，蠻族的意思是「不想遭到入侵的話，就繳保護費來」。更糟糕的是，在羅馬皇帝裡面，還真有人接受這種條件。因為皇帝認為不管付出多少代價，只要能避免遭侵略就好。

如此一來，經濟援助政策也開始帶有「富有但弱小的一方，年年上貢給強大但貧窮的另一方」的性質。西元二四八年，羅馬舉辦莊嚴、豪華的千年國慶祭典之後不到半年，在多瑙河下游與羅馬對峙的日耳曼部族裡邊，勢力較為龐大的哥德族，就對莫埃西亞行省總督抗議年貢遲遲未繳。其實抗議也只是個形式罷了，消息還沒傳到總督耳裡，哥德族已經大舉渡河。

羅馬方面當然也設法抵抗，問題是來襲的敵人以掠奪為目的，沒有帶著妨礙作戰的老弱婦孺。而且這些人計畫以俘虜來拉車運輸戰利品，出擊的部隊純由騎兵組成。此外，他們還避開勢必強烈反擊的軍團基地，專挑平民的居住區下手。羅馬軍能做的，只有等在對方拉著俘虜與戰利品的歸途中，重新擊退敵人，搶回戰利品與俘虜。可是當民眾回到家園時，看到的是遭燒殺擄掠的房舍田地，當然會感到絕望。

守護帝國多瑙河前線的官兵以及附近居民的共同期待，就是身在首都的菲力普皇帝率軍前來，指揮一場大規模報復攻擊。可是菲力普沒有這樣做，他只有把當時擔任首都長官的德丘斯派到多瑙河前線。這舉措不僅讓悔恨無力阻止哥德族入侵的多瑙河官兵感到失望，更讓官兵大感憤慨。

官兵對菲力普的不滿，可以歸納成下列三點：

第一，他們遠征東方，辛苦收復了美索不達米亞，菲力普卻因急於與波斯議和輕易放手。

第二，菲力普成天在首都看元老院臉色推出政策。身在前線的官兵，向來厭惡在安全舒適的首都享受高位的元老院議員。

第三，皇帝身兼羅馬軍最高司令官，然而菲力普登基後從未出征過。如今有了需求，卻怠忽職守，打算派個代理了事。

官兵對獲派來此的德丘斯並無不滿，只是他們感慨菲力普畢竟只是個「阿拉伯人」，不適合擔任羅馬帝國的皇帝。

德丘斯發揮了超出官兵們期待的力量，在他指揮之下，多瑙河防線得以重整旗鼓。接下來的一年內，防線得以成功阻止哥德族入侵。但也正因為成功，官兵的不滿才會爆發。西元二四九年元旦，官兵代表前往德丘斯的宿舍，向他表示全體官兵希望他能登基即位。

德丘斯擔心如果自己不接受要求，多瑙河防線的十個軍團會失控。因此他向身在首都的菲力普發出密函，表示自己願意暫時接受官兵推舉稱帝，回到首都之後再將皇位歸還給菲力普。可是菲力普皇帝不相信密函的內容，聚集了禁衛軍團與米塞諾軍港的水兵、船員，組成了德丘斯討伐軍朝北行進。雖說菲力普對元老院畢恭畢敬，這些議員卻是擅長見風轉舵的人。當皇帝率軍北上時，議員紛紛稱病躲在郊區的別墅，沒有人來送行。

德丘斯先是背了篡位的黑鍋，又遭受討伐軍的壓力，不得已只有率軍南下。在義大利北部的威羅納附近，遭遇到討伐部隊。不過這場內戰，連一場像樣的戰鬥都還沒開始就結束了。菲力普．阿拉布思皇帝在遭到麾下的官兵拋棄後，決心寧可自裁也不受俘。元老院知道內戰結果後，議決處置前任皇帝菲力普「記錄抹煞刑」(Damnatio Memoriae)。對於古代民族中最重視名譽的羅馬人來說，這項刑罰將受刑人的姓名與所有業績由官方記錄中完全刪除，是最為嚴酷的刑罰。阿拉伯出身的菲力普皇帝在這方面與尼祿皇帝可說是同病相憐。

皇帝德丘斯（西元二四九年～二五一年在位）

德丘斯同樣是行省出身卻登上皇位的人物。「遠旁諾尼亞行省」省都為今日的匈牙利首都布達佩斯。多瑙河流經布達佩斯之後，轉向南流，隨後又向東轉向，德丘斯就出生在這個轉角地區。比起省都兼第二亞迪烏托利克斯軍團基地的布達佩斯來說，這裡距離上比較接近近鄰的「近莫埃西亞行省」省都兼第四弗拉維亞軍團基地，亦即今日的塞爾維亞首都貝爾格萊德。這附近有個不是軍團基地，但一手包辦後勤補給的都市色米姆荷洛（今日的敏托羅維迦）。簡單來說，德丘斯生長在羅馬帝國的多瑙河中游前線地區。

這個人與圖拉真皇帝、哈德良皇帝一樣，是義大利出身的軍團兵退伍後與當地女子生下的後裔。他在登基之後，要求元老院讓他在官方姓名追加「圖拉真」。可能他的祖先在一百五十年前曾接受圖拉真皇帝指揮作戰。以色米姆荷洛為中心的這個地區，日後又出了許多羅馬皇帝，德丘斯就是這些人的大前輩。不過與「晚輩」不同的是，德丘斯出身於富裕農家。他會選擇進入軍團謀前途，可能是因為生長在前線地帶，每天看著軍團行軍與官兵作息的緣故吧。德丘斯從十七歲開始的軍團生涯似乎一帆風順，四十五歲時便得以進入元老院。雖說元老院階層出身的人三十歲就能擁有議席，德丘斯晚了人家十五年。不過對行省出身的人來說，德丘斯已經算得上事業成功。他的妻子出身首都羅馬的上流階層，兩個兒子也在首都就學。在菲力普皇帝任內，德丘斯獲派相當於現代首都市長的首都長官職位。由於任內的行政表現優秀，加上長年的軍團資歷，菲力普皇帝將他派遣至「遠莫埃西亞行省」的措施，可說適才適用。

德丘斯登基之後，在軍事才幹與統治本領兩方面來說，都具有充分的實力，是個適於擔任必須身兼文官武將的羅馬皇帝人才。德丘斯不幸的地方在於，他在位的短短幾年時間，正好是多瑙河下游的哥德族將累積的力量往南洩洪的時期。

德丘斯

德丘斯登基時才四十出頭，正值男子一生中的黃金時期。登基之後他所作的第一項措施，是重新編組多瑙河防線。到這個時期，就連在首都過著舒適生活的元老院議員都會同意，多瑙河已經成了羅馬帝國的命脈。羅馬已將兵力的三分之一，亦即十個軍團派駐在多瑙河防線上。問題就在於十個軍團能否合作，以及能否活用六萬主要戰力軍團兵。畢竟多瑙河流域漫長，起源自阿爾卑斯山，途經現代的德國、奧地利、匈牙利、南斯拉夫、保加利亞、羅馬尼亞，最後注入黑海。羅馬時代的十個軍團基地，成為後世維也納、布達佩斯、貝爾格萊德等大都市的起源。不過羅馬帝國的防線並非由軍團基地單獨成立。在軍團基地之間，每隔十公里左右，就會配置有輔助部隊、騎兵、監視據點等軍事設施，如此的設計才有資格稱為防線。

要重新整頓這些設施並不容易，德丘斯皇帝下令首先整頓銜接軍團基地、城牆、據點之間的軍用道路網。因為若要讓眼見多瑙河對岸蠻族日益增加的官兵不再恐慌，首先要讓官兵知道自己並非孤立。其次，他著手重建規範官兵的軍紀。因為只要監視用碉堡裡邊有一個士兵疏忽，很可能連累到附近所有的羅馬軍人。當德丘斯逝世後，官兵提議在他的墓碑上刻上這樣一句話：“reparator disciplinae militaris”（修復軍紀的人）。

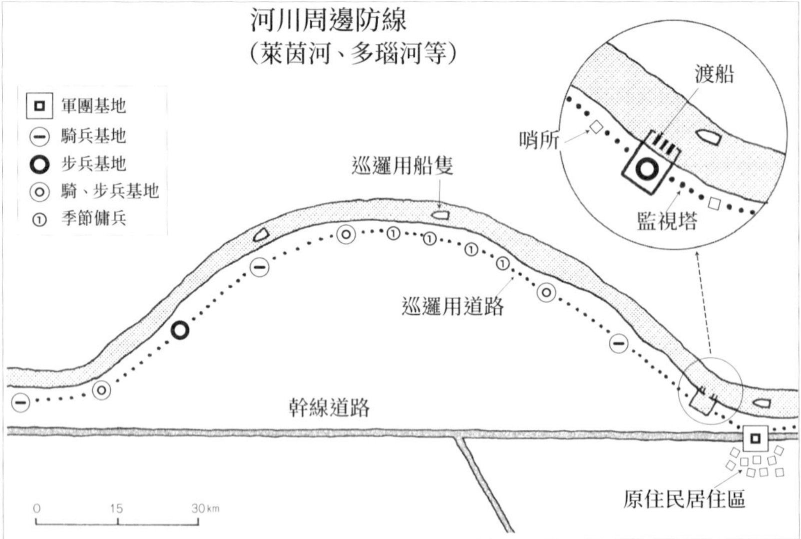

引用自 E. N. Luttwak, “*The Grand Strategy of the Roman Empire*”

德丘斯皇帝不僅想修復軍團的紀律，他還打算修復羅馬社會的紀律，同時也展開行動。這卻使得德丘斯成了迫害基督教徒的羅馬皇帝之一。

鎮壓基督教徒（一）

羅馬人鎮壓基督教徒，並非因為基督教徒信奉的神明與自己不同。羅馬人是多神教民族，而多神教，與其說是有許多神明的宗教，不如說是認同別人信仰不同宗教的想法。也因此，無論信奉哪尊神明，都不會因此得罪。只不過，如果教徒組成孤立於其他宗教之外的集團，並集體做出反社會的舉動時，就是犯罪了。現代日本有個「破壞活動防止法」，目的就在防治反社會活動。從「破壞活動防止法」的角度來看，應該較容易了解羅馬人如何看待基督教徒。

帝國曾有一段由賢君明主統治，後世稱為「五賢君時代」的時期，在這段時期裡同樣有鎮壓基督教徒的事蹟，足以證明羅馬皇帝鎮壓基督教徒，並非在壓制宗教信仰，而是在鎮壓反社會活動。鎮壓的對象也不是信奉基督教的個人，而是認定傳布基督教為個人使命，並實際行動的主教等神職階層人員。

西元六十四年，首都羅馬發生燒毀全市三分之二的大火。尼祿皇帝為了轉移民眾的不滿情緒，引發了有名的基督教徒大量殉教事件。除本次事件殉教人員以外，直到西元二五〇年為止，一百八十六年間殉教的基督教徒如下：

圖拉真時代於安提阿、耶路撒冷各處刑一名主教。
安東尼奧．派阿斯時代於首都處死五名教徒。
馬庫斯．奧理略時代，有五名教徒於高盧的里昂殉教。
從尼祿皇帝引發大量殉教事件後，到圖拉真皇帝登基為止的三十四年之間，雖然有神職人員遭驅逐出境，但沒有任何人因基督教徒身份遭處死刑。在其後的五賢君時代殉教的人數，如同以上統計，一共十二人。

賽埔提謬斯．謝維勒皇帝治國期間後半，從原本的寬容政策改走鎮壓路線。因為他判斷基督教徒的「結社」為反社會活動，延續開國皇帝奧古斯都嚴禁祕密結社的國策。然而謝維勒皇帝也只是封鎖各地的基督教會，而且不知何時教會又讓人開放了。

當謝維勒皇帝病逝二十四年後，在「色雷斯人」馬克西米努斯任內，有人控告教會的祭司。最後這些祭司也只受到驅逐出境處分。

以上統計數字，並非根據羅馬帝國官方文件，而是根據基督教會的記錄。基督教會向來讚揚標榜殉教者，公開批評將基督教奉為國教的君士坦丁大帝之前的羅馬皇帝都是昏君。然而到西元二五〇年為止，教會也只能列出十二名殉教者。一百多年下來，只找得到十二名殉教者。就算加上沒有列入記錄的案例，殉教者數量也不會有太大差距。這是因為鎮壓的對象不是信奉宗教的個人，而是針對傳播信仰，亦即以傳教為業的神職人員。而第一個將鎮壓範圍擴及一般信徒的，就是德丘斯皇帝。

德丘斯決意發行證實非基督教徒身份的證明書。發放對象不是神職人員，而是全體羅馬公民權所有人。自從卡拉卡拉發布敕令以來，行省民也都成了羅馬公民。因此這道命令一下，自能將散布於行省民裡邊的基督教徒一網打盡。

西元二五〇年發布這道命令時採取的是臨時措施法的形式，這是當皇帝決心短期集中推動政策時常用的作法。德丘斯提出說明表示，在防禦外敵恢復帝國和平之際，僅憑前線直接禦敵的官兵還不足夠，需要帝國全體國民後援。基督教徒長期傳布現在所住的羅馬帝國是邪惡墮落的國度，對正忙於防禦北方蠻族與東方波斯勢力入侵的皇帝來說，基督教徒可能演變成在羅馬帝國境內生活的敵對勢力。

證明書的原文叫作“Libellus”。德丘斯命每個城鄉成立發行證書用的特別委員會。召集民眾之後，令其在委員面前參拜羅馬諸神像，把自己帶來的香料撒在神像前的香灰上燃燒，然後在燃燒香料引起的煙霧前發誓自己不是基督教徒。事前事後沒有任何確認調查，當場發放證書。

不過基督教徒卻為此大感動搖，教會因此分裂成兩派。其中一派認為應當堅持信仰至死；另一派認為順著政府的小小要求領到證書，隨後再來堅持信仰，應當能得到上帝寬恕。這個時期中似乎以後者占優勢，因此在德丘斯的政策下出現了大量棄宗改教的人。

一般信徒也許還能獲得上帝寬恕，神職人員可能認為自己站在引導信徒的立場上，這樣做可沒辦法取得上帝寬恕。因此神職人員在政府召見之前便紛紛逃亡。比方說著作等身的迦太基主教基普利亞努斯，就是這段時期裡銷聲匿跡的人物之一。只不過，西元二五一年復活節，亦即第二年春天時，基普利亞努斯又回到迦太基了。他們能在不滿一年的時間內回到原地，只因為德丘斯皇帝已經無暇掃蕩基督教徒。

蠻族大舉入侵

哥德族這時已經是個快要潰堤的水壩。對羅馬來說不妙的是，哥德族的居住地區在多瑙河下游北岸一帶，向來是多瑙河防線中較為弱勢的地方。羅馬人將多瑙河下游南岸分為「遠莫埃西亞行省」與「近莫埃西亞行省」。對德丘斯皇帝而言，這個地區也是他登基前的駐地，因此他很熟悉這一帶羅馬防線的弱點所在。

德丘斯曾賜予兩個已成年，但仍年輕的兒子「凱撒」稱號。一聽到哥德族的動態，他又將「奧古斯都」稱號賜給兩個兒子，使他們成為共同皇帝。與其說德丘斯在打皇位世襲的主意，不如說他是在預防不測事故。即使三人裡有任何人遇到不幸，帝國還是得以維持營運下去。元老院可能也知道他的苦心，無人反對讓這兩個幾乎沒有公職經驗的年輕人登基。而德丘斯皇帝的預測，很不幸的完全猜中了。

與新興氣勢，又有國王做統一指揮系統的波斯比起來，部族之間分分合合的日耳曼人反而比較讓羅馬人頭痛。這不是因為日耳曼人比波斯人驍勇善戰，而是因為羅馬人幾乎無法預估日耳曼人的下一步動作。

在一千八百年後的現代，即便站在多瑙河南岸瞭望北岸，只怕也難以想像一千八百年前的模樣。若是離開城鎮往郊外走，卻可以獲得少許提示。森林一直延伸到河岸邊，在寬闊河面緩緩流動的另一邊，實在看不到對岸的動靜。羅馬帝國隨時會派遣船隊巡邏多瑙河，然而即使把船隻開到河流中央，也還是不容易看穿對岸的森林。羅馬帝國在北方防線多瑙河的要處，設置軍團基地，並且在軍團基地的對岸設置防禦據點，最後以舟橋銜接據點和基地。在這個防禦體系之下，如果蠻族襲擊基地外的防禦據點，羅馬自然有辦法防衛並擊退。

問題是，日耳曼人已經成熟到會避免這種自殺行為，而且他們有絕對的數量優勢。以另外一個衡量文明程度的尺度來看，日耳曼人偏偏又對於人力損害不在意。

當羅馬人發現對岸的森林突然有異常動態時，已經來不及了。大量船隻立即出現在河面上，中央為馬匹，兩側則是搖槳手，以幾乎讓河流停滯的氣勢向南岸逼近。而船底接觸到河底石礫的聲音，就有如事先約定的訊號一般，男子們立即將馬拉下船，搖槳手瞬時又成了騎兵。

面臨河川的防線，不像陸地上的「哈德良長城」、「日耳曼長城」一樣由乾壕、木柵、石牆建構。儘管羅馬軍方連綿修建了碉堡、據點等設備，之間還是有十到十五公里的間隙。從蠻族的角度來說，登陸南岸，亦即入侵羅馬領地時，就是要挑這種地點。一旦上岸之後，全體立即朝預期掠奪效果較好的村落城鎮奔馳。駐守據點的官兵能做的，只有派遣快馬向軍團基地報告狀況。羅馬軍面對北方蠻族時只能被動反擊，原因就在於敵軍入侵已經大多採這種形式。

當部族之間相互合併，處於一個自稱為王的人之下以後，這個人就有必要以增加掠奪物資的量來誇示自身的實力。這使得蠻族入侵的規模有如水壩決堤一樣龐大，而且又一再發生。這成為西元三世紀中期的特色之一。但儘管蠻族入侵規模變大了，推測對方行動的難度卻依舊不變。變的只有對岸那茂密森林中，埋伏敵船（上面載著敵人以及他們的馬匹）的流域範圍變得更廣了而已。蠻族部族合併是合併，不表示日耳曼人因此就有了組織化的軍隊，君王也不見得成了全軍指揮。事實上，各部隊還是和過往一樣，以部族為單位行動。這對有統一組織，架構金字塔形指揮系統的羅馬軍來說，就成了死角。

另一項不利的是，北方蠻族的主要戰力為騎兵，羅馬則維持以步兵為主力的傳統。步兵一天可移動二十五到三十公里的路程，騎兵則一天可超過七十五公里。步兵成為羅馬主力的原因，在於羅馬與希臘相同地，是起源自城邦國家的政體。從社會結構來說，都市的主力「公民」，自然在軍中也是主要戰力。日耳曼人的共同體裡面沒有「公民」，只有由身強體健的男子組成的戰士集團。這些戰士一旦與馬匹結合，衝擊力也會大為增加。而且日耳曼人是不定居一處的狩獵民族，馬匹平日方便遷徙，作戰時又能提供戰力，在各個層面都適於他們的生活。當然，他們平日也熱心於培育馬匹。

西元二世紀後半的蠻族入侵規模還不大，到了三世紀中期規模可就不同了。

雖說局勢不同，卻不代表蠻族已經文明開化。他們沒有補給站的觀念。如果有補給站的話，就能探測補給與儲藏的位置，推測他們的動向。遇到這些肚子餓了就找地方搶東西吃的對手，實在不知道要從何找起。簡單來說，蠻族沒有戰略。既然一開始就沒有戰略存在，自然無法預測。

哥德族

西元二五〇年，就在河水水量衰減的夏季時，日耳曼人裡的哥德族與汪達爾族大舉渡過多瑙河下游入侵羅馬。名義上來說，這次入侵由哥德族的可尼拔王率領全軍。實際上哥德族與汪達爾族各自為政，哥德族旗下的各部族也是單獨行動。

日耳曼人渡河的地點，在第一義大利加軍團的諾瓦艾基地（今日保加利亞的斯維西托弗）附近。不過在西元二世紀末期，由於達其亞行省防衛體制面臨危機，這個軍團已經遷移到上游六十公里處的奧艾司庫斯。這一帶屬於「遠莫埃西亞行省」，順著多瑙河往下游走可到達多羅斯托祿姆（今日保加利亞的西里斯特拉）的第十一克勞狄亞軍團基地。蠻族渡過多瑙河下游的地點，就在兩個軍團基地的中間。

這一年的「遠莫埃西亞行省」總督，名叫托雷玻尼亞努士·卡爾斯。當他從奧艾司庫斯率軍趕來渡河地點時，只能看到哥德族大舉入侵的痕跡。蠻族的主力已經沿著軍團基地附近維修完善的羅馬大道南下揚長而去。

這個地方的南邊，是具有羅馬軍補給基地角色的尼克波利斯。如果這個具有大型補給基地身份的都市遭到掠奪，派來防守「遠莫埃西亞行省」的兩個羅馬軍團馬上會動彈不得。不過這年的敵軍沒有攻擊尼克波利斯，反而直接南下入侵色雷斯行省，深入了巴爾幹地區。

對羅馬帝國來說，色雷斯行省可不是邊境地區，而是帝國東西雙方的通行要道。這個地方離前線的多瑙河地區近，從西北到東南又陸續有尼

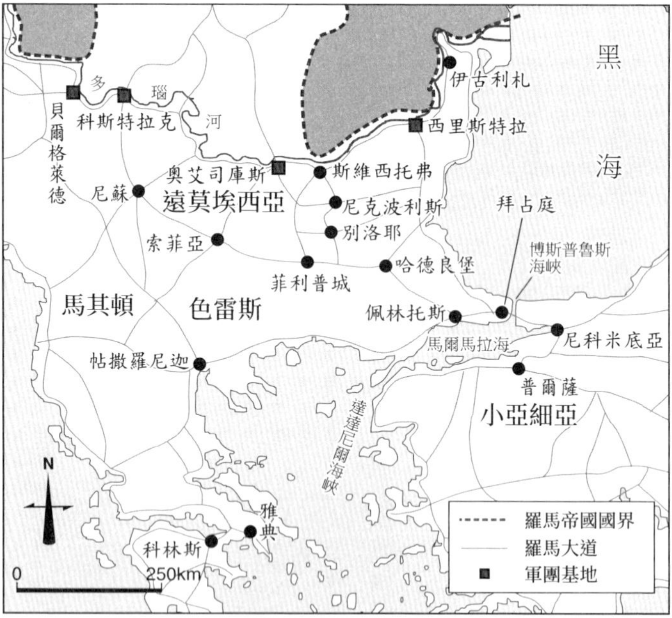

巴爾幹地區與小亞細亞

蘇、賽爾蒂迦（今日的保加利亞首都索菲亞）、亞歷山大大帝的父親興建的菲利普城、圖拉真皇帝建設的別洛耶、哈德良皇帝建設的哈德良堡等。總之色雷斯地區有許多羅馬時代的重要都市，而且這一帶是羅馬時代的東西交通要道。馬庫斯·奧理略皇帝在位時，曾讓日耳曼人入侵西班牙與義大利北部。然而當時入侵人數不多，得以迅速殲滅。這次入侵的日耳曼人規模可就不同了。身在首都羅馬的德丘斯皇帝認為，事態已經嚴重到不能靠莫埃西亞行省總督一個人解決。他不但打算御駕親征，而且派遣長子艾特洛斯克斯率領一支部隊。次子奧士提利亞努似乎健康狀況不理想，因此留在首都負責內政。對羅馬帝國來說，這次入侵的敵人數量空前，侵入帝國的深度也破記錄。

歷史上的名將會讓人稱為名將，原因在於他們讓麾下的官兵以自己熟練的方式作戰。羅馬軍向來擅長於平原布陣展開會戰。羅馬軍團軍紀嚴明、訓練充足，長年以最小的犧牲獲勝為目的，將部隊磨練成效率十足的「戰鬥機械」。如果要將羅馬軍擅長的戰略應用在巴爾幹地區，則必須先將四處掠奪的蠻族引誘到某個地方，再以雙方的全數兵力展開會戰。德丘斯皇帝大概也打算這樣做。他將部隊分成四路，自己率領第一路、長子率領第二路，由西方進擊；色雷斯行省總督普利斯克斯率領第三路由南方進攻；莫埃西亞行省總督托雷玻尼亞努士率領第四路由北邊逼近，計畫把敵軍壓迫到色雷斯的平原地帶。

若要讓這項戰略成功，首先必須從敵方手上搶來主導權。如果只能追在行動迅速的敵軍背後，主導權會一直把持在敵軍手上。名將即使在初期作戰失利，也曉得如何優先奪回戰鬥主導權。只要掌握主導權，各部隊的合作將更加順暢。然而在西元二五〇年夏季到二五一年春季為止的戰鬥中，主導權始終掌握在日耳曼人手上。換句話說，羅馬軍一直遭受速度占優勢的蠻族玩弄。

這並不代表羅馬軍作戰失利。無論對手是哥德或汪達爾，只要與蠻族正面衝突，大多數情況下會是羅馬軍獲勝。就算沒獲勝，羅馬軍也會占優勢。一聽到尼克波利斯與菲利普城受包圍的消息，德丘斯也馬上率軍馳援，因此敵軍只有放棄攻城計畫。蠻族不但無法接近哈德良堡半步，當羅馬軍在別洛耶郊外與哥德族戰鬥時，更是大獲全勝，使得敗逃的哥德族一心只想渡過多瑙河逃回故鄉，顧不得沿路搶劫。

只不過對乘馬的北方蠻族來說，他們沒有必要走在全線石板面的羅馬大道。當時的高速公路，亦即全線石板面的羅馬大道，是為了便於羅馬軍主力重步兵行軍，以及方便運輸沉重的攻城器械而鋪設。至於騎兵，大可走在山間田野上，而且巴爾幹地區地形多山。

結果，作戰將近一年，羅馬軍還是沒把主導權奪回手裡。即使兵分四路，而且各路部隊皆奮力作戰，還是無法發揮協同作戰效果。在隨時讓速度占優勢的蠻族掌握先機的狀況下，即使整體局面占優勢，還是可能在某些局部吃虧。四名將領中年紀最輕、經驗最少的艾特洛斯克斯皇帝就遇上這種局面。

第二路軍隊遭到埋伏在森林中的敵軍突襲，以致屈居劣勢。艾特洛斯克斯雖然乘馬帶頭奮戰，但在不幸墜馬後，遭敵軍攻擊陣亡。德丘斯當時正在不遠處行軍，很快地就接獲消息。

德丘斯皇帝因悲憤絕望而忘我，立即率兵前去報仇。然而他遇到的，卻不是殺子仇人，而是知道有獵物可攻擊後，像非洲土狼一樣群聚於此的數倍哥德族敵軍。德丘斯皇帝毫不畏懼，卻在追擊敵軍時，不知不覺踏入了沼澤地帶。在寸步難行的沼澤裡，有許多官兵與德丘斯皇帝一同英勇殉國。遺體可能陷入了沼澤裡邊，沒有人找得到。而在混戰中陣亡的艾特洛斯克斯也同樣找不回遺體。

石棺

羅馬街頭有許多美術館，其中阿爾騰普斯宮向來以展示希臘、羅馬雕刻為特色。這座美術館最大的展示室左側牆邊，擺設著最初由紅衣主教蘆德威治收藏，因此通稱“Grande Ludovisi”的石棺。這口石棺長二·七三公尺，寬一·三七公尺，高一·五五公尺。是將一塊完整大理石切成方塊，於正面與兩側浮雕，並挖空內部，留下十八公分厚的棺壁。這是一個代表西元三世紀時，羅馬的雕像表現能力依舊出色的傑作。

正面雕刻有長將近三公尺，寬一公尺半的戰鬥場面。從雙方武裝可以立即判別，這是羅馬與蠻族的戰鬥。而浮雕的中心人物，則是西元二五一年與哥德族作戰陣亡的艾特洛斯克斯。光從浮雕上的場景來判斷，會以為羅馬軍戰鬥獲勝了。其實這場戰鬥中失敗的是羅馬，年輕的艾特洛斯克斯皇帝因而陣亡。

據說這口石棺，是悲傷的母親為了紀念過世的兒子而命人製作的，不過目的不在收容遺體。一來遺體已經找不到，二則羅馬人習於火葬。在盛行土葬的基督教掌權之前，大型石棺可說是一種死者紀念碑，是製作來讓在世者緬懷故人用的。皇后出身於伊特魯里亞地區的名門，所以能為了紀念英年早逝的兒子訂製材料、人工皆十分昂貴的石棺。想必皇后多得是資金與悲痛的心情。據說這口石棺，是西元十七世

“Grande Ludovisi”

紀時，在羅馬與提柏利之間的提柏利那大道附近挖掘得來。在羅馬時代的首都近郊，大道附近多是富裕人家的別墅。可能德丘斯皇帝的妻子、早逝的艾特洛斯克斯的母親，也把別墅建在這附近。這口石棺可能是安置在別墅中必定有的圓柱迴廊一角，背對著牆，面朝有花草樹木噴泉的中庭。因為正面與兩側都有浮雕，唯獨背面沒有。

德丘斯成為第一個在對抗蠻族時陣亡的皇帝。儘管付出這樣高昂的代價，哥德族與汪達爾族依舊盤據在巴爾幹地區。亦即羅馬仍在與蠻族間的戰爭狀態下。而且不僅德丘斯皇帝，具有共同皇帝身份的艾特洛斯克斯也已經陣亡。雖說德丘斯的另一個兒子已經在首都擔任共同皇帝，正在持續作戰的前線可不能允許最高司令官出缺。

以「遠莫埃西亞行省」總督身份參加對蠻族作戰的托雷玻尼亞努士，就因此在官兵的推舉下登基。大眾期待他繼續領導對蠻族作戰，可是生於義大利本國，屬於元老院階層的這個人，卻決定選擇與蠻族議和代替作戰。

與蠻族議和

外交交涉對象為入侵的蠻族中，勢力最為龐大的哥德族。

羅馬方面只提出一項要求，就是要對方離開羅馬，渡過多瑙河回到原來的居住地去。相對地，羅馬接受哥德族的一切要求。掠奪得來的物品可以悉數帶回，返鄉時也可把俘虜全數帶走，再加上每年由羅馬繳納年貢。

這種條件之下，和談當然容易成立。簽署條約之後，托雷玻尼亞努士皇帝任命艾米里亞擔任「遠莫埃西亞行省」總督，立即動身趕回羅馬。

托雷玻尼亞努士

在這段時期內，襲擊羅馬的不只北方蠻族，還包括傳染病。就連首都羅馬也躲不過流行疾病。德丘斯的次子，共同皇帝奧士提利亞努也因此病逝。托雷玻尼亞努士便成了唯一的皇帝。然而他的這種日子也不長久。

官兵在不情願的狀況下面臨議和局勢，心中充斥著對托雷玻尼亞努士皇帝的不滿。當他們遇上與自己有共同感想的指揮官後，怒氣便一發不可收拾。前來多瑙河畔的遠莫埃西亞行省（今日的保加利亞）就任的艾米里亞，原本出身於北非的茅利塔尼亞行省（今日的摩洛哥）。不過他與多瑙河下游出身、在當地服役的官兵同樣地痛恨托雷玻尼亞努士皇帝面對蠻族時的軟弱外交政策。

艾米里亞總督決心無視托雷玻尼亞努士皇帝與哥德族間的和平協議。當這項消息傳開之後，整個莫埃西亞行省頓時熱衷於報復親人遭俘的仇恨。從司令官到士兵，全員團結一致渡過多瑙河，殺進哥德族的居住地。這場攻擊前沒有充分準備，兵力也只有一萬左右，不過還是達成某種程度的報復。遭到俘虜，讓人抓到多瑙河北岸的人員也成功救回。官兵為此大感振奮，回到基地後，甚至對艾米里亞表示，他們願意一致擁立艾米里亞登基。在這個時期，艾米里亞只做保留，沒有正面回答。

不過，哥德族群當然不會坐以待斃。此外，他們認為羅馬既然會讓和談時唯命是從的托雷玻尼亞努士登基稱帝，表示羅馬已經欲振乏力。儘管雙方已經議和，哥德族卻依舊進行二度入侵的準備。

哥德族對羅馬皇帝的看法，也順著多瑙河而上，傳染給隔著「日耳曼長城」與羅馬帝國接壤，同為日耳曼大族的亞列門諾族。亞列門諾，又稱作亞拉曼。至今這個名詞還用於稱呼現代德國西南部的德國人。亞列門諾族向羅馬的行省總督提出要求，要調高年貢的金額。而且交涉過程中，他們已經不使用經濟支援一詞。當地的總督瓦雷力亞努斯原本就反對托雷玻尼亞努士皇帝的作法，因此嚴詞拒絕了亞列門諾族的要求。隨後亞列門諾族立刻進攻整個日耳曼長城地區。這項攻勢連帶引發了一年前入侵巴爾幹地區，逼羅馬皇帝簽署不平等條約後，食髓知味的哥德族入侵。

日耳曼民族初見地中海

以上情勢，就是西元二五二年到二五三年之間，讓羅馬帝國大為震撼的三十萬蠻族入侵事件。而且這次蠻族不僅在渡過多瑙河之後沿陸地南下，還是北方蠻族第一次出現在海上。

這同時表示，蠻族在戰略思想上也有進步。

他們知道與羅馬帝國防線正面衝突的犧牲太大，不適於掠奪。因此改由軍團基地之間，亦即防線較薄弱的地區入侵。儘管如此，在滿載掠奪品返鄉的路上，往往會遭到軍團埋伏。運氣不好的要當場同掠奪物陪葬，運氣好的也得放棄財物逃亡，畢竟羅馬正規軍擅於正面交鋒。

因此蠻族不由正面突破防線，而計畫繞道側面，從防線背部切入。也就是說，不僅設法突破多瑙河防線，還打算從黑海進入愛琴海，掠奪濱海的小亞細亞、希臘等富饒地區。

這是一項正確的戰略。黑海雖有巡邏用的艦隊，不過艦隊基地設置於海港都市尼科米底亞。此地位於由黑海經博斯普魯斯海峽進入馬爾馬拉海的地方。基地會設置在遠離前線的此地，主因自從黑海納入羅馬帝國版圖以後，三百年來一直得享與陸地上同樣的和平。亦即，三百年來商船漁船都能自由安全地航行。就連日常生活與海洋無緣的哥德族，都能輕易奪取靠港的商船、漁船，使喚水手、搖槳手，任意在海上航行。若要運輸三十萬人，保守估計需要一千五百艘船隻。能在黑海地區到手的船隻恐怕沒有這麼多，不過若順著馬爾馬拉海、愛琴海一路南下，在各地港口搶奪的話，大可輕易湊足船隻。

現代的讀者會誤以為海盜就是在海上尋找船隻，並接近獵物搶奪財物人員的職業。不過這只是海盜的部份工作而已。海盜真正可怕的地方在於，他們會從海上出現，登陸搶奪人員財物之後又從海上揚長而去。一般而言，都市對於面對海洋

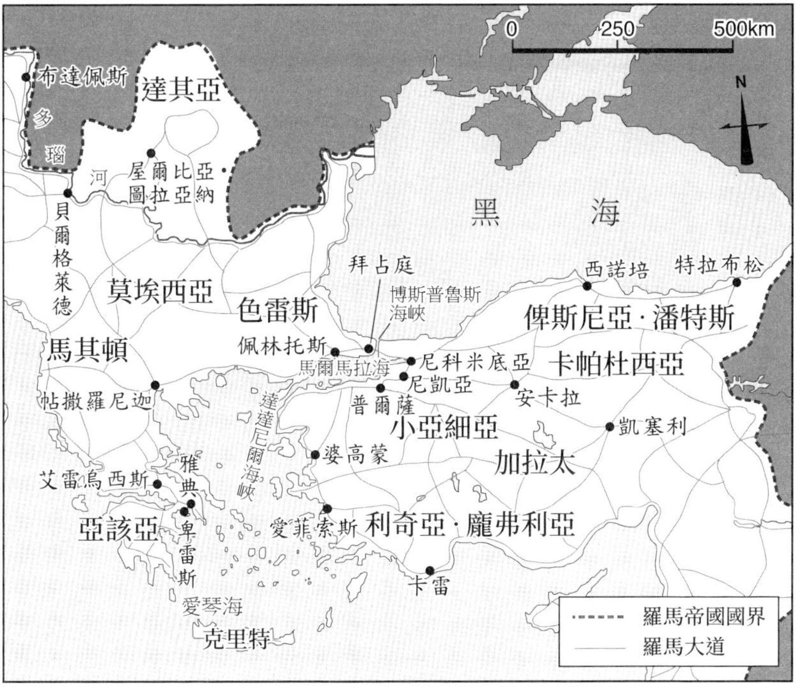

黑海、愛琴海周邊地圖

的部份防衛程度會比較低，又加上當時「羅馬和平」已經滲透海上三百多年。西元三世紀中期的羅馬帝國國民已經習於太平日子，使得陸地民族日耳曼人也能輕鬆地化身海盜。

和平固然是無價之寶，然而要是過度習於和平，反而會失去和平。「羅馬和平」帶來的諷刺現象也同時出現在陸地上。好萊塢電影中，常常拍攝身穿武裝的羅馬軍驅趕廣場中往來民眾的模樣，然而這是虛構的內容。筆者認為，一個國家健全與否，可以看這個國家的軍事力量是用於對內或對外。羅馬帝國的軍團基地幾乎都位於國界上。至於位於國內的基地，可以拿史特拉斯堡基地為例。國內基地設置於萊茵河或穿越黑森林的「日耳曼長城」附近，一接獲敵軍入侵的消息，馬上可以派兵馳援。亦即，羅馬帝國的軍事力量，是用於防衛羅馬人稱為"Limes"的防線。也因此，有半數以上的行省沒有設置軍團基地。至於都市方面，能夠常駐一千名衛隊的只有西歐的關鍵要地里昂，以及北非的首府迦太基。其他都市只有派駐在行省總督府的百名部隊而已。

羅馬帝國是由羅馬人統治的帝國；「羅馬和平」是羅馬人期望、由羅馬人主導實現的和平。受統治的人能夠安於羅馬帝國的統治，原因在於一般民眾眼見、接觸統治者的機會並不多。也因為如此，羅馬才能以相當於美國陸戰隊人數，不滿二十萬的主力部隊保障遼闊的帝國享有三百年的和平。羅馬判斷小亞細亞與希臘沒有太大禦敵需求，因此沒有設置軍團基地。而這次遭受哥德族由海上入侵的，就是這個區域。

連接黑海與馬爾馬拉海的博斯普魯斯海峽，由於水位高低差的緣故，潮流特別快，而且流向不定。哥德族入侵時，有不少船隻不及閃避而觸礁，不過因為總數多，因而能維持入侵勢力。位於博斯普魯斯海峽出口的拜占庭，在半個世紀後會改名為君士坦丁堡。不過在西元三世紀中期時，只是帝國內的諸多小城市之一，哥德族連看都沒多看一眼。不過當哥德族進入馬爾馬拉海之後，所有遇上他們的都市都要遭殃了。

首先遭攻擊的是尼科米底亞，接下來附近的尼凱亞、普爾薩也難逃一劫。總之有許多希臘裔居民，以豐饒聞名的俾斯尼亞行省不分郊區與都市，全數遭受襲擊。當襲擊結束後，滿載哥德族的艦隊又穿越馬爾馬拉海的出口達達尼爾海峽，進入愛琴海。

愛琴海，意為多島海，航行在海上時可以見到兩舷島影不斷。不過哥德族卻越過這些島嶼，直接襲擊雅典。雅典的外港卑雷斯沒有能力防衛從海上入侵的外敵。雅典市內也沒有像樣的部隊，因此只有讓哥德族洗劫。當然，在雅典北邊，曾讓哈德良與馬庫斯·奧理略流連忘返的神祕遺蹟埃留西斯，同樣無法倖免於日耳曼人的暴行。

既然蠻族最大的目的是掠奪，在滿足之後也就自然往北方離去。當哥德族向北凱旋離去時，船隊上滿載著掠奪得來的人員物資。

在陸上防線遭突破，連海上的和平也失去保障之後，羅馬人才開始為局勢感到訝異。對蠻族的恐懼，以及仍在惡化的瘟疫帶來的絕望感，使得群眾湧向神殿。神殿裡擠滿了請求諸神如同往常一樣拯救羅馬人的信徒，神殿前的祭壇上隨時都烤著作為犧牲用的羊。而且群眾的負面情緒也朝向國難當前卻不願一同祈禱的基督教徒，雖然沒有人因告訴而處死，但生活上的欺侮卻與日俱增。

話說回來，這並不代表信奉羅馬諸神的人們團結一致。除了在多瑙河下游防衛行省的官兵以外，還有其他人對皇帝托雷玻尼亞努士的蠻族政策不滿。防守「日耳曼長城」的官兵同樣對現任皇帝不滿。尤其遭亞列門諾族入侵並擊退之後，眾人開始責難皇帝一直待在首都，沒有出現在前線。不過他們也無法認同莫埃西亞行省官兵推舉艾米里亞登基的舉措。原因可能是因為艾米里亞不但出身北非，而且是北非邊境茅利塔尼亞行省原住民穆亞人出身。防衛「日耳曼長城」的官兵對現任皇帝托雷玻尼亞努士不滿，又看不順眼黑皮膚的艾米里亞，自然會矚目於自己的司令官瓦雷力亞努斯。

當年朱利斯·凱撒創出三巨頭政治體制時，另外兩名領袖分別是龐培與克拉蘇。瓦雷力亞努斯正是克拉蘇所屬的利奇紐斯家門出身。既然有共和時代流傳下來的名門血統，也就自然是元老院世家出身。如果說人才也有品牌的話，瓦雷力亞努斯無疑屬於羅馬帝國內部的最高品牌。何況人們在面臨困境的時候，往往會希求貴人拯救局面。

由於瓦雷力亞努斯接受官兵的推舉，使得羅馬帝國不但在這年遭遇空前苦境，還陷入有三名皇帝的內亂局勢。

原本由軍團兵推舉皇帝時，羅馬會陷入內戰之中，不過這次沒有真正發展到刀光劍影的情勢。內戰的對決方式，演變成看軍團兵決定投靠在哪一個將領之下。西元二五三年的內戰時，首先是托雷玻尼亞努士與艾米里亞兩軍對決，結果托雷玻尼亞努士麾下官兵向艾米里亞投誠。當艾米里亞與瓦雷力亞努斯對決時，艾米里亞手下的官兵又全數投靠瓦雷力亞努斯。要投靠昨日的敵人時，按例是殺死自己的領袖當作見面禮，這使得最後只剩下瓦雷力亞努斯一個人活著。由於這場內戰形式特殊，得使羅馬在這年秋天就恢復由瓦雷力亞努斯一個人即位的體系。然而羅馬帝國還是浪費了西元二五三年五月到十月的五個月時間。西元三世紀的羅馬帝國有個特色是浪費國力，這場內戰又是個例子。

瓦雷力亞努斯

皇帝瓦雷力亞努斯（西元二五三年～二六〇年在位）

普布留斯・利奇紐斯・瓦雷力亞努斯登基時已經六十三歲，超出了羅馬人心目中的退休年齡。可能瓦雷力亞努斯也這樣想，所以要求元老院把「奧古斯都」稱號賜給他當時三十七歲的兒子，使父子兩人以共同皇帝身份治國。這時帝國已經陷入無法由皇帝一個人統治的情狀，元老院也同意了這項要求。

羅馬帝國的皇帝一詞，源自共和時期便存在的"Imperator"。"Imperator"意為率軍作戰獲勝的司令官。也因此，皇帝最大的職責，在保障帝國的安全。皇帝既然身兼羅馬最高指揮官，眾人自然也認為一旦邊境有事，皇帝就必須為任務趕往前線。而到了西元三世紀時，要趕往指揮的前線卻不只一處。筆者認為，西元三世紀的羅馬帝國常常出現共同皇帝登基的例子，是因應現狀的正確選擇。因為當時外敵入侵的現象，經常引發連鎖反應。

瓦雷力亞努斯登基稱帝之後第一項措施，就是重新編組羅馬軍方的指揮官階層，而且所有人員都由皇帝親自挑選。在選拔時無論其出身地區或階層，只以軍事才幹作唯一標準。結果使得大量實力堅強但屈居下位的青年軍官升上軍團長階層。

既然登用人才時僅以實力作基準，也理所當然地，由瓦雷力亞努斯拔擢的青年人才絕大多數出身羅馬帝國前線。此指多瑙河南岸的旁諾尼亞與莫埃西亞地方。因為在這個地區出身的人，親戚朋友中必定有人服役，與軍團淵源較深。又由於位在國界邊緣，和義大利本國、希臘、高盧、西班牙等先進地區相較，萊茵河、多瑙河前線附近的地區為邊境地帶，因而屬於落後地區。假設一個充滿實力的有志青年出身於這種地方，又生於無力送子弟到首都留學的家庭，那麼到軍團志願服役，就是他提升社會地位最快的管道。羅馬帝國在西元三世紀後半的特色之一，就是有許多純軍事背景出身的皇帝。日後從軍團躍身皇位的人，幾乎全是瓦雷力亞努斯重整羅馬軍時拔擢的人選。

鎮壓基督教徒（二）

似乎越是理解帝國面臨的困境、越想要設法突破的皇帝，就會越積極壓制基督教徒。在公認為明君聖主的哲學家皇帝馬庫斯·奧理略任內，曾發生里昂的殉教事件。而奧理略的兒子康莫德斯放置國政不管，被後世的吉朋將他評為羅馬帝國衰亡的起始人物。在康莫德斯任內，基督教徒不但未曾受到欺壓，甚至得享不受追究的和平日子。而在對宗教興致大於治國的荷拉迦巴爾任內，也沒有發生過迫害基督教徒的事件。這固然證明羅馬帝國的基督教徒政策沒有連貫性，卻又讓筆者質疑，是否基督教徒政策又受到皇帝治國意願程度的影響。

總而言之，多年以來，羅馬帝國的基督教徒政策一直維持圖拉真的方針，抱持有人控告才處理的態度，而且不接受無名黑函投訴。這個處理基準，與面對一般犯罪無異。事隔一百五十年，到了西元三世紀中期時，德丘斯皇帝將方針改為不經控告亦可起訴。也就是說，直到這時候，羅馬政府才將基督教徒政策正式定位為社會治安維持政策。

雖說由於蠻族入侵，這項政策只推動了一年。不過還是如同之前敘述過的，造成大量棄教改宗的人員、一千多名拒絕改宗的殉教者，以及迦太基主教基普利亞努斯等逃亡者。

再隔兩年，瓦雷力亞努斯皇帝又恢復了德丘斯皇帝的基督教徒鎮壓政策。也就是說，全體羅馬公民權所有人又必須領取名叫"Libellus"，證明自己不是基督教徒的證書。同時，發行證書的特別委員會也重新展開活動。不過這項羅馬社會內部的動態，並非起於皇帝個人的想法。

這時期的羅馬人，已經對基督教徒忍無可忍。他們責備教徒在帝國面臨國難時，只顧著躲在自己的社區中，逃避公務、兵役等羅馬公民應盡的義務。對於高知識水準的羅馬人來說，這也只是延續塔西圖斯時代起便有的，羅馬人對一神教徒的厭惡而已。不過到西元三世紀中期國難迭起，這種感情開始迅速針對基督教徒浮現，因為羅馬的一般民眾也開始與知識份子抱持同樣的感想。

西元二一二年卡拉卡拉皇帝立法，使得行省民也擁有羅馬公民權，至此已經過了半個世紀。以往行省民得免除羅馬公民才應當負擔的公務與兵役，如今卻人人都是羅馬公民。原本行省民裡的基督教徒比例較羅馬公民高，如今這些教徒也要承擔羅馬公民的義務，使得三世紀的基督教徒政策更趨複雜。從羅馬人的角度而言，如今教徒也是羅馬公民了，卻不願承擔公民義務。而教徒卻又認為，基督的教義不允許他們承擔帝國的政務。

歷史學有個專有名詞叫作「護教論者」，這些人曾試著以基督教徒的角度為當時的行為辯護。護教論者反諷說，蠻族入侵怪罪到基督教徒頭上，瘟疫爆發也怪到基督教徒頭上，反正有什麼事情都把責任丟到基督教徒頭上就是了。

而在這個時期的人物，於西元二五三年過世的護教論者奧理捷內曾經向與自己有相同信仰的人表示：

「信奉基督教誨的人，是比羅馬帝國皇帝更強力的存在，也勝過任何一個皇帝的行政官、勝過羅馬元老院與羅馬公民。羅馬人獻給神祇的祭典，總有一天會從地上消失。遲早有一天，向現世統治者宣示效忠時，不會像如今一般對著皇帝像執行。因此，蠻族入侵所引發的悲慘現狀，沒有像羅馬人口中的那般絕望。蠻族總有一天會在吾等教會的教誨之下覺醒，拋棄野蠻殘酷的精神。現在的悲慘情狀，只是蠻族皈依基督教誨之前，上帝賜給吾等的考驗。」

筆者不是基督教徒，所以覺得有趣的地方在於護教論者本身也認同「向現世統治者宣示效忠」。甚至認為，羅馬帝國統治者能接受基督教，與這點應該脫不了關係。不過基督教會認為宣示效忠的對象是羅馬皇帝，筆者卻認為這是一項誤會。

信奉一神教的基督教徒會拒絕效忠，想必是因為他們認為羅馬皇帝等於神明。問題是，羅馬人要到皇帝過世後，才會將其神格化。而且神格化也並非成為基督教徒觀念裡的神明，只是表露一種心情，希望既然皇帝生前為帝國盡力，在過世後也能夠繼續保佑帝國。如果從「忠烈祠」的觀點來看，應該比較能理解這種心情。雖說羅馬國內各處都有皇帝神像，然而對羅馬民眾來說，在神像前燒香料，只是一種祈禱現任皇帝身體健康的行為。在神像前行禮如儀，也接近現代人向國旗敬禮的態度。亦即，對羅馬人來說，皇帝像與其說是神像，不如說是羅馬帝國的象徵。

基督教徒應該也理解這一點，所以才會拒絕參加所有以皇帝像為對象的祭典。等到基督教掌權之後，又積極地、亦即刻意地大肆破壞皇帝像。

羅馬帝國與基督教的對立，不是宗教間的抗爭，而是不同文明引發的對立。

不過瓦雷力亞努斯皇帝與德丘斯皇帝同樣地，沒有時間與精神徹底地壓制基督教徒。雖說持續即是力量，然而羅馬皇帝為了擊退外患，不得不放棄鎮壓基督教徒。儘管如此，基督教徒在記述教會歷史時，還是把瓦雷力亞努斯皇帝列名「基督之敵」。可見雖然時間不長，但瓦雷力亞努斯皇帝鎮壓的方式相當有系統。

即位四年過後，西元二五七年時，原本列為第一優先的帝國國防體制重整措施已經告一段落。就在這時候，瓦雷力亞努斯公布了一項臨時措施法。這項法律和以往一樣，不針對一般信徒，僅以基督教會的領導階層，亦即神職人員階層為對象。這項法律禁止基督教的一切儀式祭典以及信徒集會。對於違犯法令規定的人，政府得在未經控訴的情形下逕行逮捕，判處流放或死刑。

當這項法令頒布之後，不知實際造成多大的犧牲，不過已知有些高階神職人員因此受難。

在這年八月二日，首都羅馬的主教斯提伐努殉教。而在八月三十日，前述的迦太基主教基普利亞努斯遭行省總督傳喚審問。基普利亞努斯原本再度逃亡藏匿起來，但在得知總督將追究教會人員責任後前來自首，最後遭判處死刑。

到了第二年，西元二五八年時，瓦雷力亞努斯皇帝好像要趁勝追擊似的，又追加了一部臨時措施法。這項新法重新確認拒絕參加羅馬諸神祭典的神職人員將處流放或死刑。更加值得注意的是，第二道臨時措施法頭一次引進沒收資產的概念，作為處分基督教徒的對策。

由此可以得知，第二道臨時措施法不僅以神職人員為對象，還把對象擴大到信徒，尤其富有的信徒身上。羅馬帝國政府終於了解到，阻斷教會的資金來源，有助於阻止基督教徒人數成長。

在羅馬人的社會中，原本沒有獨立且專業的神職人員階層。因為在多神教之中，沒有所謂經書教理之類的東西，也就沒有向一般信徒解說經書的必要。既然沒有必要，負責解說的人員自然不存在。在羅馬社會中，維修神殿與祭祀儀禮，是由國家與地方政府負責，費用也由國家與地方政體承擔，並非由專業的神職人員階層營運。正因為如此，長年以來羅馬人一直不能理解由信徒捐贈資金，用於營運教會、培養教會相關人員、舉辦彌撒等教會事業的概念。想必是在對外作戰造成國庫空虛的時候，看到基督教徒社區依舊一片富裕，才發現宗教可聚財的不變真理。

教會內部成員身為當事人，自然各個熟知這項古今中外共通的真理。基督教會的特色之一，在於盛行派系之分。即使在遭受欺壓的時代，照樣盛行派系間的教理論爭。教理論爭的爭議點往往芝麻綠豆大，外人看來會認為根本不值得爭辯。由於沒有討論的價值，在此便不介紹論爭的案例。簡單來說，教理論爭可以歸結為各都市間的主教在相互比較地位高低。神職人員熱衷於論爭，也是因為地位越高越容易掌握金錢流向。

這樣看來似乎教理論爭充滿銅臭味，但這又不是基督教會的污點。光憑信仰是無法維持組織的，而教會是以宗教為號召的組織。如果以雙輪車作比方，要維持組織的功能，就要有堅固的信仰與冷靜的組織能力當車輪，而同時又需要財貨作潤滑油維持車輪運轉。在古代末期逐漸抬頭的基督教會，只是反映出這項古今不變的原理而已。

瓦雷力亞努斯皇帝鎮壓基督教徒的方式相當徹底，然而還是不得不中斷。原因在於這時波斯王夏普爾又開始入侵羅馬。對於基督教徒來說，想必覺得一場風暴過去，得以安心度日了吧。而後，基督教徒又享有了四十五年的平穩日子。直到西元三〇三年戴克里先皇帝重新大規模鎮壓基督教徒為止，羅馬帝國內的基督教徒都能安心信奉自己的宗教。

這四十五年裡有許多皇帝上臺又下臺，光是重要人物就有六人。不過並非這些皇帝覺得德丘斯與瓦雷力亞努斯下手殘忍而改採寬容政策。基督教徒依舊為羅馬社會帶來問題，只是政府已經沒有餘裕處理。因為以西元二六〇年為界，羅馬帝國陷入了影響存亡的空前危難之中。

第二部

三世紀後半的羅馬帝國

第四章

西元二六〇年～二七〇年

波斯王夏普爾

出身阿拉伯，外號「阿拉布思」（阿拉伯人）的羅馬皇帝菲力普曾與波斯王夏普爾議和。和談的結果，羅馬失去美索不達米亞行省。而且羅馬撤出美索不達米亞北部之後，使得波斯勢力得以滲入其北鄰的亞美尼亞王國。從和談至此已有十五年。這十五年來，羅馬帝國忙於應付深入領地的北方蠻族。而當羅馬將軍事力量集中在帝國西方時，波斯王也逐步準備重新入侵西方。

由於羅馬撤出美索不達米亞北部，因此羅馬與波斯的國界又退回到曾經長年作為羅馬、帕提亞國界的幼發拉底河。帕提亞王國或許會滿足於現狀，然而波斯薩珊王朝卻是以復興亞歷山大大帝滅亡前的波斯為號召的組織。對於波斯而言，向西入侵已經讓羅馬統治四個世紀的敘利亞，是必定要執行的國策。葛爾迪亞努士三世時的禁衛軍團長官提梅吉丟斯曾經讓波斯遭重大打擊，不過十五年的時光，已經足夠重建波斯的主力部隊重騎兵團。而且如今時機頗為微妙，如果這時不向西入侵，以後復興波斯的旗號將會逐漸失去號召力。

敘利亞行省總督向身在羅馬的皇帝傳來報告，表示波斯王正在首都格帖絲皇編組大軍。瓦雷力亞努斯皇帝六年前登基時，已經讓兒子迦利艾努斯擔任共同皇帝。這六年來，父親在首都負擔帝國整體統治業務，兒子則負責承擔萊茵河、「日耳曼長城」、多瑙河等前線防衛勤務。也就是說，兩名皇帝分別在首都與前線分擔帝國西半部的防衛工作。如今波斯軍打算入侵帝國東方，兩個人中勢必有一個要趕往東方前線。後來他們決定，由父親瓦雷力亞努斯趕往東方，兒子迦利艾努斯留在西方。至於決定讓年屆七旬的瓦雷力亞努斯東征遠行的原因則不明，可能是打算由兒子迎擊難以預估入侵時期與規模的北方蠻族，由年邁的父親對付由國王率領，容易評估戰略的波斯軍吧。總而言之，最終決定由兒子留守帝國西方，父親承擔東方軍務，而元老院也同意這項措施。

雖說高齡讓人擔心，由瓦雷力亞努斯皇帝指揮的波斯戰役推展得還不錯。因為瓦雷力亞努斯到敘利亞之後，也沿用在西方頗有斬獲的青年軍官選拔政策。當地出身的人才能在公平決策下紛紛當上羅馬軍中要職，使得多半出身當地的官兵士氣大為提升。這時任用的青年軍官，可由通商都市帕耳美拉出身的仕紳歐德納托斯為代表。

集結在瓦雷力亞努斯皇帝麾下的羅馬軍，名義上號稱有七萬兵力，實際人數卻大幅縮水。由於瘟疫的影響，在調動部隊時有不少官兵只能待在軍團基地留守。儘管局勢不利，羅馬在戰鬥初期還是連戰皆捷。波斯軍原本入侵到安提阿，如今已經讓羅馬趕回幼發拉底河東側。就連渡河向東進軍，收復美索不達米亞北部似乎也不是夢想。

戰況會如此演變，原因只怕要怪波斯軍本事不夠。並非官兵戰力不足，而是總司令夏普爾實在沒有擔任指揮官的才能。

在波斯薩珊王朝史上，夏普爾一世是歷任國王中最讓人視為英雄的。他精通文學、藝術，又理解技術的重要性，讓人認為東方國度中一樣可以出現啟蒙思想君主。同時他還創設"Gundeshapur"，後來這個地方融合希臘文化圈與東方精華，成為波斯薩珊王朝的科學、醫學研究中心。雖然他在政治上表現優異，在戰場上卻只有無能兩個字可以形容。當他擔任總指揮時，獲勝率實在低得可憐。不過，羅馬也出過優秀但不擅長戰鬥的君主，比方說開國皇帝奧古斯都、哲學家皇帝馬庫斯·奧理略，就是這種人物。說不定夏普爾一世也是這種類型的領袖。

問題在於，夏普爾是東方君主，由他統治的臣民不認為政治才幹與軍事才能可以分開看待。無論使用何等手段，夏普爾都非得獲勝滿足臣民不可。即便是奧古斯都與馬庫斯·奧理略認為骯髒、無效而不屑一顧的手段，夏普爾也別無選擇餘地。

皇帝遇俘

西元二六〇年年初，一則消息傳遍了全世界。羅馬皇帝瓦雷力亞努斯遭到波斯王夏普爾俘虜的消息，不但震撼了整個羅馬帝國，也讓外國人大感訝異。以下則是波斯方面對此事件的記載：

「羅馬帝國皇帝瓦雷力亞努斯率領七萬士兵朝吾等前來。兩軍因而展開激烈戰鬥。結果，我方成功將瓦雷力亞努斯納入掌中。我軍趁此大戰果，得勢進攻羅馬行省敘利亞、西里西亞、卡帕杜西亞。燒殺、破壞、掠奪、將居民俘虜作為奴隸。不過這些地方，在大波斯時代屬於波斯領地。」

夏普爾知道宣傳工作的重要性，自然會設法紀念這項前所未聞的戰果。在現代伊朗西南部，接近伊拉克國界附近，位於大波斯時代首都波斯波利斯北郊的納克悉路斯坦（Naqsh-Rus-tam）岩壁上，便刻有紀念用的浮雕。

浮雕中乘馬的是夏普爾一世，跪在他面前的是羅馬皇帝瓦雷力亞努斯。站在其左側的，則是十五年前和談時，接受夏普

納克悉路斯坦岩壁上刻著乘馬的夏普爾一世與兩名羅馬皇帝

爾一切要求的羅馬皇帝菲力普·阿拉布思。顯然地，波斯王夏普爾一世想藉誇示兩名羅馬皇帝向波斯王屈服的構圖，代表西元三世紀時羅馬與波斯的關係。

實際上，至今依舊不知羅馬皇帝是在什麼狀況下淪為波斯王俘虜的。

當時由瓦雷力亞努斯率領的羅馬軍，與夏普爾率領的波斯軍之間，似乎確實發生過戰鬥。聽到羅馬方面決意正面迎擊的消息後，十五年來屈居波斯王統治下的美索不達米亞地方都市艾德薩與卡雷立即引發居民叛變。夏普爾當然不能容許居民造反，因此立即派兵攻擊這兩座都市。十五年前統治此地的羅馬帝國皇帝當然也不能坐視這兩座城市遭殃。瓦雷力亞努斯皇帝與「七萬」羅馬軍隨即前來救援這兩座都市，在此與波斯軍隊交鋒展開戰鬥。

這場戰鬥似乎沒有結果。因此自古以來主流意見認為，瓦雷力亞努斯皇帝會落入波斯王夏普爾手中，不是因為戰鬥失利，而是中了夏普爾的計謀。如果波斯方面有明顯的優勢，夏普爾也就不用冒險玩弄策略了。

認為是夏普爾玩弄計謀的史學家推斷，可能是瓦雷力亞努斯聽信夏普爾要求舉辦高峰會談，在帶同親信前往會談時讓人綁架。

羅馬軍在皇帝御駕親征後，一路占據優勢，相形之下，波斯軍則落入劣勢。波斯軍總司令夏普爾如果真的使出計謀扭轉局面，那也頗符合波斯薩珊王朝一代梟雄的名號，畢竟他向來為達目的不擇手段。

不管實際狀況如何，可以確定的是瓦雷力亞努斯皇帝真的遭到敵人生擒。以往的羅馬皇帝中，馬庫斯・奧理略與賽埔提謬斯・謝維勒是在對外作戰時，病逝於前線的基地；德丘斯父子則是與哥德族作戰時陣亡。而瓦雷力亞努斯則是第一個遭敵人生擒的羅馬皇帝。

過去在對外作戰時，羅馬的總司令也曾經幾乎淪為敵人的俘虜。那就是西元前五十三年，克拉蘇對帕提亞作戰時。這個人與凱撒、龐培共同組成三巨頭政治，在東方大敗將要遭俘虜時，受其身邊的親信一劍刺殺。刺殺的目的是為了迴避羅馬政治領袖讓人生擒的政治失敗。而在西元二六〇年卻沒有發生類似的情況。是不是三百年後的皇帝侍衛中缺乏有這等氣魄的人物？或者說事出突然，還來不及下手，皇帝與衛隊就遭到俘獲並隔離。

接獲瓦雷力亞努斯皇帝遭俘虜的消息之後，全羅馬國民都大受打擊。若要形容他們知道消息後的心情，與其說憤慨、絕望，不如用茫然失措來得恰當。西元二六〇年這件事故的打擊對羅馬人而言，精神層面大於物質層面，可能也是造成這種反應的原因之一。

知道事故發生後，在羅馬帝國內只有基督教徒感到高興。當年約十歲左右，後來為基督教寫下許多著作的拉克坦提烏斯，曾經著作叫作《關於欺壓基督教徒的人的窮途末路》的書籍。

在書中是如此形容瓦雷力亞努斯的：

「瓦雷力亞努斯雖然在位期間不長，卻是膽敢反抗上帝的皇帝之一。在他發令的鎮壓政策之下，許多聖潔的人因此流血。上帝以過去未曾有過的精妙方式，懲治了這個欺壓者。這個可喜可賀的例子，也是上帝務必會降罪給基督之敵的佐證之一。

瓦雷力亞努斯讓波斯人抓到後，不只失去了皇帝的權力，他也失去了過去恣意從我們身上奪走的自由。羅馬皇帝必須以悲慘的奴隸身份活著。實際上，每當夏普爾要乘馬時，都會命令羅馬皇帝趴在地上。然後踩著羅馬皇帝的背，當成乘馬時用的踏腳臺子。瓦雷力亞努斯一直維持俘囚的身份，直到羅馬帝國一詞成為波斯人嘲笑愚弄的對象為止。」

這段文字，是君士坦丁大帝承認基督教後，由基督教徒記述。不過後世的研究人員之中沒有人把這段文字當真。學術界一致認為，這段文字裡會敘述夏普爾對瓦雷力亞努斯百般羞辱，只是西元三世紀的基督教徒憎惡這個羅馬皇帝，因此希望這個基督之敵落入悲慘下場，而到最後轉化成文字敘述。

實際上，瓦雷力亞努斯遭俘虜不到一年就病逝在波斯。一來他已經有七十高齡，二來又是流有共和時期名門血脈的元老院議員。也許光是讓人俘虜一事，就夠讓他心臟停止跳動。此外，波斯王夏普爾一世的作風，一直維持啟蒙時代君主的模樣，絲毫沒有野蠻傾向。而且夏普爾在處置與皇帝一同俘獲的羅馬官兵時，也不是把他們收為俘虜就算了。

波斯的基礎建設工程

當時遭俘虜的官兵，讓波斯人押解到首都格帖絲皇，又往東渡過底格里斯河，最後到了現代的伊朗西南部一帶。實際遭俘虜的羅馬官兵人數不明，唯一能確定的是不滿七萬人。研究人員表示，就算使出計謀，能一次俘獲的也頂多一萬名左右。總而言之，夏普爾命令這些羅馬軍在歷史久遠的波斯民族根據地進行公共建設。

波斯王知道羅馬軍團向來有「靠十字鎬獲勝」的傳統。每當入侵敘利亞時，波斯軍都走在羅馬大道上，所以連一般波斯人也知道有名的羅馬大道就是軍團兵建設的。於是波斯王夏普爾打算好好利用到手的羅馬軍團。

當羅馬兵受到命令要為敵國做公共工程時，不知道心裡是什麼滋味。不過當研究他們建設的工程，發現這些工程有多精良時，或多或少可以揣測當時的羅馬兵心情。一路調查當時羅馬兵在波斯境內做的公共工程時，筆者開始認為，也許他們心底得要這樣想：如今自己淪為俘虜，不聽人家使喚的話，不是送命，就是給丟到礦坑工作，再不然就是讓人送到奴隸市場。好啊，那就蓋個不丟羅馬人面子的堅固工程吧，就算最後會給敵人牟利。

儘管身體失去自由，精神的自由卻是外人無法剝奪的。而只有維持自尊心，精神的自由才不會讓外人擊潰。遭到波斯王俘虜的羅馬官兵，也許是為了維持自尊心而從事工程建設的吧。

那麼，他們在波斯做了哪些工程呢？

首先，他們興建了一個都市。夏普爾將這座都市命名為“Gundeshapur”，原文為波斯語，意為「夏普爾的武器」。這座都市外觀有如羅馬帝國境內的都市，和軍團基地一樣呈四方形。

在都市完工之後，夏普爾又向全員具備技師身份的羅馬軍團兵個別下令。有人負責道路，有人負責橋梁，總之同樣都是公共建設工程。事隔一千七百年，如今還存留三座具有水壩功能的橋梁。這三座橋梁都位於秀斯塔 (Shushtar) 市附近，除了橋梁功能外，還具有蓄水、引水灌溉附近農地的功能。

其中兩座橋已經嚴重損耗，分別名為“Band-i-Gurgar”與“Band-i-Miyan”。另一座水壩橋，直到近代都還能發揮功用。這座橋也是三座橋之中體積最大的，名叫“Band-i-Kaisar”，意思是「皇帝橋」。筆者雖然沒有機會親眼看過，不過從研究人員拍攝的照片來看，這座橋梁工程較為重視水壩的功能設計。

「皇帝橋」全長五百五十公尺。可能是受河底狀況影響，橋梁並不筆直，呈蛇行狀。連成曲拱支撐橋面的橋墩共有四十一根。其中三十五根還是當初建設時留下來的。另外六根遭近年的洪水沖垮，由政府重新建設。

「皇帝橋」不僅有橋梁、水壩功能，還將水道引至附近的秀斯塔市。

支撐橋面的四十一根橋墩都呈四方柱，厚度為四．五公尺。兩根橋墩間的弧拱高度可能受河底岩石高低影響，不過都在八至十公尺之間。

專家看到這座橋之後，大為感嘆這座橋的工程能靈活因應河底的狀況，以及橋墩工程實在，又具備合理的蓄水系統。這座橋能承受一千七百年的歲月，度過無數洪水侵襲，想必羅馬俘虜也能因此保住自尊心吧。如果夏普爾命令他們到附近砍樹趕工搭橋的話，也許他們會回嘴說要蓋這種破橋不如去死。

過去的 Band-i-Kaisar（現在已經崩落成為遺蹟）

皇帝迦利艾努斯（西元二五三年～二六八年在位）

接獲羅馬皇帝落入波斯王手中的消息時，最受到衝擊的就是羅馬軍高層將領了，因為這些人大多受瓦雷力亞努斯提拔。每個武將都一心親身參戰，期望另一名皇帝迦利艾努斯能率兵東進，重新展開波斯戰役，設法把受困的父皇救回來。然而迦利艾努斯沒有這樣做。應該說，局勢不允許他這麼做。

光是西方的現勢，就不允許皇帝東征。皇帝讓人俘虜的消息已經傳入北方蠻族的耳中，日耳曼人的入侵因而更加激烈。如果要派兵東征，首先要保障好西方的安全。即使在五賢君時代，羅馬帝國也沒有東西同時大規模開戰的實力。所以當時的主政者也巧妙地避開兩面受敵的局面。到了西元三世紀時，東西兩方的敵人更加強大。不管是要報復也好，奪回皇帝也好，羅馬已經沒有足夠的兵力了。

當年四十二歲的迦利艾努斯皇帝決定拋棄自己的父親。瓦雷力亞努斯皇帝在一年前還發行過銀幣。在遭到俘虜後，便停止鑄造，再也沒有發行刻著瓦雷力亞努斯側臉的貨幣。官方記錄中也不再提及瓦雷力亞努斯的名字。亦即，不論瓦雷力亞努斯皇帝在波斯是生是死，當他遭俘虜的瞬間，他的存在就被抹去了。既然羅馬皇帝瓦雷力亞努斯不存在，無論這個人讓波斯俘虜與否，羅馬帝國都沒有介入的必要。雖說這段邏輯有些牽強，迦利艾努斯皇帝只怕也沒有其他選擇了。因為自從西元二六〇年起，羅馬帝國陷入了空前的危機中。

實際上，這個時期的羅馬帝國，隨時可能當場解體。

空前國難

羅馬皇帝的功能，在統合多民族國家羅馬帝國。皇帝遭敵軍生擒的消息，在各個層面都產生了不良影響。

首先，這樁事變使羅馬皇帝的權威掃地。對這項變化最敏感的，就是在前線實際帶兵防衛帝國的總督與軍團長。這些人接獲皇帝遭人俘虜的消息時，固然陷入茫然失措的狀況，但是國難當前，卻不知團結一致，反而鬧起內鬨。在人類社會裡，一旦權威掃地，留下來的人多半不會團結，反而各自為政。可能是因為過去有人在上頭統領，如今失去統領大眾的人物後，下場只有分崩離析一途。雖說數量上有些誇大，不過後世將這段時期稱為「三十名皇帝」時代。

北方蠻族也同樣地，認為現任皇帝讓敵人俘虜，代表羅馬帝國已經衰敗。迦利艾努斯與父親一同登基後，在前線奮鬥了七年，才把這些人趕回防線外面。如今東方發生的事變，又讓這些人膽量大了起來。

法蘭克族渡過萊茵河湧入高盧；亞列門諾族突破萊茵河、多瑙河上游的帝國要害「日耳曼長城」，隨後又攀越阿爾卑斯山進逼義大利北部。此外，哥德族再度穿越多瑙河入侵。哥德族已有從黑海入侵小亞細亞、希臘大肆搶奪的經驗。如今重施故技，羅馬依舊拿他們沒辦法。三百年來守護帝國西方的「防線」，可說全線瀕臨崩潰。

在帝國東方，情勢令人更加絕望。幼發拉底河防線不但千瘡百孔，甚至已經消失無蹤。波斯軍雖然會戰時節節失利，但在侵略時卻能發揮本領，原因在於波斯的主力是重騎兵。重騎兵直到中世紀還是軍隊的主力，到了近代又拿起火槍，轉型為龍騎兵(Dragoon)。龍騎兵到了現代，就轉變成所謂的戰車了。重騎兵與戰車同樣地，是以衝擊力為特色。換句話說，西元二六〇年時，羅馬帝國東方就是遭到波斯的「戰車」蹂躪。

在帝國「東方」，羅馬並非沒有能力抵抗氣勢正盛的波斯軍。只是羅馬缺乏領袖人物整合剩餘的羅馬兵力，將其統合為一股軍事力量。軍團長個別率兵防衛，稍有戰果便自立稱帝，波斯也就順勢利用這個無政府狀態。在這種慘狀之中，能夠始終堅持抵抗波斯的，只有歐德納托斯一個人。他出身於羅馬人眼中的通商民族帕耳美拉人。

而到了西元二六一年時，羅馬帝國又遇上了瘟疫。不知道為什麼，羅馬的瘟疫通常是由東向西傳染。羅馬人總稱為“pëstis”（pest 一詞的起源）的瘟疫自古皆有，並非西元三世紀才突然出現。只不過戰後造成的災害程度，比戰時疾病造成的還要巨大。不知道是因為普遍缺乏糧食造成民眾體力衰弱，還是衛生環境惡化帶來的影響。總而言之，疾病帶來的災害要比以往嚴重。

地震帶來的災害，持續時間也同樣開始拖長。羅馬帝國幅員廣闊，內部有許多地震帶。因此國家在許久以前便制定了震災應變策略。應變策略大致上分成三個部份，一旦遇到災情，便同時啟動：

一、由皇帝公庫緊急撥款發放給受災戶。

二、從距離災區最近的軍團基地派出軍團兵，修復當地的公共建設。

三、元老院內設置特別委員會，向災區派出調查團。隨受災情況輕重決定減免三至五年占收入一成的行省稅。

上述政策是由第二任皇帝臺伯留創制，後由歷任皇帝承繼，轉為羅馬帝國的國策。到西元三世紀後半時，這些政策並未遭到廢除。只不過三世紀後半的國情已經使上述政策無法產生作用：

一、由於對外作戰造成軍費遽增，皇帝公庫沒有多餘財力發放賑災款項。

二、軍團兵已經動員去對外作戰及武將內鬥，沒有多餘兵力可以派至災區。

三、半個世紀之前，卡拉卡拉皇帝的敕令將所有行省民升格成羅馬公民。既然行省民不存在，行省稅也就自然消滅。即使想以免徵稅款方式協助受災戶重建家園，也沒有可以減免的稅賦。間接稅及營業稅的稅率太低，免稅無法引起足夠的效果。而且問題最大的地方還在於，帝國國庫要靠徵收戰時特別稅才勉強得以維持，實在沒有餘力復興災區。

總結而言，災區始終就是災區，受災戶難有復興的日子。民眾開始放棄破碎的故鄉、拋下灌溉設施受損無法耕種的田地，流入了都市地區。

這種現象還不只發生在遭受天災的地區，同時也發生在遭受蠻族燒殺破壞，人員物資也遭掠奪的區域。在經常遭受蠻族入侵的前線地區附近，這個傾向更為顯著。

羅馬帝國的國防，並非純粹由防線周邊的軍團基地承擔。羅馬軍團身為純戰鬥集團，必須要有附近民眾的協助，才能發揮戰鬥集團的真正實力。羅馬政府也知道這一點，因此設計了許多以軍團基地為中心的造鎮政策。首先獎勵軍團兵在退伍之後移居基地附近；同時給予一般民眾優惠稅率，讓軍團向他們採購物資時可享受特別待遇。

一片土地若是有人定居，周遭環境便會開始累積適於人類生存的各項要素。也正因為如此，歷經荒廢的中世紀之後，近代人又能將羅馬時代的軍團基地、後勤基地恢復為大城市。有人居住，就會為土地帶來各種有形無形的力量。儘管一時之間化為焦土，在地底深處的種子也遲早會重新萌芽。如果說西元三世紀後半時，羅馬帝國面臨的最大威脅就是「人群湧入都市及鄉村荒蕪」，想必也不過分。

當失去父親之後，成為單人皇帝的迦利艾努斯要面對的，就是羅馬帝國的上述窘狀。無論從正面、反面來看，普布留斯・利奇紐斯・迦利艾努斯這個人，都是標準的三世紀後半羅馬菁英。

他不僅出身在三世紀時已經寥寥可數的共和時期名門，本人的教養也極為良好。不僅愛好希臘文化，甚至在娶妻時，岳父還是小亞細亞的希臘人，也是元老院議員。迦利艾努斯在希臘哲學方面造詣極佳，仰慕新柏拉圖學派的哲學家普羅提諾斯。同時又與哈德良及馬庫斯・奧理略皇帝同樣信奉埃留西斯儀式。如果他出生於五賢君時代，也許會受命維護學術都市雅典，在嚮往的地方度過充足又安定的餘生吧。對他來說，生在西元三世紀後半，是一樁不幸的事情。

迦利艾努斯

不過迦利艾努斯畢竟是羅馬人。既然擔任帝國的最高負責人，他也就絕對不會怠忽職守。問題在於他盡忠職守的方法，令當時的輿論及後世的史學家毀譽參半。這是他與西元一世紀興盛期、二世紀穩定期的皇帝最大的不同之處。

迦利艾努斯皇帝的治國期間，從西元二六〇年發生皇帝遇俘事件起算，到西元二六八年為止一共八年。如果要一一追述迦利艾努斯做過的事情，只怕筆者要寫到頭昏，讀者也會看到眼花。總之這段期間內他幾乎沒回到首都羅馬。若說有哪個地方堤防潰堤了，迦利艾努斯就會趕去修復堤防；有人想在內部破壞剛修好的堤防，迦利艾努斯又會率兵趕去打倒這些人保衛堤防。八年下來，迦利艾努斯跑遍了整個帝國西方。這裡所說的堤防潰堤，就是從外部破壞防線的北方蠻族；而在內部破壞堤防的，則是舉兵稱帝、疏於保衛堤防的總督、軍團長。

迦利艾努斯皇帝能夠承擔這般苛刻的工作，原因在於當時他正值四十二到五十歲之間，是羅馬人認為精神與肉體最為成熟的時期。

對於前線的將軍而言，皇帝遇俘的消息，既是提拔自己的恩人遭遇到的不幸，也是羅馬史上首見的事變，因此失去行動基準。迦利艾努斯與將領不同的地方就在於，他認為與其慌慌張張尋求解決辦法，不如先穩住局勢，不讓帝國瀕臨崩潰的危機持續擴大。只不過他獲得的結果，只是讓前線將領與元老院議員雙方對他不滿而已。

高盧帝國

西元二六〇年，瓦雷力亞努斯皇帝遭波斯王俘虜的消息傳到西方後，不久就發生名稱嚇人的「高盧帝國」創設事件。這個事件的結果，雖然使高盧行省獨立於羅馬帝國之外，然而事情的起源不是叛變也不是獨立運動。

整個事件的開端，起於萊茵河防線的兩位將領在擊退蠻族後，對於搶回來的掠奪物資處理方式有爭議。波斯托穆斯主張應該將戰利品分發給士兵；另一名將軍悉爾伐努斯則堅持應繳交國庫，再由國家還給遭掠奪的物主。兩人不僅各持己見，最後還演變成武力衝突。波斯托穆斯趁著悉爾伐努斯待在科隆時率兵前往攻擊。科隆的居民不願在這種理由下讓生命財產遭遇風險，於是捕獲悉爾伐努斯總督及其親信，交給了波斯托穆斯。波斯托穆斯也旋即處死這些人。

可是在不久之後，波斯托穆斯發現他殺害的軍官中還包括迦利艾努斯皇帝委由悉爾伐努斯教育的長子在內。他認為既然殺害了皇帝的長子，自然無法繼續待在皇帝之下，於是決心脫離羅馬帝國。

波斯托穆斯

「高盧帝國」(Imperium Galliarum) 就是這樣誕生的。這並非高盧居民為了脫離羅馬帝國而創設的國家。從政治型態而言，整個帝國可說是羅馬的縮影。皇帝理所當然由波斯托穆斯登基就任，每年還選出兩名執政官負責內政，又成立了立法機構元老院。首都位於萊茵河支流之一摩澤爾河濱的多利亞，這個都市在羅馬時期名叫奧古斯塔·特列維羅姆。從現代來看，這裡位於德國境內，接近與盧森堡間的國界。不過在羅馬時代，這是一路向西延伸的比利時嘉行省省都，與同一行省的亞眠、蘭斯等都市關係密切。從定都摩澤爾河濱這點可以得知，高盧帝國是以包括比利時嘉行省在內的高盧地區為腹地。

「高盧帝國」一創設，羅馬皇帝當然不能袖手旁觀。如果允許高盧獨立，還代表羅馬失去與高盧之間以庇里牛斯山脈為界的希斯帕尼亞（伊比利半島）。此外，這還表示羅馬失去多佛海峽對岸的不列顛。

迦利艾努斯首先嘗試以武力奪回高盧。然而波斯托穆斯旗下有他在防衛萊茵河時指揮的四個軍團，分別以波昂、占田、史特拉斯堡、梅因茲為基地。這四萬名軍人長期對抗法蘭克族，已經成長為一群精兵。羅馬曾二度嘗試以武力面對波斯托穆斯麾下的四萬大軍，結果為一勝一敗，只證明羅馬與高盧雙方都沒有足夠力量取得決定性戰果。不過這結果也理所當然，因為在戰場上衝突的是同等規模的羅馬軍人。

於是，迦利艾努斯的策略有了一百八十度的大轉變。波斯托穆斯能有這麼堅強的實力，在於他受到高盧居民支持。高盧人支持波斯托穆斯的理由是因為，這些年每當蠻族來襲，波斯托穆斯總是身先士卒帶頭作戰。那麼，只要讓波斯托穆斯創設的高盧帝國與以往一樣，負責迎擊西渡萊茵河來犯的法蘭克族就好。即使波斯托穆斯的地位從守護羅馬帝國防線的總督，變成高盧帝國的皇帝，在防止蠻族入侵高盧的這點上依舊沒變。高盧帝國問題就在這種政策評估下遭到擱置，直到西元二七四年回歸羅馬為止，共存續了十四年。至少在接下來的短期間內，全高盧地區可以免於蠻族侵略。迦利艾努斯不但放棄了自己的父親，連長子被殺的仇恨也打算忘記。

問題是當迦利艾努斯決心擱置高盧帝國問題後，前線官兵與首都的元老院議員為此大感不滿。自從朱利斯·凱撒征服高盧以來，這片土地的羅馬化一向順暢。貨幣鑄造所由於聚集大量金銀，必須設在帝國內最安全的地方。而自從奧古斯都開國以來，羅馬帝國的金幣銀幣一直都在高盧的里昂鑄造。高盧的中部、北部，為

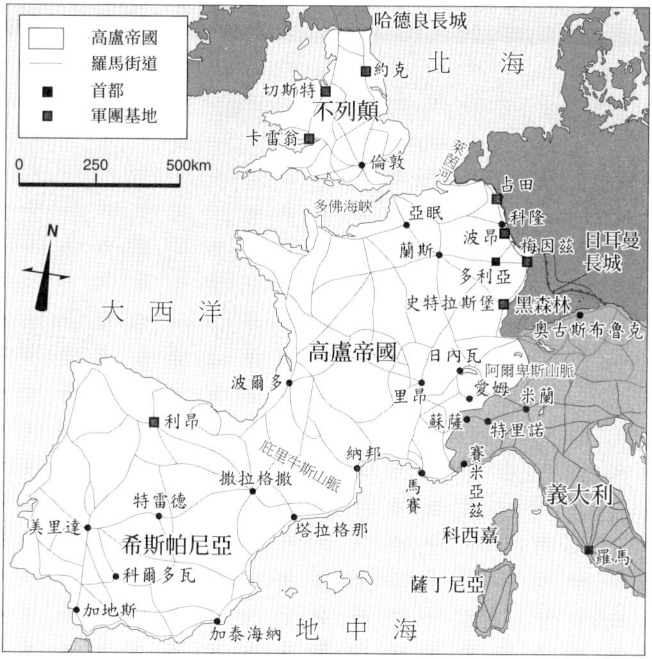

高盧帝國（西元二六三年）

現代的法國與比利時。羅馬帝國沒有在這裡設置軍團基地，只派駐一千名士兵用於護衛里昂的鑄幣廠。高盧已經是羅馬帝國的一部份，高盧人也長年認同自己是羅馬人，即使高盧帝國出現，也沒有人會真認為自己是高盧人。

羅馬人習慣將高盧南部地區簡稱為"prōvincia"（行省），相當於現代法國南部的普羅旺斯地區。這個地區羅馬化的歷史甚至比凱撒出世還早，而且安東尼奧．派阿斯皇帝也出生於此地。伊比利半島在羅馬時代稱為希斯帕尼亞，後世將此地分為葡萄牙與西班牙。這個地區是藉由羅馬化的南法地區與義大利本國相連。自從高盧帝國出現，將南法列入版圖後，圖拉真、哈德良兩位皇帝的出身地也就脫離羅馬帝國了。

不列顛雖然位處邊疆，不像高盧或希斯帕尼亞那樣提供過領袖人才，但與羅馬帝國的關係也不淺。邱吉爾首相曾說過，英國的歷史是自從朱利斯．凱撒渡過多佛海峽開始。由於羅馬人將不列顛島視為羅馬帝國的防線，自從克勞狄斯皇帝征服此地之後，不列顛隨時都派駐有三個軍團。哈德良皇帝在西元二世紀前半修建的「哈德良長城」(Vallum Hadriani) 也成了日後英格蘭與蘇格蘭的分界。賽埔提謬斯．謝維勒皇帝也是在防範外敵由長城北方跨境入侵時，病故於約克軍團基地。

高盧、希斯帕尼亞與不列顛不僅是羅馬帝國的行省，如今已經融合為帝國的一部份，一旦拆散就會分崩離析。從上述說明應該可以理解，為何大多數羅馬人不能接受高盧帝國的分裂。

迦利艾努斯另外又提出了一項政策，就是將北方蠻族之一的亞列門諾族引進萊茵河、多瑙河上游的「日耳曼長城」內側。迦利艾努斯允許這個一再突破「日耳曼長城」入侵的部族在長城內側居住。相對地，這段防線也就要由他們來守護。這個措施在當時大受輿論抨擊，甚至眾人傳說迦利艾努斯收了酋長的女兒當情婦。而後世研究人員也大多抱持嚴厲批判態度，認為這是將帝國國防完全交到蠻族手上的頭號案例。當然，至少附近地區在這段時期內，可以免受蠻族入侵。不過羅馬方面以修築居住設施名目給付的援助費用，從蠻族眼中看來只是避免侵略代價的年貢而已。

總而言之，由臺伯留皇帝立案、圖密善皇帝開工、哈德良皇帝強化、馬庫斯．奧理略皇帝整修，兩百五十年來一直守護羅馬帝國的「日耳曼長城」(Limes Germanicus)，就從這即將邁入西元三世紀後半的時期起失去作用。涅卡河與黑森林又成為日耳曼人的地盤。

迦利艾努斯皇帝把萊茵河防衛交給「高盧帝國」，「日耳曼長城」委由蠻族代工之後，將剩餘的軍事力量集中在防衛多瑙河流域。在短期間之內，的確成功地防守住了。可是多瑙河一帶的外敵哥德族，已經有航行愛琴海的經驗，知道掠奪海濱都市的滋味如何。如果要防止哥德族出現在愛琴海上，就不能光依賴多瑙河防線，而是要把小亞細亞西部納入防衛體系中。對於迦利艾努斯皇帝而言，能否拉攏孤軍在東方對抗波斯王的帕耳美拉將領歐德納托斯，是個重要的課題。

帕耳美拉

帕耳美拉起源自敘利亞沙漠裡的綠洲，恰好位於幼發拉底河與地中海的中央。自古以來帕耳美拉是商隊的補給中心，不過會發展成「敘利亞沙漠之珠」，還是要等到納入羅馬帝國版圖以後。

羅馬人理解以安提阿為中心的帝國東方經濟基礎，要仰賴東西方貿易維護。因此，羅馬人將沙漠流民貝德溫族收為輔助兵，使往來沙漠的商旅免受其襲擾，這才使得帕耳美拉真正繁榮發展。在地中海與幼發拉底河之間的都市，是藉由羅馬道路網相互銜接，由此可證「羅馬和平」也滲入了東方的沙漠地帶。從現存的帕耳美拉遺蹟，可以想像當年的繁榮景況，不過這些遺蹟都是羅馬時代的遺物了。畢竟交易要在和平受保障的情形下才能活絡，帕耳美拉的盛況也是「羅馬和平」下的產物。一旦「羅馬和平」成為過去，帕耳美拉也就只好走入歷史。

據說歐德納托斯生於帕耳美拉的貴族家庭。不過帕耳美拉是以通商起家的都市，歐德納托斯想必也是出生在靠東西貿易發財的仕紳家中。因為保衛帕耳美拉是羅馬的職責，帕耳美拉人沒有武將血統，也沒有身為武將的必要。

帕耳美拉會出現歐德納托斯這等人物，也代表西元三世紀後的帕耳美拉情勢不同了。原本帕耳美拉沒有自衛的必要，後來當公民中出現有軍事才能的人時，開始讓這種人編組軍隊，委由其保衛家園。行省出身的人在羅馬軍中竄升不是什麼新鮮事情，不過從未有人像歐德納托斯這樣，帶著個人部屬前來參戰的。當年瓦雷力亞努斯皇帝準備波斯戰役時，遇上了率領以弓箭為武裝的波斯式輕騎兵前來參戰的歐德納托斯，並任命其為正規的羅馬軍司令官。這時皇帝賜給歐德納托斯“vir consularis”稱號，待遇比一般司令官還好。因為他把沒有元老院議員身份的歐德納托斯，立時升格為「前執政官」(vir consularis)，這名帕耳美拉出身的武將，就如此展開羅馬軍旅生涯。

兩年以後，發生了瓦雷力亞努斯皇帝遭俘虜的事變。面臨這椿前所未聞的變故時，羅馬高官不是

帕耳美拉遺蹟

手足無措，就是展開內鬥，只有歐德納托斯保持冷靜。波斯王以為抓住皇帝就代表即將拿下羅馬帝國，因此帶兵渡過幼發拉底河進攻敘利亞。正是歐德納托斯帶著帕耳美拉部隊勇猛攻擊士氣旺盛的波斯軍，迫使夏普爾迅速停止掠奪，撤回幼發拉底河以東。而且每當波斯勢力跨越幼發拉底河，又會重演同樣的戲碼。

在皇帝遇俘的事變之後，迦利艾努斯又忙著處理西方事務，帝國東方可說幾乎遭到棄置。在這種情況下，歐德納托斯自然會逐漸受到帝國東方的民眾支持。對居民而言，既然羅馬帝國不能提供保障，大眾只好期待有能力保衛的人伸出援手。通商都市帕耳美拉的武將歐德納托斯，便慢慢成為整個帝國東方的武將。

這個情勢也促使迦利艾努斯皇帝思索運用歐德納托斯的方法。迦利艾努斯任命這名帕耳美拉人為"Dux Orients"，直譯則為「東方司令」。這個職位要負責從分隔小亞細亞、敘利亞的陶盧斯山脈起始，到阿拉伯邊界為止的帝國東方國防。以現代來說，則包含敘利亞、巴勒斯坦、黎巴嫩、約旦、以色列等在內的整個中東地區。不過小亞細亞與埃及不在責任範圍內。小亞細亞與多瑙河防線關係密切，因此在國防上屬於西方。埃及則因為是皇帝的私人領地，所以排除在「帝國東方」的概念之外。

不過帝國東方國防總負責人，傳統上是由敘利亞行省總督兼任。而且東方司令在羅馬軍中的地位極高，權威與實權僅次於身兼最高司令官的皇帝。這項職位會交給一個帕耳美拉人，顯示出西元二六〇年代的羅馬東方國防體系其實已經瓦解。

歐德納托斯不僅回報了迦利艾努斯皇帝的善意與期待。從西元二六〇年起，到二六七年之間，這個帕耳美拉人面對羅馬皇帝的態度，向來光明正大，貫徹羅馬人視為最高德行的「信義」一詞。如果雙方繼續往來下去，也許迦利艾努斯會以維持同盟關係為條件，承認歐德納托斯一直想要的帕耳美拉王稱號。畢竟歐德納托斯曾在聽到小亞細亞遭蠻族入侵時，儘管事不關己，依舊率軍協助抵禦。

不過迦利艾努斯皇帝與歐德納托斯的良好關係，到了西元二六七年突然宣告結束。就在慶祝戰勝哥德族的酒宴上，歐德納托斯遭到外甥刺殺，而且與他同行的長子也當場遇害。

這樁命案似乎起於私人恩怨，殺人犯當場遭眾人擊斃後事情便告了結。而歐德納托斯的遺孀澤娜比亞事後處理也做得不錯。澤娜比亞是歐德納托斯的第二任妻子，丈夫遇害之後，馬上讓自己尚未成年的親生兒子接替丈夫的地位，她本人則以監護人的身份掌握大權。帕耳美拉女子澤娜比亞，就這樣登上歷史舞臺。

帝國三分

身為同性總覺得遺憾的是，好像女子只要一拿到大權，就會立刻跨越不得踰越的分寸，而且還是以趁人之危的方式進行。歐德納托斯生前從未趁著迦利艾努斯皇帝的危難占便宜，澤娜比亞卻不客氣。她將勢力向北延伸到小亞細亞東部的卡帕杜西亞，向南又取得埃及。

卡帕杜西亞行省為羅馬帝國東方防線的北半部，埃及行省更不僅是皇帝的私人領地而已。埃及長期提供本國義大利所需小麥的三分之一，是羅馬帝國的穀倉。迦利艾努斯忙於處理西方的急務，只有默認澤娜比亞的暴行。然而澤娜比亞卻以為羅馬帝國完全認同了領土分配。不知道澤娜比亞是沒想到羅馬只要脫離西方面臨的困境後，皇帝便會立即出面重整東方局勢，或是她認為羅馬帝國已經再也無法脫離困境了。可能澤

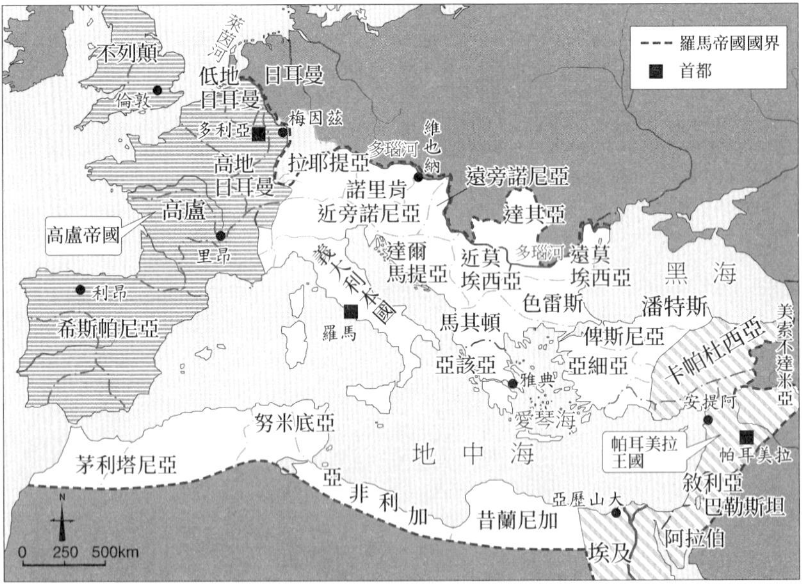

三分天下的羅馬帝國（西元 270 年左右）

娜比亞也為了成果之大而訝異，因此公開宣言將如往昔一般維持小麥出口。可是對三百多年來認為埃及是帝國穀倉的羅馬人來說，這項問題不是一篇宣言就能解決。

澤娜比亞奪取埃及之後，迦利艾努斯皇帝的立場更為不利。自從西元二六〇年父皇遭波斯王俘虜之後，迦利艾努斯皇帝一直表示自己的統治底線是不讓狀況繼續惡化。當澤娜比亞的勢力擴大到卡帕杜西亞與埃及之後，證明皇帝無法阻止狀況繼續惡化。

一道法令

由迦利艾努斯提案成立的法律裡，亦即由他構思並施行的政策中，將「元老院」(senatus)與「軍隊」(exercitus)完全分離的法律飽受後世批判。這項法令完全剔除了軍官階層裡的元老院議員。

我們不得而知出身共和時期起的元老院世家，各方面都足以代表元老院階層的迦利艾努斯會推行這套法令的原因。有人說這是皇帝四處奔命時，元老院議員袖手旁觀，令皇帝大感光火所致。又有人說這是因為蠻族入侵已經成為常態，只有軍事專才能夠成功迎擊。議員除了待在安全的首都擬定元老院院會上的講稿之外別無本事，上了戰場只是礙手礙腳，因此才成立這套法律。這兩種說法應該都正確吧。因為這並非皇帝只要經「內閣」同意就能頒布的臨時措施法，而是由皇帝提案，元老院多數通過後成為制度的羅馬法。

也就是說，元老院議員自己投票贊成這套將議員趕出軍方的法案。迦利艾努斯之後有許多軍人皇帝，然而軍人皇帝不是軍人擁立出來的，而是文官自己弄出來的。這也是西元三世紀的特色，羅馬人逐漸不是羅馬人的案例之一。亦即這道法令決定了日後羅馬帝國的走向。

無論共和、帝政時期，羅馬人認為元老院具有儲備國家要職人才的功能。一個人若出身在天生擁有議席的階層，便有義務在年輕時經歷軍務。

領導階層出身的人，從十七歲成年起便該經歷十年左右的軍旅生涯。即便中間允許有斷層期，也一直是領導者該經歷的課程。進入帝政時期後，隨著「羅馬和平」的確立，十年期限日益縮短。不過觀念上依舊認為，對於在執政機關元老院擁有席位的人而言，有無軍團經驗與否事關重大。率領一個軍團的軍團長職務，也是以具有元老院席位為資格條件。對於出身低微，但由軍中逐步攀升的人才，只要皇帝推薦，元老院也會立即提供席位，補足其欠缺的條件。這些形成羅馬帝國領導階層的人之中，少有所謂高學歷份子，亦即從希臘雅典、埃及亞歷山大等國內最高教育機構遊學歸來的人。這些人的青年時期，用於在軍團累積實務經驗，少有深入學府鑽研理論者。

如果是一個率兵衝鋒陷陣的中隊長，不懂政治一樣可以達成勤務。然而不了解軍務的人，就絕對無法推動政治。軍人可以不懂政治，然而政治人物若不懂軍事，則無法推動政事。

羅馬人自古理解這項人性現實，所以不在軍務政務間設限，重視於兩者間自由往來所培育起的寬廣視野人才。

綜合由吉朋至現代的諸位羅馬史專家對迦利艾努斯法的批判而言，結論是不再參與力量者終將失去統治力。以羅馬帝國而言，力量就是軍隊，因此這項批判相當正確。筆者一路敘述下來也相信，將軍務政務完全區隔之後，在人才培養方面造成的弊害，對日後的羅馬帝國影響甚鉅。觀察迦利艾努斯之後的諸多軍人皇帝可以得知，這些人雖然在軍事方面能力優越，卻不是政治家。這件事也證明，日後的羅馬帝國再也沒有懂軍事的政治家，或者懂政治的軍人了。這也是羅馬逐漸不再是羅馬的案例之一。

卡拉卡拉頒布饋贈羅馬公民權給行省民的「安東尼奧敕令」，使得行省民一夕之間全部變成羅馬公民。這道法令把羅馬公民權從取得權變成既得權。五賢君時代的小普林尼曾說：「羅馬公民權必須要充滿魅力才行。」如果人人天生擁有羅馬公民權，自然不會覺得公民權有魅力。羅馬公民權本是無論人種或宗教，只要為國效忠就可取得的權益。在卡拉卡拉立法之後，公民權便失去其真正的意義。

筆者認為，迦利艾努斯皇帝制定的軍政分離法，與卡拉卡拉的公民法同樣使羅馬人非羅馬化。卡拉卡拉的法律挫折了一般公民的幹勁，迦利艾努斯的法律則讓領導階層失去鬥志。

不過，另外還有一項雖然造成非羅馬化，但為「因應劇變環境別無他路」的法律。這項政策同樣是迦利艾努斯制定的法案，是將軍事結構由羅馬傳統以重步兵為主的體系，改為以騎兵為主，亦即偏向日耳曼風格。

防線的歷史變遷

大多數情況下，插圖的用意，在補足言辭說明。不過有些時候，千言萬語說不清楚，只有靠圖畫來敘述。好比說以下四張插圖。

後三張插圖，分別代表以河川為國界的地區，其「防線」隨不同時代而產生的情勢變化。對羅馬帝國而言，河川邊有防線的地區，意指萊茵河、多瑙河沿岸前線。

首先看看第一張，圖中顯示了當時的國界局勢。羅馬為了防止蠻族入侵，採用主動攻入敵境，使敵人重創而無力反擊的戰略。這項戰略由共和末期，西元前一世紀起正式採用，到了帝政時期後，在西元一世紀、二世紀也都遵循這項大戰略。簡單來說這項戰略原則是「以攻為守」，亦即「攻擊就是最佳防禦」。

這個時期的帝國「防線」可說是銅牆鐵壁。但防線內側的羅馬各都市鄉村都沒有修築城牆。就算有，也只是個人住宅周邊的柵欄，讓人覺得羅馬人毫不提防，一遇上強盜只怕會馬上遭殃。

朱利斯．凱撒為了擴大首都中心的規模，將王政時期修築，在共和時期長年保衛首都的

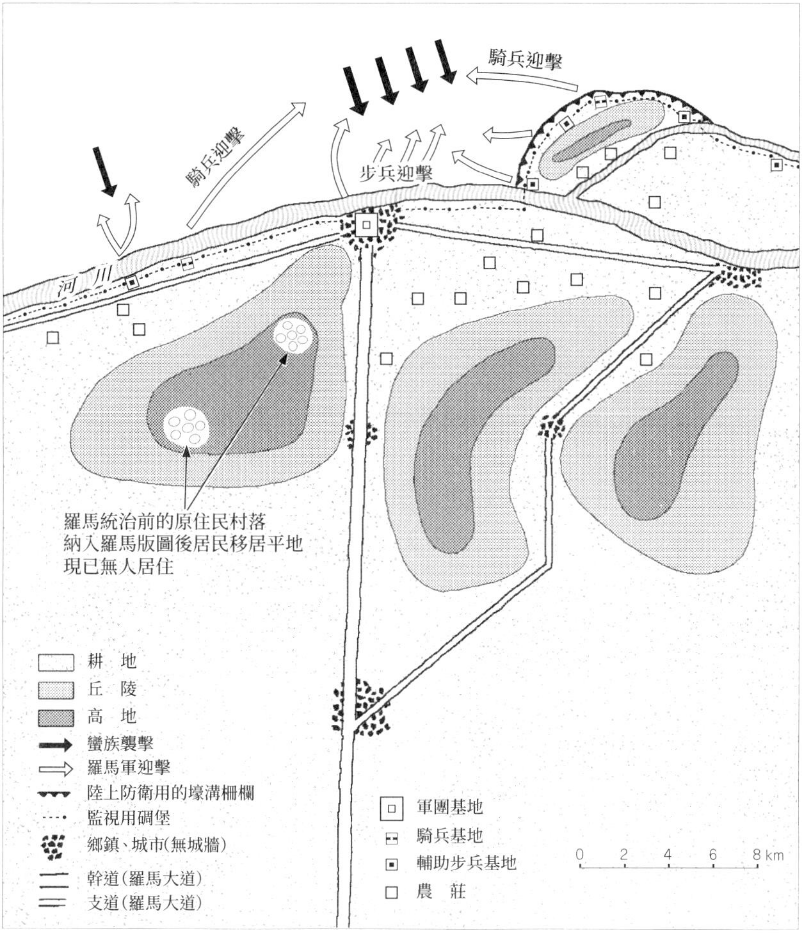

羅馬的「防線」(limes)：共和時期、帝政一世紀、二世紀
（引用自 E. N. Luttwak, "*The Grand Strategy of the Roman Empire*"）

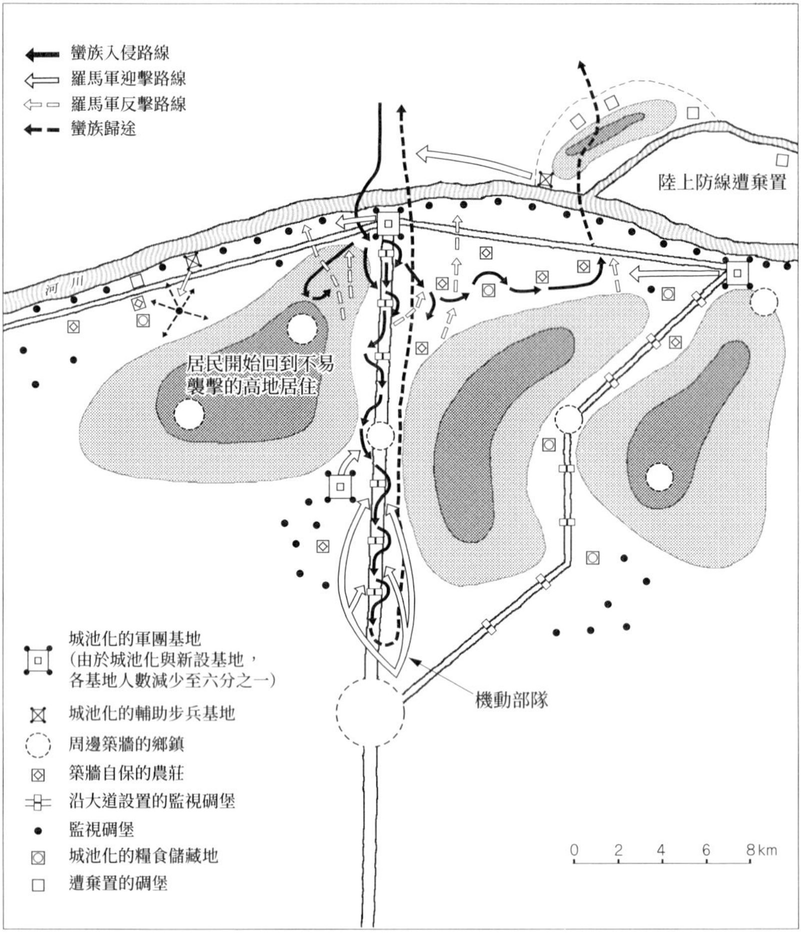

羅馬的「防線」(limes)：西元三世紀中期

(引用自 E. N. Luttwak, "*The Grand Strategy of the Roman Empire*")

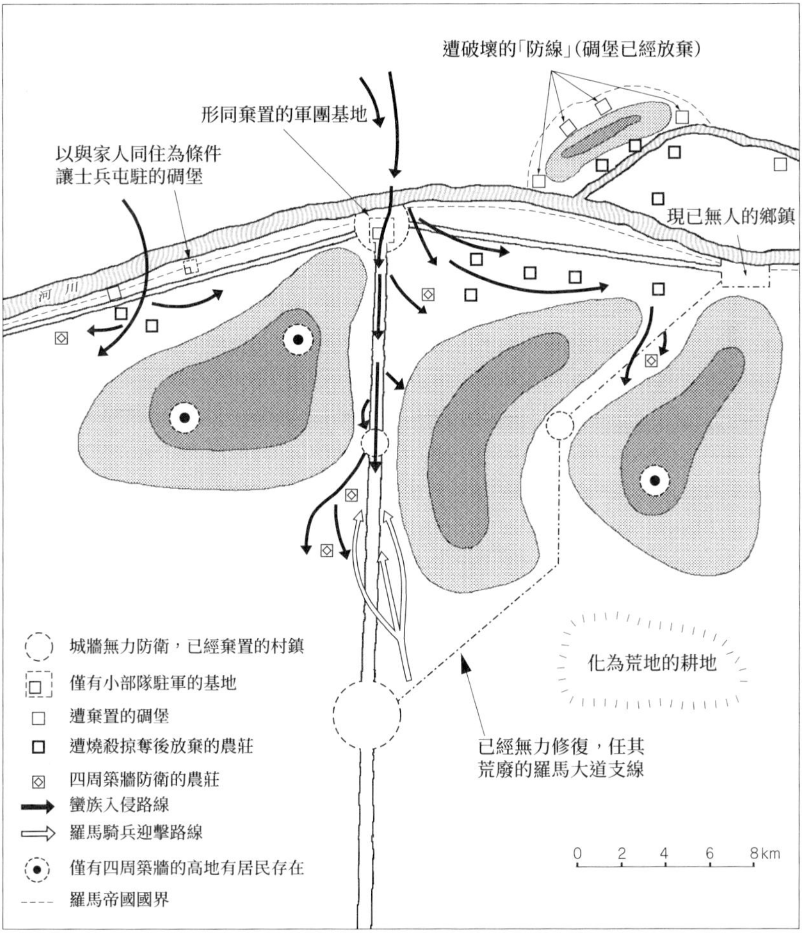

羅馬的「防線」(limes)：西元三世紀後期

（引用自 E. N. Luttwak, "*The Grand Strategy of the Roman Empire*"）

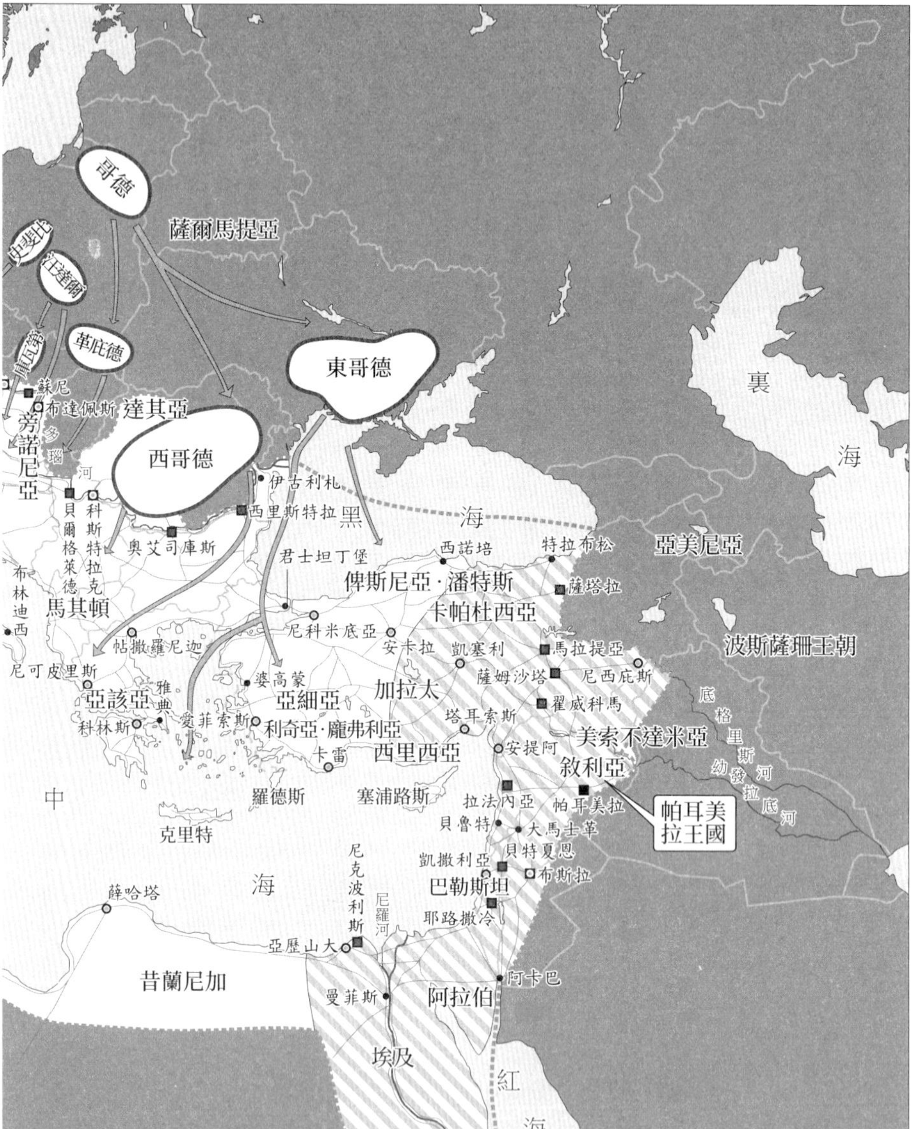
哥德
薩爾馬提亞
史瓦比
汪達爾
庫瓦第
革庇德
東哥德
西哥德
蘇尼
布達佩斯
達其亞
旁諾尼亞
多瑙河
伊古利札
西里斯特拉
黑
海
貝爾格萊德
科斯特拉克
奧艾司庫斯
君士坦丁堡
西諾培
特拉布松
俾斯尼亞·潘特斯
薩塔拉
卡帕杜西亞
布林迪西
馬其頓
尼科米底亞
安卡拉
凱塞利
馬拉提亞
帖撒羅尼迦
尼可皮里斯
婆高蒙
薩姆沙塔
尼西庇斯
亞細亞
加拉太
亞該亞
雅典
翟威科馬
科林斯
愛菲索斯
利奇亞·龐弗利亞
塔耳索斯
安提阿
美索不達米亞
卡雷
西里西亞
敘利亞
中
羅德斯
塞浦路斯
拉法內亞
帕耳美拉
帕耳美拉王國
貝魯特
大馬士革
克里特
凱撒利亞
貝特夏恩
布斯拉
海
巴勒斯坦
薛哈塔
尼克波利斯
尼羅河
耶路撒冷
亞歷山大
阿卡巴
昔蘭尼加
曼菲斯
阿拉伯
埃及
紅
海
裏
海
亞美尼亞
波斯薩珊王朝
底格里斯河
幼發拉底河

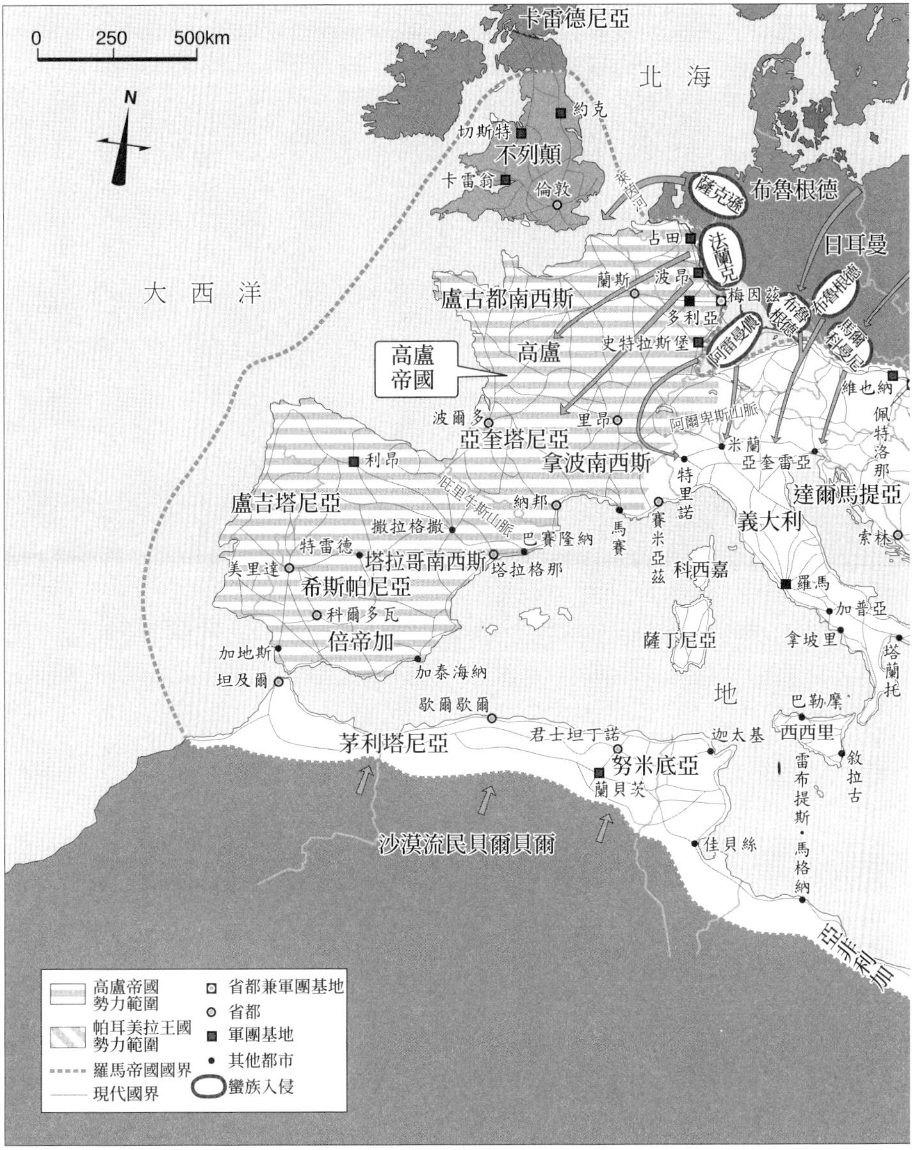

西元三世紀羅馬帝國遭遇空前危機時，圖為西元二六〇年至二七〇年的局勢

（引用自義大利一般高中歷史課本）

「塞爾維斯城牆」拆除。當時他表示，國防責任將由國界承擔，即使是首都也沒有築牆的必要。凱撒的想法不僅適用於首都羅馬，也同樣與其他羅馬體系普及至帝國各地。從圖中可以看得出來，即使在防線附近的國界地區，也只有軍團營區及武器庫房等軍事設施才有石牆建築。

在衡量社會安全程度時，除了民眾居住區域的周邊有無護牆以外，還有三個基準可資利用。這三個基準也反映出社會的健全程度。

其一，民眾居住區域不集中在容易防衛的高處，而分散在平地上。這反映出土地的有效利用程度。

其二，主要產業不是緊急時可以一同遷徙逃亡的畜牧，而是農耕。農耕盛行代表社會和平。

其三，交通設施整頓良好，商旅期間安全受保障，人員物資交流熱絡，各地方政體間關係不閉鎖。換個現代的說法，就是羅馬帝國內部的全球化。

這也就是“Pax Romana”（羅馬人主導下的和平）的真實面貌。即使在邊境地帶，羅馬帝國同樣實現了這個理念。而且不是十年二十年而已，承平時代前後長達三百年。在馬庫斯．奧理略時代，防線雖然一度遭突破，但仍然能夠迅速擊退敵軍。之後與蠻族的戰爭依舊於境外進行。換句話說，「羅馬和平」能發揮完整功能的時代裡，羅馬人能守住戰爭不在帝國「境內」，而在「境外」開打的基本戰略。

當無法依照戰略進行時，則進入第二張圖的時代。局勢更加惡化之後，則變成第三張圖的情況。

由於各處防線遭突破，而且短期內一再重演同樣局面，都市、城鎮、村落開始在居住區域周邊築牆自保。就連軍團基地也改以高塔與石牆環繞，甚至在周邊挖掘壕溝、引入河水禦敵。以往居民覺得高處生活不便，遷居平地後，舊的居住區只用來當牧羊小屋。如今丘陵居住區重新受到評估，民眾開始定居其中。

在平地耕作已經不安全，經濟上也開始不利。耕地荒廢的主要原因，不只是羅馬軍迎擊蠻族時以耕地為戰場而已。中央與地方政府失去維修道路、運河、灌溉設施的能力，也造成耕地荒廢。只有在承平時期，人們才能充分整修基礎建設。

軍事結構改革

迦利艾努斯皇帝也知道，除了恢復和平以外，無法打破現今的局勢。他計畫將羅馬傳統以重步兵為主的軍團體系，改換成以輕騎兵為主的日耳曼形式，藉此打破局面。換個角度來說，這個政策是重新啟用四十多年前卡拉卡拉皇帝提出的「機動部隊」(vexillationes) 系統。因為西元三世紀的羅馬特色為「政策非持續性」，卡拉卡拉身故後政策曾一度中斷。此外卡拉卡拉設立的是步兵、騎兵混合的分隊，迦利艾努斯皇帝的「機動部隊」則是純粹的騎兵部隊。

綜合上述，這又是一項羅馬人的非羅馬化現象。本冊一再提到「非羅馬化」一詞，在歷史學上的專詞則是「中世紀化」。羅馬的軍事制度原本反映著羅馬的社會結構，一旦軍事制度變更，連帶會使社會結構產生變化。重武裝的軍團兵讓出戰場上的主角地位，也就是城邦國家的多數派「公民」扮演的公民兵離開主角地位，改由社會的少數派「騎兵」當主角。

此外，騎兵團的規模會比以步兵為主力的軍團小。數萬名騎兵一同行動不是有效的戰術，實際上也不可能。因此在行動時，規模通常不滿一萬。統率五萬部屬的總司令，與兵力十分之一的部隊長官所需的能力不同。簡單來說，各種各樣的人物匯聚的大規模集團必須由通才領導；同一類別的小規模專才團體領袖，只要由其中最優秀的專才擔任即可。

同樣由迦利艾努斯提出的元老院與軍方完全分離政策，又使得上述變化更加顯著。羅馬元老院長年來一直擔負培育通才，將其送進國家要職的工作。即使發掘到軍團熬出頭的專才，也會在其職業生涯途中賜予元老院議席，將其轉型為通才。如今培育的程序遭切斷，羅馬軍的主力又從步兵轉成騎兵。羅馬軍的指揮官主力也自此由軍團長轉移到騎兵隊長。從上述的實權轉移過程來看，迦利艾努斯過世後的羅馬皇帝幾乎全是軍人皇帝，而且都是騎兵隊長出身，也是理所當然的變化了。

當蠻族來襲時改由專才集團迎擊，而且由行軍速度毫不遜色的騎兵對抗全為騎兵的蠻族之後，擊退入侵蠻族的目的算是達成了。只不過，羅馬帝國境內遭蠻族掠奪，戰場在帝國內部的情況依舊沒有改善。換句話說，成功擊退時也只是「遭攻擊之後才取勝」。「以攻為守」的時代已經成為過去。

停滯性通貨膨脹(Stagflation)

看到上列四張插圖之後，想必有不少讀者會認為：西元三世紀的羅馬帝國，經濟生產力方面應該也會大幅下滑才對。實際上，三世紀時的羅馬帝國經濟的確是逐漸衰退。主要原因之一，在於稅收減少。相對於稅收減少，支出卻不斷增加，尤以軍事費用更是遽增。

軍事費用暴增的原因，不在於軍事機構膨脹。從軍團數量來看，西元三世紀初的三十三個軍團，至少名目上還沒有增加。可是軍事機構沒有膨脹，戰爭的次數卻大幅成長了。要把軍隊送到戰場上活動，所需的費用自然比屯駐在基地中高昂。

那麼，歷任皇帝是如何面對因而產生的赤字問題呢？自從卡拉卡拉皇帝使行省民也具有羅馬公民權之後，政府徵收不到占收入一成的行省稅。光依賴稅率百分之五的關稅、稅率百分之一的營業稅等間接稅，實在不足以彌補財政赤字。

主政者後來推出一種名為戰時特別稅的臨時稅收。問題是，名義上這是臨時的稅賦，卻因課徵次數頻繁而有恆常化的趨勢，造成民眾滿懷怨忿。如果徵收次數過多，就得面臨暴動局勢。

羅馬帝國基準貨幣銀幣的價值變遷

從奧古斯都到克勞狄斯為止（西元前 23 年～西元 64 年）		
狄納利斯銀幣	3.8～3.9 公克	100% 純銀
從尼祿到馬庫斯·奧理略為止（西元 64 年～180 年）		
狄納利斯銀幣	3.2～3.8 公克	銀 92%
從康莫德斯到賽埔提謬斯·謝維勒為止（西元 180 年～211 年）		
狄納利斯銀幣	3.2～3.8 公克	銀 70%
從卡拉卡拉到瓦雷力亞努斯為止（西元 214 年～253 年）		
狄納利斯銀幣	3～3.2 公克	銀 50%
安東尼奧銀幣	5.5 公克	銀 50%
從瓦雷力亞努斯遇俘到迦利艾努斯為止（西元 260 年～268 年）		
安東尼奧銀幣	3～3.2 公克	銀 5%

結果，歷任皇帝決定採用減少銀幣純度的方式應付問題。早在重視軍事力量、新增三個軍團的賽埔提謬斯·謝維勒皇帝時，這個不良傾向已經開始明顯了。

如果當政者不聞不問，貨幣的面額價值與素材價值間的差距將會逐漸增加，也就等於放置通貨膨脹問題不處理。皇帝身為帝國最高統治者，當然不能有此等怠慢情事。

卡拉卡拉繼承謝維勒皇帝時，「狄納利斯銀幣」純度已經跌至百分之五十。因此他並行推出純度相同，但份量將近兩倍，重五·五公克的「安東尼奧銀幣」，希望能讓銀幣價值停止下跌。貨幣政策向來以銀幣為對象，把金幣排除於外。其原因在於，羅馬自古以銀幣為基準貨幣，幾乎可說是銀本位制度。也因此，銀幣的價值變動，也反映出羅馬的經濟力量變遷。

西元二一五年，卡拉卡拉皇帝推出「安東尼奧銀幣」，與代表羅馬帝國的「狄納利斯銀幣」並行。過了半個世紀之後，在迦利艾努斯皇帝任內又是什麼情況呢？

重約三公克的「狄納利斯銀幣」此時已經離開市場。而唯一通行的「安東尼奧銀幣」重量從五．五公克，掉到與狄納利斯銀幣相當的三公克，含銀比例只剩下百分之五。要說這是銀幣，不如說是鍍銀的銅幣。實際上，市場上也幾乎找不到「塞斯泰契斯銅幣」了。

開國皇帝奧古斯都制定，重約三．五公克、百分之百純銀的「狄納利斯銀幣」，沿用了兩百年。相形之下可以得知，西元三世紀時羅馬帝國的通貨膨脹有多嚴重。「羅馬和平」破滅之後，在羅馬社會的各個層面都造成了不良影響。

在純銀貨幣的時代，不僅印度，連遠方的中國都能找到羅馬貨幣的蹤跡。可悲的是，鍍銀硬幣也在歷史上留下了痕跡。筆者手上有個刻著迦利艾努斯皇帝側臉的硬幣。這個硬幣的重量，與馬庫斯．奧理略、康莫德斯、賽埔提謬斯．謝維勒、亞歷山大．謝維勒等皇帝發行的貨幣一樣。不過為了讓硬幣看來大一點，因此犧牲了厚度。貨幣上的浮雕也不像以往那般層次鮮明。拿起硬幣捏在手上，讓人覺得硬幣厚度不夠，擔心是否太用力會把硬幣捏破。由於含銀比例只有百分之五，又讓人擔心如果擦拭硬幣上的黑色銀鏽，不知會不會把銀膜擦掉，露出底下的銅幣。

迦利艾努斯皇帝的安東尼奧銀幣

拿著這個硬幣，讓筆者覺得好似親手接觸了西元三世紀時，羅馬面臨的經濟苦難。大多數研究人員也同意羅馬帝國在西元三世紀時的貨幣貶值問題。

只不過，筆者一直懷疑三世紀羅馬帝國遇到的，尤其三世紀中期之後真正遇到的問題，會是貨幣貶值引發通貨膨脹不久後，連帶引發的通貨緊縮。

這場通貨緊縮並非起於物產充斥市場供過於求。當時羅馬境內成為迎擊蠻族的戰場，耕地因而荒廢，生產力大幅低落，物產不可能充斥市場。

通貨緊縮的現象，應該是由於耕地變成戰場，土地荒廢、農村人口流失，使得大眾缺乏投資農業意願所造成。

在西元三世紀後半，曾發生過利息大幅下滑的現象。在「羅馬和平」能完全發揮功能時，平均利率為百分之十二左右。這個時代已經跌至百分之四。相信這反映著大眾缺乏投資意願。

如果筆者的上述假設正確，那麼換成現代用語來說，三世紀後半的羅馬帝國同時發生景氣衰退與通貨膨脹，亦即「停滯性通貨膨脹」(Stagflation)。畢竟古代的主要產業是農業，羅馬的國家經濟已是遍體鱗傷。

古人的「私房錢」？

在此筆者要順便談談長年的疑問，這項疑問是關於羅馬帝國的代表貨幣「狄納利斯」。筆者為了能親手接觸羅馬歷史，因此閒暇時會收集羅馬貨幣，並轉用為日本文庫版的封面。這些貨幣的來源，是倫敦的古錢拍賣會。也就是說，羅馬貨幣雖然是古董，但還是有市場存在。在古錢市場上，連筆者也買得起帝國初期西元一世紀，或者興盛期二世紀的純銀狄納利斯貨幣。換句話說，數量夠多。

假設挖掘羅馬遺蹟時，偶爾才能發現一兩個狄納利斯銀幣，那麼帝國成立兩千年後不可能有足夠的銀幣成立古錢市場。想必是古人將硬幣儲存在陶壺之類的容器，由後人大量發現。姑且將討論範圍限定在倫敦古錢市場的「狄納利斯銀幣」好了。以數量來說，到西元二世紀為止的純銀貨幣，要比三世紀後半，含銀比例百分之五的貨幣多許多。這使得事隔兩千年之後，發生當年的「劣幣」、「良幣」價值竟然相當的現象。畢竟硬幣蒐集家的價值基準不是能否親手接觸歷史，而是看硬幣的稀有價值與保存狀況。

總而言之，多虧了市場現象，無論奧古斯都的硬幣也好，哈德良的硬幣也好，筆者也有幸買得起。可是當筆者把玩硬幣時，心中卻開始有了疑問。

為什麼西元三世紀後半已經脫離市場的「狄納利斯銀幣」，而且是一、二世紀鑄造，材質純銀或幾近純銀，面額與素材價值一致的良幣，在兩千年後還有辦法形成市場？

當調查到奧雷利亞皇帝的貨幣政策時，這項問題開始有了答案。說是政策，其實也只是一項政府公告。公告內容說：民眾持以往的「狄納利斯銀幣」可與政府交換等值的「安東尼奧銀幣」（銀比例百分之五）。

據說當時少有民眾願意持狄納利斯銀幣交換安東尼奧銀幣，使得政策最後以失敗收場。筆者大抵上可以理解當時羅馬民眾忽視皇帝命令的心情。結果大眾依舊藏著良幣，銀幣不但躲過入侵的蠻族，到了帝國滅亡後還長年埋在地底下。最後，銀幣不僅陳列在現代的博物館裡，數量還足以形成古錢市場。當然，至目前為止，這些論述只是筆者的想像。

不信任議案

在此將話題回到一千七百年前。西元二六八年秋季，筆者手上的鍍銀貨幣鑄造還未滿一年時，迦利艾努斯皇帝因軍方政變逝世。當時迦利艾努斯追擊叛變的騎兵隊長奧雷歐努斯，將其逼進米蘭城內，可是皇帝身邊的其他騎兵隊長卻在這時發起政變。迦利艾努斯逝世時，才剛滿五十歲不久。

這並不表示殺害迦利艾努斯的騎兵隊長決心投靠奧雷歐努斯，而是發起政變的騎兵隊長認為迦利艾努斯無能擔任皇帝。不久後，奧雷歐努斯也遭到殺害。可悲的是，政變的主謀克勞狄斯、奧雷利亞都是迦利艾努斯皇帝時大幅提升地位、實權的騎兵隊長。這些人都是軍事專才，以專才的眼光認定最高司令官迦利艾努斯缺乏軍事才幹。

羅馬帝國的皇帝為終身制，除了刺殺皇帝以外，沒有其他提出不信任議案的方法。而這次迦利艾努斯正是讓人提出了不信任議案。「西元二六〇年至二七〇年的局勢」圖中表示的是瓦雷力亞努斯皇帝讓波斯王俘虜之後，羅馬帝國面臨的空前危機。危機發生至今已經八年，問題卻絲毫沒有改善。高盧帝國至今依舊健在；遷徙至帝國境內後，亞列門諾族還是沒有停下侵略的步伐；哥德族的襲擊已經是家常便飯；至於帕耳美拉女王澤娜比亞，也一直在羅馬帝國東方作威作福。

願意為迦利艾努斯皇帝辯護的研究人員說，他已經盡力試圖擺脫這場空前的危機。確實，這些年來他為了脫離危機四處奔走。問題在於政治是所謂「可能性的藝術」。八年光陰換不到任何結果，實在沒有辯解的餘地。迦利艾努斯皇帝是個標準的羅馬菁英。他的統治成果不佳，也代表了羅馬帝國的上流階層失去了統治能力。之後發生的，則是草莽階層躍身帝國上流的現象。這個現象代表人們開始不能信賴既有的菁英階層。也就是說，失去權威的，還不只是銀幣而已。

皇帝克勞狄斯・哥德克斯（西元二六八年～二七〇年在位）

在迦利艾努斯遭刺殺，亦即讓人不信任之後，即位稱帝的是克勞狄斯・哥德克斯。「哥德克斯」(gothicus)的意思不是「哥德人」。三十三年前的馬克西米努斯・色雷克斯皇帝，其「色雷克斯」的確是色雷斯人的意思；二十四年前的皇帝叫作菲力普・阿拉布思，其中的「阿拉布思」意思是「阿拉伯人」。不過，這個「哥德克斯」可不同了。在第二次布尼克戰役中，西比奧擊敗連戰連勝的漢尼拔，為羅馬取得勝利。因此元老院為其頒贈「亞非利加努斯」稱號，意為「征服非洲者」。「哥德克斯」的意義則是「征服哥德族者」，是眾人為表示感謝，給皇帝取的外號。由於西元一世紀已經有個「克勞狄斯皇帝」，加上「哥德克斯」也正好可做個區別。

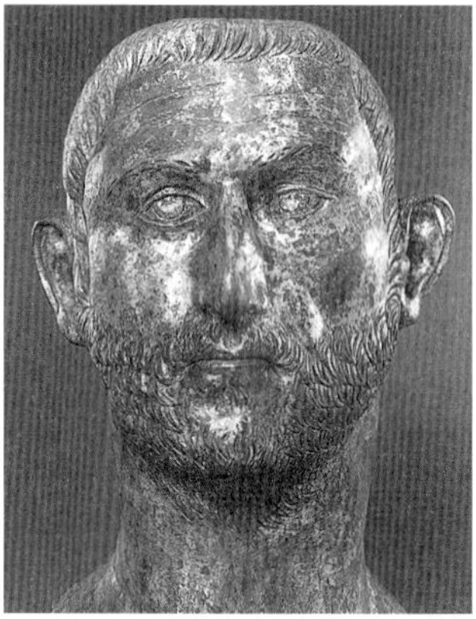
克勞狄斯・哥德克斯

當然，他與西元一世紀的克勞狄斯皇帝沒有血緣關係。因此，與一世紀的皇帝臺伯留、克勞狄斯所屬的，共和時期傳下的頭等世家克勞狄斯家門(gens Claudia)一點關係都沒有。那麼，他為什麼要用克勞狄斯這個姓氏呢？

以蓋烏斯·朱利斯·凱撒為例，羅馬人的姓名是由個人名、家門名、家族名三個部份構成。而在行省出身的人中，冠朱利斯或克勞狄斯的人特別多。原因在於朱利斯·凱撒生前為行省人士大開門戶，而歷任皇帝之中，以克勞狄斯最為積極推動開國路線。至於開放羅馬公職給行省出身者，具體來說，即是賜予羅馬公民權。如果是大族族長，或者才能出類拔萃的人物，還能取得元老院席位。依照當時的慣例，錄用行省民的人會把家門名賜給這些新人，感覺上像是擔任其保證人。

關於朱利斯·凱撒的開國路線哲學，在第Ⅳ冊與第Ⅴ冊中已有詳述。至於克勞狄斯皇帝，則留下一場專門討論這項問題的演講詞。這場演講已經在第Ⅶ冊詳細介紹，其中簡潔明快地闡述了羅馬帝國同化異己的統治哲學。

基於上述緣故，在行省中多得是冠朱利斯或克勞狄斯家門名的人物。不過這些人並非全是神君凱撒與克勞狄斯皇帝生前賜姓者傳下的後裔。即使毫無血緣關係，當行省出身的人在軍團中升官，想為自己的姓名沾光時，也會借用朱利斯或克勞狄斯的名號。或許是因為這兩個名號已經普及，不怕別人追查吧。在西元二六八年登基即位的克勞狄斯·哥德克斯，也是這種背景的人物。

羅馬人口中的伊利利亞地方，大體上來說，是北起多瑙河，南至亞德里亞海的中間地帶。不過這個地方地形上、歷史上又分成兩邊。南部雖然地勢多山，但有天然良港，因此羅馬化較早，都市化程度較高。北部與南部隔著山脈相對，雖然平原地區較南部多，但面臨羅馬的「防線」，羅馬化的程度也就較為落後。南部後來讓人稱作達爾馬提亞，伊利利亞也就轉為北部專屬的稱呼了。達爾馬提亞隔著亞德里亞海與義大利本國相望，屬於都市型經濟。瀕臨多瑙河，幾乎可說是帝國邊界的伊利利亞地方則向來屬於農村型經濟。

當羅馬軍主力由步兵轉型成騎兵之後，伊利利亞地方成了培育領導階層的溫床，而且這情況持續了半個世紀。

克勞狄斯．哥德克斯生於伊利利亞地方的農村。雖然他當上了羅馬皇帝，後人卻不知他的父母親姓名。目前已知克勞狄斯．哥德克斯生年不在西元二一四年之前，因此依據卡拉卡拉皇帝的敕令，他一出生便擁有羅馬公民權。既然行省出身的人同樣擁有羅馬公民權，想必他入伍時是直接應徵騎兵隊。據說克勞狄斯一直屬於騎兵，當他三十五、六歲時，由當時的德丘斯皇帝選為騎兵隊長，派到希臘的托莫飄勒阻止蠻族南下。之後他率領騎兵作戰的表現優異，甚至有人說，迦利艾努斯皇帝會決定將軍隊主力從步兵轉移到騎兵，也是因為看到克勞狄斯表現的影響。

軍事主力從重步兵轉移到騎兵後，主要戰力屯駐的基地位置自然也會因此變動。面對的敵人是不知會從何處突破防線入侵的蠻族。如果將基地設於防線的某一點上，等到遭受入侵時迎

羅馬的主要戰力變遷

時代	主要戰力	輔助戰力
至西元212年為止約五百年	重步兵（羅馬公民）、騎兵 軍團（羅馬公民）	輕步兵（行省民）、騎兵 輔助部隊（同盟國與行省民）
西元212年安東尼奧敕令之後	重步兵（老兵）、輕步兵（新兵）、騎兵 全體皆為羅馬公民	
西元257年左右步兵地位逐漸轉移給騎兵	騎兵	步兵 全體皆為羅馬公民

擊的步調會因此落後。因此騎兵隊的基地後撤到遠離國界防線的後方深處，等到蠻族入侵後才算準方位馳援。至今考古挖掘能確認的騎兵基地，只有色米姆荷洛與米蘭兩處。色米姆荷洛離多瑙河防線有二十公里，還算近處，可是米蘭已經位於義大利本國境內。考古學家只能確認這兩處的原因，在於蠻族不斷於各處入侵，游擊各地的騎兵隊已經沒有閒暇停留在基地裡面待命。

儘管主力轉移成騎兵，上述情勢卻又反映出羅馬帝國的防衛戰略，已經固定為「遭侵入後迎擊」，所有的戰鬥全發生在國界內。無論騎兵隊多勇猛善戰，淪為戰場的土地日益荒廢、居民日益稀疏，愈來愈沒有改善的希望。

哥德族入侵

克勞狄斯在登基之後，忙到沒機會回首都羅馬。不過他在遭蠻族入侵，正要帶兵迎擊前，曾向元老院寄出下列信件。從文體來說，與其說是皇帝的報告，不如說是一個終生擔任騎兵，至今五十過半的老人單純率直的表白：

「諸位元老院議員，請聆聽，也請訝異。在這裡寫下的內容，不是惡夢而是現實。羅馬帝國境內遭三十二萬名武裝蠻族入侵，如今敵方已經越過阿爾卑斯，接近義大利北部。如果不能成功擊退這股大軍，則羅馬帝國將陷入悲慘的狀態。然而迎擊的我軍無論步兵騎兵皆疲憊不堪。不僅在精神方面，武器裝備方面亦是如此。

這是自從瓦雷力亞努斯皇帝遇俘的不幸後，無數戰爭的結果。如今我軍使用的裝備，無論盾牌、劍、標槍，都早已超過使用期限。而長年為帝國帶來活力的高盧與希斯帕尼亞，正在提特利克斯（當時的高盧帝國皇帝）手上。至於羅馬軍中的優秀弓兵，說來令人慚愧，都在東方的那個女人之下，就是澤娜比亞麾下。

這就是羅馬帝國現在的局勢。若是吾等能稍微改變現狀，恐怕就得感到心滿意足了。」

克勞狄斯皇帝送出這封信件後率軍出征，在北義大利的加爾達湖附近激戰，成功擊退了哥德族。哥德族大敗之餘，倖存的人只有放棄掠奪得來的人員財物逃回多瑙河北岸。

義大利本國因此免去一場災難。也是在這場戰鬥之後，開始有人以意為「征服哥德族者」的「哥德克斯」稱呼他。

第二年哥德族又換條入侵路線，渡過多瑙河下游，攻進了巴爾幹半島。克勞狄斯．哥德克斯率領騎兵隊趕到，在莫埃西亞行省，相當於今日的保加利亞境內開戰。克勞狄斯與騎兵隊在此再度獲勝，「哥德克斯」成了更有份量的尊稱。

在這場與哥德族的戰鬥之後，克勞狄斯皇帝改變了對哥德族的戰後處理政策。皇帝允許戰敗的哥德族強健男子入伍，並以放下武器為條件，推薦其餘男子轉行在莫埃西亞境內務農。志願務農的人，可以回故鄉迎接妻小同住，並約定賜予耕作用的土地。

莫埃西亞行省面臨多瑙河下游，是羅馬帝國「防線」的一部份。征服哥德族的克勞狄斯打算讓哥德族定居此地，藉此停止耕地荒蕪與人口減少的現象。而且這項政策相當成功，加入羅馬軍的哥德族人遇到哥德族襲擊時同樣會勇敢奮戰；務農的哥德族人也適應了新環境，生活穩定了下來。

克勞狄斯．哥德克斯皇帝似乎一切順心如意。然而讓他迅速離開皇位的，不是蠻族也不是官兵背叛，而是瘟疫橫行。

當羅馬和平遍及全帝國時，儘管有大量人員往來，由於群眾身體健康、營養良好，旅途中的設施衛生維護適當，而且羅馬人又喜好入浴，因此得以在某個程度上抑制瘟疫流行。到了西元三世紀後半，流動人口是受蠻族襲擊而逃離故居的難民。由於國家在各方面都捉襟見肘，已經無力保養基礎建設。在羅馬帝國中，逃離戰火的難民一年比一年多，瘟疫流行的頻率也就逐漸走高。西元二七〇年一月，克勞狄斯·哥德克斯染上當時流行的瘟疫病故。這時他正在旁諾尼亞行省的主要都市、騎兵基地色米姆荷洛過冬，從即位到過世，前後才一年半。元老院拒絕為名門出身的迦利艾努斯神格化，但卻通過了克勞狄斯的神格化議案。克勞狄斯本是帝國邊境伊利利亞地區的農民子弟，但過世後仍有幸受封為「神君」。

克勞狄斯·哥德克斯沒有子嗣，但有一個弟弟。當哥哥於多瑙河附近的色米姆荷洛病故時，弟弟昆提爾身在義大利東北部的重要都市亞奎雷亞。在這個時期，蠻族入侵義大利本國已經不是稀奇事，因此義大利分別於東北的亞奎雷亞與西北的米蘭設軍事基地抵禦。而克勞狄斯生前委由弟弟在亞奎雷亞負責指揮駐軍。

羅馬元老院接獲克勞狄斯·哥德克斯病故的消息後，立即連絡身在亞奎雷亞的昆提爾，表示已經承認由他繼位。元老院評估，克勞狄斯皇帝雖然出身行伍，但向來尊重元老院，那麼他的弟弟應該也不會差太多。雖說昆提爾軍事才幹只能稱得上普通，不過元老院想要掌握選擇羅馬皇帝的主導權，因此馬上推出了繼位人選。

這項決策卻引發了官兵的抗議，而且是官兵的看法較為正確。他們認為以帝國的現狀，必須要優秀的武將才能承擔身兼最高司令官的皇帝一職。元老院只好撤回贊成昆提爾繼位的議案。迦利艾努斯皇帝立法使軍方與元老院完全分家，數年不到已經開始產生弊害。官兵一致推舉奧雷利亞繼位，元老院也只好追認。當屬下官兵全數投向奧雷利亞，又遭元老院放棄之後，昆提爾因難以忍受恥辱而自裁。

已故的克勞狄斯·哥德克斯在登基前是全體羅馬騎兵的指揮官。當克勞狄斯在位時，奧雷利亞也是羅馬騎兵總司令。以往若皇帝出身行伍的話，通常是軍團長出身，如今騎兵團長繼任皇帝已經成為常態。此外，出身的地區與階層也脫離過去的常態，足以證明社會正在激烈動盪中。

如今，西元三世紀已經過了四分之三。繼承克勞狄斯·哥德克斯的奧雷利亞，以及其後的普羅布斯、卡爾斯、戴克里先等皇帝，都出身多瑙河附近的伊利利亞地方，而且出身階層都不高。草莽登基不再是臨時現象，而轉變為帝國的常態。其中，西元二七〇年登基的奧雷利亞，是這類皇帝中政治業績最輝煌的一個。

第五章

西元二七〇年～二八四年

皇帝奧雷利亞（西元二七〇年～二七五年在位）

魯期烏斯·圖密善·奧雷利亞，光看其姓名好似義大利本國出身的人物。不過如同之前所述，他出生於多瑙河附近的邊境地區。羅馬人將國界附近的居民總稱為「羅馬化的蠻族」，這個人也不例外。魯期烏斯·圖密善出生於現代的塞爾維亞境內，距離首都貝爾格萊德三十公里，離多瑙河二十公里。羅馬時代的人稱呼這個國界邊的城鎮為色米姆荷洛。而且到了帝國末期時，多瑙河的防線地位也顯得更加重要，連帶使得這個地名一再出現在歷史上。西元三世紀後半，這個以色米姆荷洛為中心的地區出了許多皇帝，然而原因卻不是因為這些皇帝曾大力整頓自己的故鄉。這些行伍出身的皇帝有個共通點，就是登基後與「衣錦還鄉」四個字無緣。

奧雷利亞

魯期烏斯·圖密善·奧雷利亞的父母姓名不詳。據說他的父親軍團退伍後以農耕為業，母親則是太陽神神殿的女巫。不管怎麼說，他的出身的確不高。一個人生於帝國的落後區域，又充滿上進心的話，選擇從軍也是理所當然的結果。想必年紀一滿入伍資格的十七歲，奧雷利亞就展開了軍旅生涯。

據說他與前任皇帝克勞狄斯．哥德克斯幾乎同年齡。那麼當他西元二七〇年即位時，應該已有五十六歲。羅馬時代認為四十出頭時，正是一個男人的黃金時期。如果以這個標準來說，奧雷利亞已經晚了十年。不過，奧雷利亞在四十出頭時已經受人矚目，他也是當初瓦雷力亞努斯皇帝提拔的行省軍官之一。

瓦雷力亞努斯皇帝生前將許多優秀人才提拔到軍方的中樞職位，而且不只是升遷而已。當他發現在軍中扶搖直上，卻對發財沒興趣的人員時，也會在經濟方面給予協助。瓦雷力亞努斯曾降旨贈與下列財物，給當時年約四十五的奧雷利亞：

金幣、銀幣、銅幣適當數量。墨斯林產的男用短衣十件、埃及產的麻布短衣二十件。塞浦路斯出產的宴席用餐巾兩打。羅馬時代是用手抓取食物，因此餐巾是晚餐會上的必需品。亞非利加行省出產的地毯十張、茅利塔尼亞出產的宴席用客座床單十條。在羅馬時代，用一隻手肘撐起身子側躺才是正式進餐的模樣。至於用餐時坐著，感覺就有如草草解決的現代路邊攤，或者站著用餐。禮品的最後則是數頭食用豬、羊。

從贈禮內容來看，最高司令官是希望下屬至少要有本錢宴客。而從這些禮品的產地來看，令人不禁感嘆道，即便是在西元三世紀，羅馬帝國依舊是個全球化的經濟圈。

長官體恤提拔的人才，固然讓人窩心。不過對受到提拔的人員來說，能被送到第一線上活用，才是最開心的事情。瓦雷力亞努斯皇帝活用奧雷利亞的態度，可以用「驅使」兩個字來形容。在皇帝發給各軍團基地負責人的文書中，記載有下列這段話：

「朕任命無上賢能的奧雷利亞，於其視察各基地時，得經手改善其認為必要之任何事物。」

在這個任務中，從士兵起家的奧雷利亞得以拓展視野，看遍帝國首要重地多瑙河防線。根據《羅馬帝王紀》的記述，可以得知奧雷利亞在視察旅行中的言行舉止。

據說在視察途中，奧雷利亞曾對指揮千名部隊的大隊長如此訓話：

「如果你想保住大隊長地位，不，如果你想避免自己陣亡，第一件要注意的事情，就是完全掌控旗下的士兵。」

他又對士兵如此訓話：

「即使只是一個士兵，只要身屬羅馬軍，就不得奪取一般百姓的家畜，也不得搶奪他們的一切財物。哪怕是一顆雞蛋，也不許搶奪。更莫說橄欖油與食鹽，連一般平民也依法嚴禁搶奪。你們必須滿足於軍方補給的物資。若遭到士兵搶奪，百姓生活將失去依靠，沒有物產可以販賣。羅馬士兵要發財，得靠擊退蠻族後搶回的戰利品，而不是行省百姓的眼淚。

武器要隨時充分保養，刀刃磨得銳利，軍靴沒有破損。一旦有必要，得隨時將裝備更新，因為我們無法預知敵人什麼時候會入侵。

薪水應該寄放到基地裡的銀行，羅馬的戰士不該有浪費的舉措。不過，若有人想戴著金製鍊條、手環、戒指上戰場，我也不反對。」

這並不表示羅馬的士兵就有資格在戰場上穿金戴銀，而是希望士兵因為不願財物讓敵人奪走，能夠更加奮勇作戰。

他又對騎兵做了下列訓示：

「將照顧馬匹視為第一優先。而且照顧時不得輕忽的，還不只騎乘用的馬匹，別忘了運輸車輛用的牛馬也同樣重要。偶爾，會有人將其照顧的牛馬飼料私下變賣斂財，別忘了一旦東窗事發，將由法律嚴厲懲戒。在照顧牛馬時要記得，家畜與人員同樣不是個人的資產，而是屬於自己所屬的整個部隊。」

在全體官兵集合時，他又做了下列訓示：

「在軍隊中，軍官與士兵雙方言行舉止自然會有所差異。然而這是為了維持軍紀的必須事項，與個別官兵的人格無關。即使身為軍官，也不能把麾下的士兵當成奴隸使喚；即使身為士卒，也沒有義務像佣人一樣侍候軍官。因為軍官與士卒，同樣是軍隊組織的一份子。

每個人無論其地位如何，皆有平等接受軍團醫師團治療的權利。絕不能允許致贈醫師財物，意圖獲得更佳治療的現象發生。」

最後，他還留下這段話：

「無論信奉何等神明，仰賴何種占卜，那是個人的自由。然而軍團的行動不能受此等情勢左右。與百姓相處時，必須親切有禮。在這裡要明確告知，若外出時與百姓發生爭鬥，該人員將處以擊殺刑。」

奧雷利亞不是說說就算，日後還真的嚴格執行。因此官兵私下這樣稱呼奧雷利亞：

拉丁文原文為“Aurelianus manu ad ferrum”，意為持劍的奧雷利亞。

瓦雷力亞努斯皇帝拔擢奧雷利亞之後，也將他用在實戰上。奧雷利亞曾轉任多處前線，而當他負責拜占庭防衛任務時，還留下了麾下士兵所屬民族的記錄：

巴勒斯坦北部出身的弓箭兵三百人、亞美尼亞士兵六百人、美索不達米亞地方出身的士兵四百人、多瑙河地區派來的騎兵八百人。麾下四名大隊長，全數出身於敘利亞、巴勒斯坦一帶。

軍隊的人員結構，也反映出羅馬真的是個多民族國家。羅馬人向來抱持雙語原則，在帝國東方希臘文比拉丁文通行，皇帝在發布通告時，也因此改發希臘文版本。不過如果語言不統一，官兵之間將無法溝通協力作戰，所以羅馬軍中統一使用拉丁文。奧雷利亞當時指揮兩千四百五十名部下，任務是當瓦雷力亞努斯皇帝率兵向東進行波斯戰役時，於背後保障其安全。拜占庭（七十年後易名君士坦丁堡）防衛任務的意義，不僅在防衛這座城鎮，也具有保障歐亞洲交通的意義。

然而事隔不到一年，進入了讓羅馬全國震撼的西元二六〇年，瓦雷力亞努斯皇帝落入波斯王夏普爾一世手中。當時前線官兵人人茫然失措，而奧雷利亞平時特別受瓦雷力亞努斯關照，想必這是他四十幾年生涯中最大的憾事。這場事變發生在幼發拉底河東岸，以他當時派駐的地方來說，距離上還有辦法馳援。可是奧雷利亞不在足以派兵馳援的地位上，手下的兵力又不滿兩千五百人。

西元二六〇年的十年後，到了西元二七〇年時，奧雷利亞自己當上了皇帝。由他接手的羅馬帝國，狀況還是與十年前一樣惡劣。

奧雷利亞身材高䠷、體格結實；與身高相形之下，臉部顯得小了些；額頭狹隘，上面有深深的橫條皺紋。總之，他的外型稱不上有品味。不過在西元三世紀的皇帝中，他是少數幾個繼任時已經有明確戰略的皇帝之一。而且他不僅規畫戰略，還具有實現計畫時不可或缺的冷靜精神。羅馬人急著忘記瓦雷力亞努斯皇帝遇上的事變，奧雷利亞卻不隱瞞自己還是把瓦雷力亞努斯皇帝當恩人看待。話又說回來，即使對象是恩人的兒子，在殺害迦利艾努斯皇帝，亦即表示不信任其統治能力時，奧雷利亞也毫不猶豫。當時的史學家讚揚道，奧雷利亞是近年少見具有羅馬精神的皇帝。而奧雷利亞在繼位之後，明確指出優先事項何在，不浪費任何一點時間。

展開反攻

奧雷利亞接手的羅馬帝國與十年前一樣，是個分成三份的帝國。西邊的高盧帝國、東邊的帕耳美拉王國幾乎是獨立國，羅馬皇帝能統治的，只有這兩個勢力的中間地帶。

奧雷利亞決定先放著高盧帝國不管。高盧的政體有如羅馬的縮影，領地包括全高盧地區、希斯帕尼亞與不列顛。不過目前沒有越過阿爾卑斯山威脅義大利本國的動態。因此他判斷高盧帝國沒有敵對行動，問題可以先擱置。

同樣地，在帝國東方擴展勢力的帕耳美拉王國問題也暫時擱置。澤娜比亞女王執著於擴張勢力，好似要模仿當年的克麗奧佩脫拉，可是又沒有像當年的克麗奧佩脫拉一樣編組軍隊向羅馬挑戰，而十年來羅馬也沒有餘力派兵打進帕耳美拉。亦即，澤娜比亞女王雖然蠶食帝國東方領地，卻沒有公開表示要脫離羅馬帝國。

這種政治態度，也反應在貨幣上。從奧雷利亞即位時起，他便開始發行刻有自己側臉的硬幣。而在澤娜比亞控制下的帝國東方，則是將奧雷利亞側臉刻在硬幣反面，正面為澤娜比亞的兒子——現任帕耳美拉王汪波拉托斯。可是硬幣邊緣的縮寫字樣，卻又代表奧雷利亞皇帝才是最高權位者，不是身為"Dux Romanorum"（羅馬東方司令）的帕耳美拉王。硬幣上的矛盾，也顯示出澤娜比亞的政策矛盾。奧雷利亞皇帝沒有把帕耳美拉問題擺在最優先地位，相信是因為他掌握了上述實情。

於是，最為優先的則是北邊防衛問題，亦即蠻族對策。這項問題在前任皇帝克勞狄斯生前已經著手，而且進展得相當順利。在這種情況下，延續既有的方針，以現有戰果為墊腳石，是最有效的策略。

不過這時奧雷利亞在戰略上犯了一個錯誤。他不是在蠻族突

正反兩面刻有肖像的帕耳美拉硬幣
左（正面）：汪波拉托斯
右（反面）：奧雷利亞

破帝國防線時當場迎擊，而選擇等在對方滿載財物奴隸，行動不便的歸途上埋伏。

這年入侵的蠻族為汪達爾族，似乎已經設法探得羅馬軍的埋伏戰略。他們將掠奪所得的人員物資集中在義大利北部某處，留下部份人員看管，其餘部隊又朝向義大利半島南下。

蠻族由北義大利的庇亞伽札出發，沿著艾米里亞大道前往中義大利的利米尼。艾米里亞大道沿途，有帕爾馬、摩德那、波羅尼亞、大道終點利米尼等重要城鎮。總之在騎兵團之前，周遭城鎮無力抵抗。大道沿線的大小城鎮全遭燒殺擄掠無一倖免。從利米尼沿著亞德里亞海濱的大道南下，可以到達法諾，而從法諾轉向弗拉米尼亞大道，可以直通首都羅馬。

奧雷利亞讓蠻族擺了一道，當他追上蠻族時，已是在法諾往弗拉米尼亞大道的入口附近了。就在美塔羅河匯入亞德里亞海的海口附近，雙方的騎兵展開大戰。

最後，奧雷利亞取得勝利。這場戰鬥雖然大獲全勝，但對方也是騎兵，因此有不少殘存部隊成功脫逃。蠻族這時一心只想逃回北方，而奧雷利亞也一心只想追擊殲滅敵軍。最後一場戰鬥，是在米蘭南邊三十公里處的帕維亞發生。汪達爾族徹底失敗，沒有人能逃回故鄉。

話說回來，以往談論與蠻族的戰鬥時，沒必要參考義大利地圖。到了西元三世紀後半，卻連收起地圖的機會都沒有。這就是歷史上「三世紀危機」一詞代表的局勢。

在首都的元老院這次可真的害怕了。他們好似回想起五百年前漢尼拔入侵時的狀況，甚至開始祈求敘比拉神的神諭。然而一接獲擊破蠻族的消息，本來滿心恐懼的元老院態度也立時轉變，開始群起攻擊奧雷利亞皇帝竟然讓蠻族入侵到義大利中部。

這場批判後來影響至遠，讓迦利艾努斯皇帝趕出軍務外的元老院議員，從此開始對軍人皇帝抱持扭曲的觀感。他們無法參與軍事活動之後，一方面歡迎這種可在安全地帶過著舒適生活的情勢，另一方面又抱持失去實權者對掌權者特有的奇妙感情。元老院議員過去代表羅馬社會的領導階層，如今失去掌握實權的立場，成了一群批評家。這些批評家開始把皇帝當成自己花錢僱用的傭兵隊長看待，所以他們不曉得要自己起身防衛義大利本國，只顧著責難奧雷利亞竟使蠻族入侵到義大利中部。

這種局勢發展之下，軍人皇帝對元老院的態度自然也會僵化。克勞狄斯曾留下給元老院的報告書，而奧雷利亞卻沒有。實際上，奧雷利亞可能也寫過報告。不過史料能否留存到後世，還要看運氣。可以推測的是奧雷利亞沒有像克勞狄斯一般頻繁地向元老院報告。當奧雷利亞完全擊破蠻族，首次以皇帝身份回到首都之後，又強制推動兩項使元老院議員忿忿不平的政策。

其一，是貨幣改革政策。其二，則是決定建設環繞首都的城牆。

這兩件措施的必要性，明眼人都看得出來。那為什麼還會讓元老院議員不滿？

我們先討論貨幣改革措施。這場改革最初並非為了改革而發起。也就是說，這場改革起源自肅清鑄幣貪污。

通貨發行權

羅馬的貨幣制度，是由開國皇帝奧古斯都所創。當初設計時，決定以奧流斯金幣、狄納利斯銀幣、塞斯泰契斯銅幣並行為帝國主要貨幣。而制定時也規定，金幣、銀幣由皇帝發行，銅幣發行權則在元老院手上。其後的兩百九十年間，金幣、銀幣在高盧的里昂，銅幣則在首都羅馬鑄造。

到了西元二六〇年，瓦雷力亞努斯皇帝遇俘後帝國一片混亂。高盧帝國於此時創立，脫離了羅馬帝國。里昂位於高盧境內，既然帝國貨幣不能在里昂鑄造，也只好將金、銀幣鑄幣地點遷移到羅馬。而金幣、銀幣鑄造的最高負責人迦利艾努斯皇帝忙於對蠻族作戰，無暇回首都行政。其後的克勞狄斯・哥德克斯也專心於對蠻族作戰，在回到首都前，就結束了一年半的在位期間。結果使得西元二六〇年到二七〇年的十年間，金銀銅幣都在首都鑄造，由執政官實際管理。每年更替的執政官，又是由元老院議員互選產生。

雖說讓敵人入侵到弗拉米尼亞大道的入口，奧雷利亞皇帝還是成功擊退敵人，令其退回多瑙河以北。當他進入首都後的第一項措施，就是舉發鑄幣工匠瀆職。皇帝彈劾金幣份量略減，銀幣純度降至百分之五的現象，起因在鑄幣相關人員瀆職。鑄幣廠的廠長姓名為希臘文，可見這些人大多是解放奴隸出身的羅馬公民。這些社會地位低的人，不可能獨斷獨行在鑄幣過程中竊取金銀。皇帝的彈劾，暗地指向工匠背後的元老院議員。由於缺乏證據，所以彈劾對象僅止於貨幣鑄造廠廠長及其下的工匠。

工匠為此情緒反彈引發罷工，占據了羅馬七座丘陵之一的阿凡提諾丘。

奧雷利亞皇帝則以武裝實力回應。據說在羅馬騎兵鐵蹄踏過之後，出現了七千名犧牲者。鑄幣廠的工匠人數不可能多達七千，無疑是元老院議員派出僕人前來壯大聲勢。

不過在此要再次強調，皇帝手上沒有元老院操控瀆職的證據。貪污瀆職應該是存在的，只不過由銀幣淪落成鍍銀幣，反映出羅馬帝國的經濟現狀。奧雷利亞鎮壓罷工潮之後，也只好面對現實。因此奧雷利亞皇帝的帝國貨幣制度改革措施，只能將就於略微修改現狀的結果。要將銀幣純度恢復到百分之百，唯一途徑是解除羅馬帝國內耕地荒蕪的問題。要實現這項策略，唯一的方法就是把蠻族完全趕出國界之外。

奧雷利亞是個嚴以律人、嚴以律己的統治者。就算找不到證據，他也要設法懲治元老院。這就是奧雷利亞貨幣改革政策的背景：

一、金幣重量恢復為西元二六〇年前的六·五公克。

二、羅馬帝國貨幣以銀幣最為重要，幾乎可說是銀本位制度。銀幣純度繼續維持現有的百分之五，銀幣重量恢復為開國皇帝奧古斯都設定的三·九公克。

元老院發行的銅幣（哈德良時代）

三、由於銀幣價值如此低落，銅幣已經失去持續發行的理由。從此以後全面停止發行塞斯泰契斯銅幣。

雖說只是稍微修改現狀，從金融的角度來說卻決策正確。因為銀幣重三·九公克時，純度為百分之百。因為是純銀，才具有一枚銀幣兌換四枚銅幣的價值。當銀幣純度掉到百分之五以後，已經不可能維持一枚金幣兌換二十五枚銀幣的匯率。

奧雷利亞的貨幣修改措施，從金融角度來說可能是當時唯一的解決方案。然而從政治角度來說，事情就不簡單了。

塞斯泰契斯銅幣正面，通常刻有皇帝側臉。反面則刻有該皇帝所推動值得紀念的事業或事蹟。比方說由哈德良皇帝修築，跨越多瑙河兩岸的大橋落成時，便在硬幣反面刻上紀念用的圖案。而在圖案旁邊則會刻有S與C兩個字母。這是“Senatus Consulto”的縮寫，意為「元老院發行」。

有個英國學者說，羅馬帝國是一種聯邦國家(commonwealth)，其一方面大幅容許地方分權，卻又是個中央集權國家。在內政方面，羅馬人允許將幾乎所有權限開放給殖民都市與地方政體。羅馬人眼中對人類歷史有貢獻的都市，比如說雅典，還擁有貨幣發行權。因為他們認為，能擁有自己特有的貨幣，也就能連帶維護民族自尊。除了這種都市以外，名為同盟實為附屬國的國家，也都在羅馬帝國允許下發行獨立貨幣。同盟盟主羅馬帝國所選擇的策略，不是排擠旗下國家都市的貨幣，由羅馬貨幣統一。而是使各種貨幣存留，並設法維持身為主軸貨幣的羅馬貨幣價格穩定。這就是奧古斯都確立羅馬帝國貨幣制度時的想法。由於有高度的匯兌需求，在帝國境內無論多小的城鎮村落，一定會有匯兌處。

總而言之，貨幣發行權不只是金融方面的問題而已。藉由廢止發行銅幣的手段，奧雷利亞剝奪了奧古斯都訂定制度以來，由元老院把持三百多年的銅幣發行權。從此以後再也見不到刻有SC字樣的硬幣。不知元老院議員在投贊成票時，心中是什麼感受。

「奧雷利亞城牆」

第二項措施，是修建環繞首都的城牆。這項政策同樣地，使每個人都深深感受到時代真的變了。

羅馬的第六任國王塞爾維斯興建了"Murus Servii"（塞爾維斯城牆），防衛了羅馬市區五百年。五百年過後，到了西元前一世紀中期，卻讓朱利斯．凱撒拆毀了。凱撒拆除城牆的理由，在於城牆妨礙市中心的擴建工程。然而要拆除五百年來與大眾朝夕相處的物件，還需要更壯闊些的理由。因此凱撒在開工前宣言，表示首都羅馬的防衛，由國家的「防線」承擔，因此首都不再需要城牆。其後的「羅馬和平」也證明，凱撒當年並未強詞奪理。話說回來，凱撒並未將「塞爾維斯城牆」全數拆除。他只拆除妨礙工程的部份，不過開了漏洞的城牆已經失去防衛作用。後來每當有工程需要時，失去存在意義的城牆又會陸續遭人拆除。到現代，只有「終點站」站前廣場，以及其他幾個地方還保留著。羅馬市的居民至今三百多年來，活在沒有城牆的都市中，享受著和平的日子。

到了帝國其他都市鄉鎮開始築牆自保的時代，首都羅馬也不能例外了。在沒有城牆的三百年裡，羅馬市區範圍已經擴大，城牆也必須順著規模重新建設。

西元二七一年動工，六年後完工的新城牆，依照公共建築冠上提案人姓名的羅馬傳統，命名為"Murus Aureliani"（奧雷利亞城牆）。城牆周圍十九公里，平均高度六公尺，厚度三·五公尺。城牆開有十八處城門，要點上有防衛用塔，是個典型的城牆建築。由於城牆完工後，羅馬人長期過著不能缺少城牆的日子，無奈之下只好細心維護。因此雖然城牆已經是古蹟，到了一千七百年後的現代，大多數都還存留著。可悲的是儘管羅馬位於帝國中心點，能在首都高枕無憂的日子卻已經成為過去了。

外觀的變化，自然會牽動內在的轉變。面對城牆時，大眾自然會意識到牆壁的存在。以往

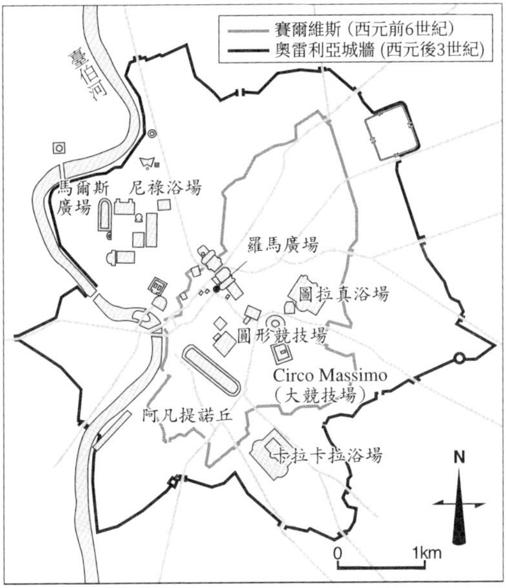

羅馬的兩道城牆

至今依舊四處可見的奧雷利亞城牆

羅馬市的居住區可自由向外擴展，如今卻讓「奧雷利亞城牆」分為內外兩側。羅馬郊外的富人別墅，也不能像以往那般保持開放式設計，而要設法防衛。沒有經濟餘力自衛的人們，只有轉移到城市內部居住。當首都羅馬發生此種現象時，遭蠻族入侵危險性更高的行省都市早已是這副模樣。農民同樣居住於有牆壁環繞的城鎮裡，早上離開城鎮外出耕作，黃昏時回到城鎮中。當「羅馬和平」成為歷史之後，羅馬帝國境內的郊區人口疏離與都市人口密集程度日益增加。這個局勢也成為基督教擴大勢力的溫床。

不過，想必奧雷利亞皇帝認為自己只是實施切合時局的政策而已，而且他不管元老院內部有哪些反對意見。一看到築牆工程開工，皇帝就離開首都向北而去。在他心中正計畫著優先順位擺在第二的帕耳美拉問題。不過在解決問題之前，必須先解決確立多瑙河防線的問題。

棄守達其亞

奧雷利亞皇帝與西元三世紀的其他羅馬皇帝最大差異在於，無論在和平或戰爭方面，他都擅長快攻。他推動以上所述的國內政治措施時，只用了西元二七一年春季即將來臨的一個多月時間，便把基礎打好。接下來要敘述的多瑙河防線確立措施，也只用上西元二七一年的前半年。蠻族對策與國內政治不同，作法自然不一樣。奧雷利亞的對外戰略，大致依照下列順序進行：

一、首先以積極作戰方式，擊倒入侵的蠻族。

二、等待陷入不利局勢的蠻族自行前來求和。

三、設置嚇人的舞臺，用以迎接前來求和的部族酋長。具體而言，以身穿羅馬帝國皇帝正式軍裝的奧雷利亞為中心。在皇帝背後，以過去與蠻族作戰時戰功彪炳的皇帝大理石立姿像圍成半圓形。石像左右站滿了全副武裝的各路將軍，將軍背後則是舉著軍團銀鷲旗與大隊旗的重步兵、騎兵。總之，這場面看起來絕對不像和談會場。

四、與遭到氣氛壓制而心懷恐懼的蠻族代表談判，盡可能爭取有利的和平條件。

在同時，奧雷利亞也不忘給蠻族留面子。具體而言，則是羅馬人向來善用的「戰勝後讓步」策略。

在這種和談方式下，最後羅馬決定撤出達其亞，把當地讓給哥德族經營。當初是圖拉真皇帝將達其亞收為羅馬行省，事隔一百六十五年，達其亞又脫離了帝國版圖。奧雷利亞判斷，達其亞有如多瑙河下游北岸的巨型橋頭堡，然而保有這座橋頭堡已經沒有效用。達其亞行省原本有如凸出在蠻族海水裡的半島，可是在西元三世紀中期，已經發現光依賴兩個常駐軍團是無法在當地進行防衛工作。人民深惡放棄行省的措施，一個不小心還會害得皇帝喪命。其他皇帝因此不敢下此決斷，然而奧雷利亞卻有十足勇氣。

派駐於達其亞行省各地的羅馬軍相關人員，以及擔負行政任務的公務員，在條約成立後一齊撤出達其亞，移轉到多瑙河南岸。至於公民要留在達其亞或遷居羅馬境內，則由個人自行判斷。有不少人向南渡過多瑙河遷居，但也有不少人選擇留在達其亞。因為取代羅馬當局成為統治者的哥德族不知統治要領，熟悉政務的人對他們來說相當寶貴。奧雷利亞皇帝與哥德族之間簽署的達其亞轉讓條約內容沒有傳下來，不過沒有任何文字記錄表示實施轉讓時產生混亂，羅馬撤出達其亞的行動應該沒發生太大的問題。

而且奧雷利亞並非單純地撤出達其亞而已。多瑙河下游、

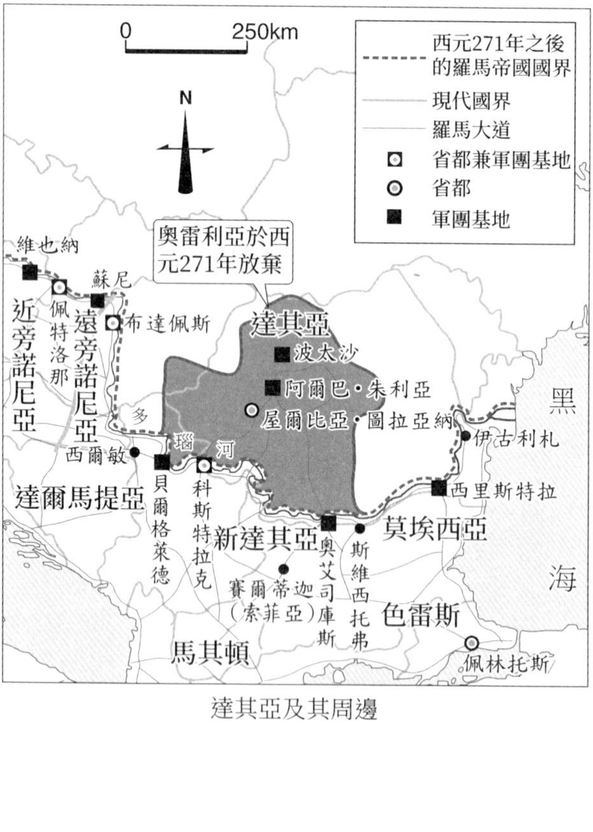

達其亞及其周邊

帝國防線南岸為莫埃西亞。他將莫埃西亞的一部份、西側的達爾馬提亞地方的一部份、南側色雷斯行省的一部份合併，設立「新達其亞」行省。從達其亞南撤的兩個軍團也配置在此地。這個新的行省省都為賽爾蒂迦，也就是現代的保加利亞首都索菲亞。亦即奧雷利亞將多瑙河下游的防線重新設定為莫埃西亞、新達其亞雙重體制。

撤出達其亞的羅馬帝國，以及接收達其亞的哥德族，其後似乎並沒有產生相隔多瑙河對峙的關係。筆者總認為，之後雙方似乎在多瑙河兩岸構築某種程度的友好關係。其理由有二：

其一、當兩百年後民族大遷徙造成羅馬帝國滅亡時，只有達其亞的蠻族沒有南下。

其二、古代的達其亞相當於現代的羅馬尼亞。而羅馬尼亞語、義大利語、法語、西班牙語同屬於拉丁語系。羅馬帝國發源自義大利，義大利語當然屬於拉丁語系。法蘭西與西班牙雖是行省，但直到最後都與帝國共存亡，因此語言自然發源自拉丁文。然而羅馬尼亞納入帝國行省的時期要晚許多，也最早脫離帝國。可是羅馬尼亞語卻屬於拉丁語系。只要聽得懂拉丁語系的首席義大利語，羅馬尼亞語也就能聽懂一半。

像這樣深厚的關係，真的是西元一〇六年圖拉真皇帝征服後，到西元二七一年奧雷利亞皇帝撤出為止的一百六十五年之間建構的嗎？筆者認為，可能是撤出達其亞時有不少羅馬人選擇留在當地，之後兩個民族以拉丁文隔著多瑙河密切往來。

奧雷利亞皇帝做出撤守達其亞行省的決斷，政策上算是成功了。至於是不是一個恆久的政策，那就不容易回答。因為日耳曼人不只一個哥德族，哥德族中也有不願意遷居到達其亞轉營農耕的部族。

話說回來，帝國北邊的多瑙河防線問題至少暫時獲得解決，奧雷利亞皇帝得以將焦點集中到東方。西元二七一年夏末，皇帝已經向東方出發。奧雷利亞的快攻特色依舊健在。

女王澤娜比亞

自從西元二六〇年發生瓦雷力亞努斯皇帝遇俘的事變後，再也沒有一個皇帝渡過達達尼爾海峽踏進亞洲。迦利艾努斯與克勞狄斯·哥德克斯忙著在西方應付蠻族，即使通商都市起家的帕耳美拉在東方擴大勢力，帝國也沒有餘裕處理。十年下來，東方實質上無人過問。而帕耳美拉女王澤娜比亞也太小看羅馬，認為自己在軍事上也能贏過羅馬。

從行軍速度來推測，伴隨著奧雷利亞皇帝進軍小亞細亞的，應該是多瑙河防線上挑選的騎兵。

進入小亞細亞境內之後，行軍的區域便進入了十年來由帕耳美拉統治的地區。羅馬軍首先向東取道安奇拉（今日的土耳其首都安卡拉），然而途中沒有任何帕耳美拉勢力阻撓。居民們紛紛敞開城門，歡迎羅馬皇帝與其部屬。離開安奇拉之後，皇帝轉向東南，朝分隔小亞細亞與敘利亞的陶盧斯山脈前進。就在即將攀越山脈時，山腳下的提亞納城卻關起城門準備抵抗。

奧雷利亞毫不猶豫，立即展開圍城戰。提亞納只是個小型地方都市，帕耳美拉連援軍都沒派來。幾天之後，居民也後悔抗戰，打開城門投降。然而當居民做好心理準備面對戰勝者的掠奪暴行時，卻什麼都沒發生，居民也沒受到任何處罰。這是奧雷利亞在進軍前，對敘利亞、埃及等順從帕耳美拉、叛離羅馬帝國的地區居民發出的信息。在提亞納的寬大處置，比羅馬軍還先跨越陶盧斯山脈，傳遍十年來由帕耳美拉統管的帝國東方。帕耳美拉本該在這時改換戰略，然而澤娜比亞卻不懂這個信息代表的含意。

在歷史上，女子干政的案例以「東方」要占絕大多數。這是因為東方長年來有君主專政的傳統。女子參與國政的形式，又分成在掌權者背後操控，亦即內廷政治型態，以及直接上檯面掌權兩種。克麗奧佩脫拉屬於後者，仰慕克麗奧佩脫拉的澤娜比亞也屬於後者。

澤娜比亞大多數的行為與男子無異。她熱衷騎馬狩獵，也穿著盔甲上戰場。親身列席政治場合，也與聘來任教的希臘教師熱烈辯證希臘哲學與悲劇。除了喜好珠寶首飾這點像個東方女子以外，其他方面的表現無異男性君主。名義上主權在她的兒子汪波拉托斯手上，不過滿朝皆知實權在澤娜比亞手裡，而她本人也不隱瞞。

澤娜比亞背後，是由其丈夫歐德納托斯生前培育的帕耳美拉軍撐腰。話說回來，帕耳美拉是個通商起家的都市，沒有軍事傳統。帕耳美拉軍說穿了是利用該城市多年經商累積的財富聘僱的傭兵。由於歐德納托斯軍功卓然，才能吸引羅馬帝國東方軍團也投入帕耳美拉陣營中。澤娜比亞吸收了先夫的成果，而在勢力擴及整個帝國東方後，也把據說富裕超過西方的東方經濟納入手中。澤娜比亞會看不起正朝東方進軍的奧雷利亞皇帝，也是因為經濟上占了優勢。澤娜比亞深信有錢不怕買不到士兵，而她的自信也並非毫無根據。澤娜比亞麾下的主力部隊，是有如波斯軍一般的重裝騎兵。光憑耗費不貲的人馬裝備，就足以嚇倒敵人。

而在戰略方面，澤娜比亞的影響力也相當大。實戰指揮固然交給希臘裔將軍進行，要在何時何地開戰，卻由澤娜比亞決定。

攀越陶盧斯山脈時，奧雷利亞送了一封文件給澤娜比亞：

「身兼羅馬帝國皇帝，並即將收復帝國東方的奧雷利亞，致書澤娜比亞與其全體軍事同盟：

朕於本文中所命令之事項，原為臺端應主動提出之事。因臺端未能自覺提出，無奈之餘特下此令。

臺端應立即解除武裝投降。事成之日，得保障臺端全體生命安全。尤以澤娜比亞，更保證在朕及元老院判斷適當之地，得與家族、親信、僕傭安度餘生。但澤娜比亞所有之金銀珠寶、絲綢、馬匹、駱駝等物將沒入帝國國庫。此外，謹此保證帕耳美拉市民今後持續擁有羅馬帝國過往允許其擁有之諸般權利。」

接獲這封文件後，澤娜比亞則如此回信：

「東方女王澤娜比亞，致書奧雷利亞皇帝：

至今為止無人能如閣下般向本人做出此等命令。若閣下身為戰士，應知悉此等事項非由書信往返，而是沙場上公然對決獲勝後方能得手。閣下勸說本人於開戰前投降，彷彿不知寧失性命不願污損名譽的克麗奧佩脫拉典故一般。

本人已獲波斯方面派遣援軍，近期之內即將到達。阿拉伯人與亞美尼亞人亦願與本人同一陣線作戰。敘利亞沙漠中之貝德溫族，現今想必正令行進間之羅馬軍心煩。閣下還需何等情報否？當知悉東南北三地援軍正往此處而來，想必閣下也無法傲慢，亦無法如同戰勝者般下令本人投降。」

戰爭已經無法避免。戰場則依據澤娜比亞的主意，選擇於安提阿北側的歐羅登斯河岸邊平原上。澤娜比亞依恃著麾下的重裝騎兵，因此選擇騎兵容易發揮戰力的平原作戰場。隨著時間流逝，西元二七二年到了。

初戰

現在的安塔基亞，只是土耳其境內，接近敘利亞國界的一個普通城市。古代的安提阿，卻是與埃及的亞歷山大同等，代表地中海世界的大都市。都市位於歐羅登斯河東南方。這條河流再往下流二十公里後，便注入地中海，而當時還能容許船隻航行。由於歐羅登斯河底開始淤積，逐漸不適於船隻航行，古代東西物產的大型集散地安提阿，到了中世紀之後即逐漸沒落。

澤娜比亞沒有選擇利用安提阿作防衛戰，卻決定在郊外的平原布陣會戰，在某個層面上也是被逼的。

安提阿居民知道奧雷利亞對提亞納居民寬容處置之後，開始後悔自己十年來容許帕耳美拉統治。居民對澤娜比亞及其軍隊的態度轉為冷淡，使得澤娜比亞無法仰賴安提阿市。苦苦等待的波斯援軍，卻一直沒有出現。亞美尼亞和阿拉伯約好要送來的傭兵，同樣沒有蹤影。貝德溫族的戰士在首度襲擊失利後，投入了羅馬陣營。而且，曾俘虜瓦雷力亞努斯皇帝的波斯王夏普爾一世，在這時期正好染上重病瀕臨死亡。這項資訊連奧雷利亞都知道，如果澤娜比亞不知道的話，就是這個「東方女王」雖然脾氣剛硬，但不懂得戰爭要仰賴情報致勝的道理了。由於援軍遲遲不到，澤娜比亞只好選在安提阿郊外決戰，並仰賴自己麾下的重裝騎兵。

雙方人馬於歐羅登斯河兩岸布陣。即使從河對岸看過去，帕耳美拉軍的中樞主力重裝騎兵，依舊讓人覺得威風凜凜。騎兵出身的奧雷利亞也讓旗下的輕騎兵打頭陣。雙方的戰鬥，就在羅馬騎兵跳進河裡時展開。

其實，真正跳進河裡的只有十幾名騎兵。帕耳美拉騎兵以為對方展開攻勢，也紛紛往河裡衝了過來。十餘名羅馬騎兵看到這情勢後，立刻掉頭上岸。一看到帕耳美拉騎兵跟著渡河上岸之後，就好似畏懼重騎兵威容般地落荒而逃。

羅馬騎兵一路奔逃，帕耳美拉騎兵也緊追在後。對擔任總指揮的奧雷利亞皇帝而言，勝敗就全看他能否掌握時機成熟的關鍵時刻。而關鍵時刻就在帕耳美拉重裝騎兵一路追擊羅馬騎兵後，人馬開始露出疲態時。

原本羅馬騎兵正落荒而逃，此時突然轉頭重新面對帕耳美拉騎兵。同時在帕耳美拉騎兵的左右兩側，原本等在山丘後的羅馬步兵也露出身影。帕耳美拉騎兵原本正穿著重裝追擊敵人，突然三向遭到包圍，因此無法立即轉向，只有任人宰割的分。唯有身在後段的騎兵能夠朝沒遭包圍的方向逃出，渡過歐羅登斯河朝澤娜比亞所在的本營竄逃。

雖說沒達到殲滅的標準，不過很明顯地這場戰鬥是由羅馬軍獲勝。帕耳美拉軍的主力是重裝騎兵，其中絕大多數為波斯傭兵，如今已經失去三分之二戰力。步兵看到會戰結果後心存恐懼，也隨之四散逃逸，彷彿從未有過傭兵契約這回事。澤娜比亞一敗塗地，又因為居民不支持，她也不能仰賴安提阿作防衛戰。於是澤娜比亞率領殘存部隊，前往安提阿南方兩百公里處的埃米薩，準備以此地作為與奧雷利亞間的第二個戰場。

奧雷利亞打贏第一場戰鬥後，率領全體部隊進入安提阿。居民也歡呼迎接睽違十二年的羅馬皇帝。皇帝表示，這十二年來安提阿實質上雖背離羅馬帝國，但事出無奈，因此連形式上的懲處都免了。安提阿再也不是帕耳美拉王國的主要都市，又重新成為代表羅馬帝國東方的大城市。

安提阿是個國際都市，居民除了希臘、猶太裔之外，還包括東方各民族。也因此，該地有許多當時正日益增加的基督教徒。待在安提阿的時間雖不長，但奧雷利亞皇帝要裁決的問題卻不少。其中一件案例，是由安提阿的基督教徒委託他為某項爭議作裁決。

爭議的兩個派系代表隨即被傳呼到羅馬皇帝奧雷利亞面前。爭論點在於：基督教會之中，到底是羅馬主教還是安提阿主教居上。而爭論不休的，則是擁立不同主教的派系份子。基督教徒與其他宗教信徒不同的地方在於，他們熱心於捐款給統合宗教的教會組織。因此，哪個主教位於組織的最高位，也就等於哪個主教有權分配捐獻所得的資產。只怕在西元三世紀已經過了四分之三的這時候，安提阿主教的信徒與捐款數量，要遠比羅馬主教高出許多。

當奧雷利亞皇帝受託裁決這項問題時，不知是以什麼作判決標準，最後裁決羅馬主教為基督教會的最高位。這項問題日後仍是基督教會內部的一個重大爭端。不過奧雷利亞的判決，成為羅馬主教地位高於安提阿、亞歷山大、迦太基主教的第一個判例。有趣的是，這項裁決不是基督教徒，而是委由基督教徒眼中的異教徒決定。順帶一提，直到現代，教宗還是由羅馬主教兼任。

奧雷利亞可能是受到母親影響，其本人信仰太陽教。不過他是個生於以多神教為主流的古代人。古代人認為要信仰什麼宗教，是個人的自由。因此個人面對宗教時的態度，應包括容許他人信仰的神明在內。

再戰

奧雷利亞皇帝與澤娜比亞女王的第二場戰鬥，位於埃米薩郊外。澤娜比亞同樣以重裝騎兵打頭陣，不過奧雷利亞可就沒有重施故技了。這次帕耳美拉騎兵團面對的，是羅馬步兵團。羅馬步兵除了平日配備的標槍與克勞迪斯短劍 (Gladius) 以外，還提著木棍。

當時的輕裝騎兵，配備的是弓箭，而重騎兵則是以長槍長劍為武器。也就是說，如果沒有拉近距離，重騎兵也就不能發揮戰力。羅馬步兵事前受到奧雷利亞命令，在原地等待騎兵貼近。而在各路隊長覺得時機成熟時，一聲令下，所有人拿起木棍猛力往馬匹的腳上掃過。只要騎兵的馬匹倒下，由於有裝備的重量壓著，人馬都難以起身。當人馬正掙扎著要起身時，羅馬步兵把裝備換回標槍與克勞迪斯短劍，收拾了跌倒在地的敵軍。這場戰鬥中，沒有任何騎兵生還。

只怕澤娜比亞的兒子，帕耳美拉王國的汪波拉托斯王，也是在這場戰鬥中陣亡。毫無疑問地，羅馬取得了全面勝利。澤娜比亞慘敗之後，只有故鄉帕耳美拉可以投靠，因此她率領殘部穿越沙漠向東逃逸。

帕耳美拉攻防戰

澤娜比亞及其由希臘人構成的親信認為，帕耳美拉位於地中海與幼發拉底河的正中央，亦即敘利亞沙漠之中，因此作圍城戰有把握獲勝。與安提阿、埃米薩相較，帕耳美拉更接近波斯領土。他們認為既然波斯王夏普爾一世因俘虜瓦雷力亞努斯皇帝一舉成名，十年後帕耳美拉與羅馬皇帝開戰時，波斯一定會送援軍來。而且羅馬方面也必須擔心波斯的動態，只要帕耳美拉撐得過圍城戰，遲早羅馬軍得解圍撤走。

而且在澤娜比亞心中，帕耳美拉還有一項圍城戰的勝算，那就是帕耳美拉位於沙漠中央。羅馬軍包圍帕耳美拉時必須仰賴安提阿作補給站，那麼補給線就必須因此拉長。補給線越長，其效益就越衰減。當羅馬軍後勤補給不濟時，就是解圍撤軍的時候了。簡單來說，問題在於帕耳美拉能在圍城戰中支撐多久。而當時的帕耳美拉已經累積足以支撐長期圍城的物資。

當奧雷利亞準備攻擊帕耳美拉時，曾向身在安提阿致力於後勤業務的祕書穆迦波雷斯寫信吐露心事：

「聽說首都的那群傢伙在嘲笑羅馬皇帝竟然與一個女人開戰。他們似乎以為我們這是一男一女赤手空拳扭打在一起。我可不是在跟女人打仗。我面對的是武器裝備齊全的大軍，巧合的是對方領袖是個像男人一樣勇敢的女人。而且這種情況下，由女人代替男人當領袖的條件，給第三者帶來的影響可大了。大多數人聽到女人一詞，會馬上給予同情。關在帕耳美拉城裡的軍隊所使用的弓箭、投石器、標槍性能之優秀，實在難以用言語形容。城市周遭的城牆上，密密麻麻排滿了大型投石器。牆頭上不斷地射出石彈，有些時候大型投石器還會拋出帶火的砲彈，一旦落地，四周就是一片火海。

我還能說什麼呢？澤娜比亞也許內心像個女子般恐懼，但她臨陣指揮的模樣，實在比男人還像個男人。在懲處她時，看樣子也要把這點考慮進去。

話說回來，勝利一定是屬於我們的。諸神總是會協助羅馬人，我相信祂們這次同樣會不遺餘力地援助羅馬帝國復興。」

奧雷利亞是個不認為光求神就可以解決問題的羅馬人。他也知道仰賴安提阿作後勤中心，會把補給線拖得過長。因此在進攻帕耳美拉之前，便把補給基地分散到四處。羅馬大道以帕耳美拉為中心，向西南有大馬士革、西側有埃米薩、北邊有雷薩伐、東有鐸剌·奧羅普斯。這些

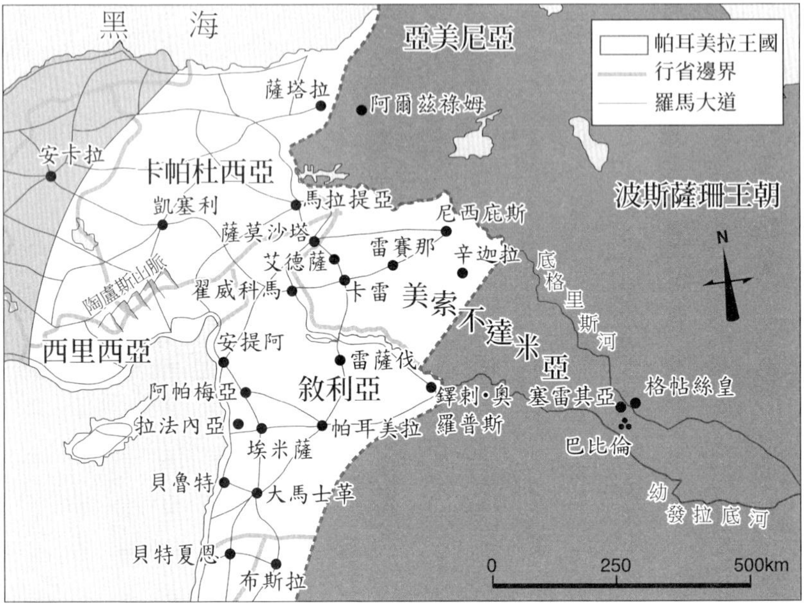

西元二七〇年時的美索不達米亞及其周邊

以幼發拉底河為防線的帝國東方都市，與帕耳美拉同樣以通商起家，所以奧雷利亞動員這些都市組成補給網。這些都市的居民以希臘裔為主，長年受羅馬給予大幅的自治權，因此能容易彌補羅馬政府十年來的統治空白。簡單來說，這些都市樂得協助羅馬軍辦理後勤補給，在這方面澤娜比亞又失算了。

儘管身處沙漠當中，羅馬軍還是能遂行傳統的「靠補給獲勝」策略，因此奧雷利亞率領的羅馬軍攻勢自然絲毫不減，帕耳美拉居民也就隨之動搖。這些居民本就以通商維生，個性比較現實。因此居民對澤娜比亞的支持率也就一天比一天低落。

直到這個時候，「東方女王」才開始感到絕望。澤娜比亞放棄圍城戰，在某個晚上與親信重臣騎著駱駝逃出城外。一行人方向朝東，想必是去投靠波斯王吧。只不過連幼發拉底河都沒看到，就給來追捕的羅馬騎兵包圍了。帕耳美拉居民聽到澤娜比亞被捕的消息後，立刻敞開城門迎接羅馬軍。

雖說並非澤娜比亞本人，但其丈夫與兒子兩代都受迦利艾努斯皇帝賜予「羅馬帝國東方司令」(Dux Orientis) 稱號。換句話說，她本是羅馬帝國東方國防的總負責人。這種人與羅馬皇帝為敵，明顯地違反國家立場，屬叛國行為。澤娜比亞與重臣被捕後，讓人拖到奧雷利亞皇帝面前審判。

在審判時，澤娜比亞證明自己學不成克麗奧佩脫拉。她把叛國的責任全數推到重臣頭上，聲稱自己只是遭這些人的野心利用。

奧雷利亞沒有接受澤娜比亞的說詞。不過長年以來，除了被判斷為才能出群，活著會帶給羅馬禍害的人物以外，羅馬向來不處死敵國的君主。審判後只有重臣遭到處死，澤娜比亞則押解回羅馬。

奧雷利亞解決了十幾年來的帕耳美拉問題，打算將這股氣勢運用到其他地方，不想多浪費時間。因此收復埃及的統治權之後，他把東方國防委由副手普羅布斯管理，自己帶兵向西出發。

帕耳美拉居民沒有受到任何懲罰，只在當地派遣六百名警備隊。

可是帕耳美拉居民誤判了奧雷利亞寬大處置的意義。他們襲擊殺害六百名士兵後，宣布脫離羅馬帝國獨立。

奧雷利亞正要攀越陶盧斯山脈時，接獲這樁消息，隨即不分日夜急行軍趕回帕耳美拉。在羅馬人心目中，「信義」是最重要的德行。羅馬人甚至把「信義」神格化，建了神殿祭祀。所以對羅馬人來說，打破約定是罪大惡極的行為。

在羅馬軍猛攻之下，帕耳美拉不久就失陷了。奧雷利亞與澤娜比亞作戰時，不允許士兵在東方都市掠奪施暴，不過在這場戰鬥之後解禁了。帕耳美拉之後雖還能維持東西貿易轉口都市的地位，但再也無法恢復過往的榮華。

收復高盧

若要將三分天下的羅馬帝國，恢復到西元二六〇年前的模樣，那麼現在只差高盧帝國還未處理。奧雷利亞不願意在東方多花時間，也是為了趁著解決帕耳美拉問題收復東方的氣勢，迅速收復西方。當奧雷利亞向西進軍時，其速度真的不愧是「快攻奧雷利亞」。當他沿著多瑙河防線向西溯流而上時，途中若發現對岸蠻族有不穩動態，便立即投入軍隊處置。官兵獲勝之後，士氣會大為增強。若希望官兵擁有更強的自信心，最好的方法就是讓官兵不斷獲勝。在這個戰略之下，儘管棄守了達其亞行省，若用多瑙河防線來當衡量帝國安全指數的儀器時，恐怕指針也是一路往合格方向跑。隨著珍惜光陰、有頭有尾的奧雷利亞從多瑙河下游往上游移動，指針的高度也隨之節節上升。

對奧雷利亞的行蹤最敏感的，就是高盧帝國的皇帝提特利克斯。這個人雖是脫離羅馬帝國的高盧帝國皇帝，但出身元老院世家，因此擁有元老院議席。換句話說，他也是滿腦子羅馬想法。

提特利克斯深深理解，奧雷利亞皇帝的下個目標會是高盧帝國。而且提特利克斯對高盧帝國的存在意義抱持著疑問。畢竟他出生、成長的階層普遍認為，帝國的疆域，就是要西起希斯帕尼亞，東至敘利亞，北由北海為界，南至撒哈拉沙漠才叫作正常合理。而且高盧帝國的起源，並非出自明確的獨立意願。這只是西元二六〇年時，震撼全帝國的瓦雷力亞努斯皇帝遭波斯俘虜事變帶來的餘震。亦即，高盧帝國只是混亂下的產物。

西元二七三年秋季，在後世稱為香檳地方的高盧北部，於塞納河上游的平原，奧雷利亞率領的羅馬帝國軍與提特利克斯率領的高盧軍對峙。就在決定於次日開戰的深夜，提特利克斯悄悄地訪問了奧雷利亞陣營。這場訪問似乎經過預告，不過兩人都保守著祕密。

這場會談的內容後人不得而知。唯一已知的是，高盧帝國皇帝提特利克斯向奧雷利亞投

從帕耳美拉墳地出土的浮雕

降。第二天一早，兩軍依照預定布陣對峙時，往來的不是弓箭標槍，而是雙方士兵的歡呼。仔細想想，雙方其實都是羅馬軍的成員。總之存續了十四年的高盧帝國就此冰消瓦解，高盧、希斯帕尼亞與不列顛在不流血的情況下回到了羅馬帝國。奧雷利亞在處理完善後工作之後，立即趕回首都。因為元老院連絡他，表示已經投票通過得以舉辦凱旋儀式。

凱旋儀式 (triumphus)

西元二七四年春季，在普照羅馬的春陽下，展開了一場首都居民暌違已久，令人熱血沸騰的凱旋儀式。遊行隊伍中的俘虜服裝種類之多，也代表奧雷利亞戰勝的民族數量有多少。從北方有哥德、薩爾馬提亞、法蘭克、汪達爾、亞列門諾等部族。從東方則有巴克托利亞、阿拉伯、薩拉森、帕耳美拉、埃及等民族。高盧帝國的末代皇帝提特利克斯，也與兒子一起穿著高盧風格的褲裝，坐在無蓋馬車上遊行。與會的元老院議員看到同樣有元老院議席的提特利克斯受到如此待遇，有不少人當場大抱不平。

不過在凱旋遊行隊伍之中，最吸引群眾矚目的還是澤娜比亞。澤娜比亞穿著東方風格、顏色鮮豔的帕耳美拉民族服裝。讓人用黃金鍊條綁著，坐在平日她愛用的金漆無蓋馬車上。不過皇帝命她將個人的全數珠寶戴在身上，大量的珠寶壓得她連維持平衡都很吃力。

凱旋儀式的主角，當然是凱旋將軍了。依照羅馬傳統，凱旋將軍要披著深紅的大披風，親自駕駛四頭白馬拉的戰車。可是奧雷利亞駕駛的戰車，卻是由四頭雄鹿拉的。以雄鹿拉戰車，是北方蠻族酋長在祭祀時的作法。這並不表示奧雷利亞用雄鹿拉車，就是在學蠻族。而是他想要表達，這場凱旋儀式的價值，比起收復帕耳美拉與高盧帝國來說，更該是為自己戰勝隨時打算入侵帝國的北方蠻族而舉辦。不過大多數的群眾只是看到雄鹿的英姿之後，帶點好奇地鼓掌叫好而已。凱旋儀式的最後一段，是在卡匹杜里諾丘上的最高神朱比特神殿前獻祭，四頭拉車的雄鹿就在此時成了謝神用的犧牲。

凱旋儀式用的戰車（復原模型）

強制參加凱旋儀式遊行的俘虜中，只有四頭雄鹿送命，甚至沒有人被關進牢裡。高盧帝國的末代皇帝提特利克斯獲准繼續持有元老院議席。不但如此，他還被任命為義大利本國的某地方行政官。至於他已經成年的兒子，也能走上元老院子弟該走的光榮資歷。提特利克斯住在高盧帝國成立前，其家族便於柴利歐丘擁有的宅院。當他於宅院中宴客時，奧雷利亞皇帝也曾列席。

澤娜比亞則在由政府提供、距羅馬二十公里的提柏利別墅中度過餘生。她居住的應該不會是哈德良皇帝的豪華別墅。不過提柏利水源清澈豐富、氣候宜人，能住在此地的開放式羅馬別墅，想必日子也過得挺舒適。澤娜比亞歿年不詳。可能是她自從被押解到羅馬後，沒有什麼特別動作，編年史的作者也就對她失去興趣了。似乎從帝國國庫發下的年金，足以不傷害這個前任帕耳美拉女王的顏面；一同被押解到羅馬的兩個女兒，不久後都嫁給了元老院議員。仔細回想起來，帕耳美拉王國的壽命，只有西元二六〇年的混亂局勢中起算的十年。

帝國一統

儘管元老院對於奧雷利亞沒有好感，他們也不得不投票贊成讓奧雷利亞於西元二七四年舉辦凱旋儀式。因為奧雷利亞具有舉辦凱旋儀式的充分資格。

自從瓦雷力亞努斯皇帝於西元二六〇年遭波斯俘虜之後，後續的迦利艾努斯皇帝在位八年，其後的克勞狄斯·哥德克斯皇帝在位兩年。兩個皇帝十年沒做到的事情，奧雷利亞四年就辦到了。也當然元老院會全場一致通過，致贈奧雷利亞意為「復興帝國者」的“Restitutor Orbis”稱號。

政治的世界並非座談會會場，掌權者有必要提供具體可見的事實給一般大眾。對羅馬皇帝來說，首要問題就在如何保衛帝國臣民不受外敵侵略。而羅馬帝國的特質就在於，如果帝國各處分崩離析，也就不能充分發揮功用。奧雷利亞皇帝花了四年重新統合帝國，並非單純地收復失土而已，而是重新恢復了帝國的功能。羅馬帝國是個巨大的共同體，無論為惡為善，如果不強大，就無法發揮力量。各位讀者可以想像一下，如果密布帝國全區的羅馬大道，被人於各地分斷之後會是什麼情況。年逾六旬的奧雷利亞雖然生於邊境，蠻族血統可能比羅馬人濃厚，然而在他看透羅馬帝國本質，以及實現政策時珍惜光陰的這兩點上，可以說是真正的羅馬人。

舉辦凱旋儀式的第二年，西元二七五年時，春天一到，奧雷利亞皇帝就離開了首都。他首先朝北前進，視察多瑙河防線，之後順河而下向東。他的下一個目標是與波斯薩珊王朝作戰。

在奧雷利亞心中片隅，可能有為瓦雷力亞努斯皇帝雪恥的想法。不過更重要的是，如果讓波斯薩珊王朝繼續維持戰勝羅馬帝國的身份，將妨礙帝國的東方統治。而且幼發拉底與底格里斯河之間的美索不達米亞北部，亦即羅馬人口中的美索不達米亞行省屬於羅馬與否，對黑海、紅海間的東方防線影響甚鉅。再加上有能的君主夏普爾一世已經在三年前過世，其後的波斯薩珊王朝忙著繼承權內鬥，正是羅馬舉兵的好時機。

四月，奧雷利亞視察完多瑙河防線後，開始轉向東南方，朝帝國東方前進。他橫越色雷斯地區，來到了瀕臨馬爾馬拉海的佩林托斯鎮。這裡是歐洲的邊界，渡過馬爾馬拉海之後，對岸

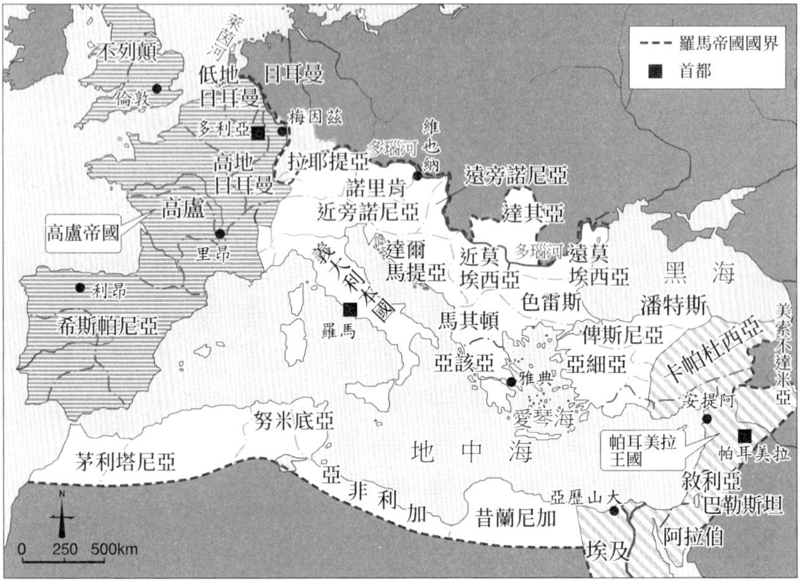

三分天下的羅馬帝國（西元 270 年左右）（重新刊登）

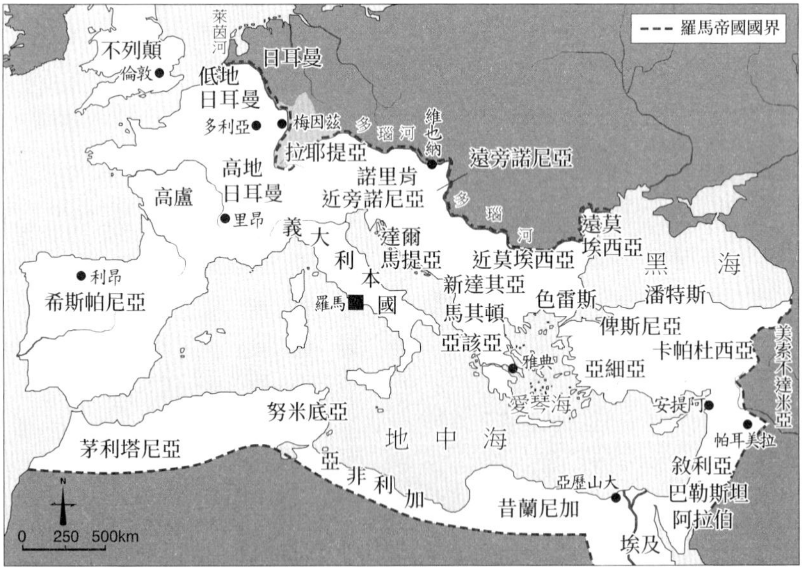

西元 274 年的羅馬帝國

就是亞洲了。皇帝預計穿越小亞細亞，前往敘利亞的安提阿，在當地與準備對波斯作戰的部隊會合。

就在佩林托斯的宿營地，奧雷利亞似乎為了某些理由訓斥祕書官愛洛斯。奧雷利亞向來對人對己都很嚴格，這次雖不知訓斥的理由何在，但遭嚴格訓斥之後，愛洛斯感到滿心恐懼。而且他不但恐懼，甚至認定自己的性命有危險。這個人的姓名為希臘文，可能是奴隸出身。貪生怕死的祕書官偽造了一封公文，看來彷彿是奧雷利亞皇帝的命令書。命令書中寫著即將處死的人員名單，其中有數名皇帝侍衛軍官的姓名，最後則補上愛洛斯的名字。祕書官自然熟悉皇帝的公文模式，而且在旅途期間，印鑑是由祕書官保管，要以假亂真並不困難。祕書官愛洛斯把偽造的公文拿給那幾名軍官看，使得軍官也跟著開始恐慌。軍官在恐慌之餘，竟然連確認真假都忘記了。

一群軍官由愛洛斯引路，潛入寢室殺害了奧雷利亞皇帝。當時的編年史作者曾說：「在奧雷利亞皇帝的時代，帝國充滿幸福。他受公民愛戴，受士兵尊敬，受敵人畏懼。」不過他結束生涯的方式太過匆促，在位期間只有四年九個月。

皇位懸空

由於有名僕人於暗處目擊，刺殺的真相馬上就讓人發現了。軍官在遭到逮捕後，得知自己上了愛洛斯的當，大為後悔，其中有人甚至自殺謝罪。愛洛斯遭判處分屍極刑，直接下手殺害皇帝的軍官也判處死刑。

雖說事情的全貌已見天日，然而內容未免太過悲慘。相關人員手足無措，失去處理善後的判斷力。尤其官兵更是大受打擊，根本無心思考該由誰繼任奧雷利亞。於是高層軍官向元老院送出公文：

「羅馬全體官兵致書羅馬元老院及羅馬公民：

吾等的皇帝奧雷利亞，因一人的背叛，及他人的誤會而喪生。為了讓吾等的悲痛能稍有緩和，務請決議讓已故的皇帝神格化。同時祈求具有傳統的諸位元老院議員，能選出適於羅馬帝國皇帝職責的人物，將其送至吾等之中。若係諸位判斷為適當之人物，想必吾等亦能為其效忠。」

對元老院階層來說，這是表現統治能力，奪回國政主導權的大好時機。奧雷利亞沒有兄弟子嗣，不論他個人的名聲再好，也無法利用其名聲競選繼任。只要挑出一個符合官兵期待的人物送上皇位，羅馬軍方也就會重新肯定元老院的統治能力。

可是元老院只有決議將奧雷利亞神格化而已，把繼任人選問題又丟給了軍方。這段皇位懸空的時期，最後竟長達五個月。期間軍方與元老院互踢政治皮球的書信就往返了三遍。有趣的是，在這五個月之中，沒有任何人舉兵稱帝，士兵也沒有爆發不滿。就好像全體官兵正屏氣凝神在等待接替奧雷利亞的人選出場一樣。不過連蠻族都偃旗息鼓五個月，則是奧雷利亞的強化防線戰略所造成的效果了。

當奧雷利亞逝世五個月之後，在九月二十五日，羅馬終於有了下一任皇帝。新任皇帝是七十五歲的塔西圖斯，是個以史學家塔西圖斯後裔自豪、從未出過外省也無軍事經驗的文人。與五個月以來一遭提名立即表示拒絕的其他議員同樣地，被提名時塔西圖斯也表達了拒絕意思。他遭人提名後，發言請元老院重新考慮：

「各位元老院議員，老實說我為了遭提名感到訝異。各位真的認為在那才能過人、雄壯威武的奧雷利亞皇帝之後，能由我這個老人接任嗎？請看看我的肉體。您們認為這個肉體還有餘力射箭、投槍、舉盾，乘馬跑遍山林原野，親身訓練士兵嗎？我光是出席元老院會議都很勉強，在會議上發言後會覺得疲累不堪，連公職也盡可能找年輕人代勞了。

您們可認為，為保衛帝國賭命戰鬥的官兵，會願意接受這般年老的最高司令官嗎？只怕各位心目中的理想皇帝，與現狀要求的皇帝標準不一致。在這種時候，各位該捨棄自己的想法。在此要請各位仔細考慮後決斷。即使各位全數贊成通過，在現狀下很可能會引發不幸的後果。」

然而皇位已經不能繼續空懸下去，而元老院之中也沒有人願意接任皇帝了。因此有位議員接著發言：

「我們選擇高齡的皇帝，是因為年高德劭的人不需在意他人的壓力，又具有如父親般理解全體需求的能力。此外高齡的皇帝，能使我們免於恐懼最高權位者常有的專斷獨行，或者自視過高帶來的失敗。不僅如此，高齡的皇帝能在深思熟慮之後才推動政策，羅馬帝國將恢復成法律優於軍事的國家。」

這段發言一來表達出當時元老院議員的保守傾向。同時，也明顯地是議員在掰歪理逃避責任。當時七十五歲，或多或少有些認命的塔西圖斯，也就接受了提名。元老院向官兵發出「元老院接受諸位要求，決議提名塔西圖斯為皇帝」的通告，結束了長達五個月，史無前例的羅馬皇位空窗期。

皇帝塔西圖斯（西元二七五年～二七六年在位）

塔西圖斯有充分意願認真擔任皇帝。他變賣自己的所有資產，將全數收益以有助於官兵薪資為附帶條件捐給國庫。同時他拆除了自己的住宅，將包括大理石柱在內的建材，全數轉用於將在原地修建的公共浴場。而且他也不穿皇帝用的紫衣，依舊穿著個人用的長袍、短衣。這名新皇帝唯一能稱心如意的，是規定帝國各地的公共圖書館有義務保存史學家塔西圖斯的著作全集。一到了西元二七六年，他便趕往前線。因為他深信接替奧雷利亞皇帝發起波斯戰役，也是他的職責。

問題是，與官兵一同行軍，對於沒有軍事經驗的七十五歲老人來說太吃力了。莫說要乘馬了，躺在轎子裡行軍的日子反而比較多。而在六月時，塔西圖斯逝世於趕往敘利亞的途中。他並未遭人刺殺，是自然死亡。

塔西圖斯

元老院接獲塔西圖斯逝世的消息後，馬上指定塔西圖斯的胞弟弗洛利亞努斯繼任。此人與其兄長同樣地，是在迦利艾努斯立法完全分離元老院與軍團職業生涯之前，便與軍務絕緣的元老院議員。當官兵知道元老院指名弗洛利亞努斯繼位之後，可就沒那麼輕易接受了。

首先，敘利亞與埃及軍團推舉總司令官普羅布斯稱帝。其他地區的軍團也逐漸與其同步。元老院知道軍方的動態之後大為動搖。弗洛利亞努斯得知元老院的動搖之後，也因失去支持基礎而恐慌。皇帝恐慌的模樣，也感染到侍衛官兵身上。對他們而言，一旦普羅布斯率軍前來攻擊，自己勢必要跟著弗洛利亞努斯陪葬。要避免送命，只有殺害失去元老院支持的弗洛利亞努斯一途，而且他們真的這樣做了。不過，至少羅馬躲過一場內戰。

西元二七六年至二八二年為止的六年間，羅馬帝國的最高負責人是普羅布斯皇帝。他與克勞狄斯．哥德克斯、奧雷利亞同樣出身於多瑙河濱旁諾尼亞行省的色米姆荷洛。而且與兩位皇帝相同，受過瓦雷力亞努斯皇帝提拔。

不過，在出身與教育方面，他與這兩位皇帝不同。普羅布斯的父親在多瑙河防線上的基地擔任百夫長之後，升調為埃及軍團的大隊長。而後他將妻子與兒子留在故鄉，在服勤地過世。大隊長的兒子普羅布斯成年後，彷彿理所當然地選擇從軍的路。由於他才幹出眾，沒多久便升遷至百夫長。

這時普羅布斯才剛二十出頭，卻受到瓦雷力亞努斯皇帝矚目。瓦雷力亞努斯曾向擔任共同皇帝的兒子寄出這樣一封信：

「父親致兒子，不，是皇帝致書另一名皇帝：

近來我挺在意一個名叫普羅布斯的年輕軍人。根據我的觀察，雖然他正年輕，才能卻挺出眾。因此我將他升遷為大隊長，命其指揮以高盧人、阿拉伯人輔助兵為主的六個大隊（約三千人）。我親愛的兒子啊，希望身為皇帝的你，同樣能重用這個青年。要他為帝國奉獻立功可能言之過早，不過卻足以擔任其他年輕軍官的楷模。」

瓦雷力亞努斯皇帝又曾與一名親信通信表示：

「想必你也會為我任命一個鬍子都沒長齊的青年擔任大隊長而驚訝。然而如今已經與帝國遍地菁英的神君哈德良時代不同，我們必須自行搜尋有用的人才。不過若你能認識普羅布斯，想必會同意我的作法。

這個青年人如其名普羅布斯（意為積極，可能是父親生前的綽號，直接演變成家門名），在行動果敢方面出類拔萃。不過他雖然頗有才幹，資產卻不豐碩。雖說負責的是輔助部隊，升上大隊長之後想必支出會增加，希望你在這方面能多關照。以下是我贈與他的禮品。紅色短衣兩件。高盧風格短披風兩件，附帶雕金飾扣環。絲綢邊睡衣兩件。刻有花紋的十利普（一利普約三百公克）銀盤乙個。升上大隊長之後，還需要一點私房錢資助花光薪水的部下（羅馬軍半個月發一次薪水）。因此，我贈與他奧流斯金幣百枚、銀幣千枚、銅幣萬枚。此外，我們應當提供他符合羅馬軍軍官身份的住宅。至於地點則委由你選定。」

當時二十三、四歲的普羅布斯受此待遇，當然會奮勇作戰。由他指揮的輔助大隊，常常獲取比正規兵大隊更高的戰果。西元二六〇年時，瓦雷力亞努斯皇帝又升遷未滿三十歲的普羅布斯為正規軍軍團長，可說是平步青雲。在升遷的同時，皇帝還送了三件軍裝以資慶祝。

不久之後，發生了瓦雷力亞努斯皇帝遭波斯王夏普爾俘虜的事變。羅馬的高階軍官人人茫然失措，想必普羅布斯受的打擊會特別深刻。因為同樣由瓦雷力亞努斯提拔的前輩克勞狄斯·哥德克斯、奧雷利亞在當時四十六歲，而普羅布斯只有二十八歲。

事變之後，普羅布斯依舊向恩人的兒子迦利艾努斯皇帝效忠，迦利艾努斯也任命他擔任前線地區的總督。當迦利艾努斯在位八年後，克勞狄斯·哥德克斯、奧雷利亞以刺殺皇帝的方式表示不信任時，普羅布斯沒有參加。不過當皇位轉手給克勞狄斯·哥德克斯，兩年後換成奧雷利亞時，普羅布斯依舊盡一個武將的職責。奧雷利亞皇帝曾與普羅布斯通信：

「奧雷利亞皇帝致普羅布斯：

眾所周知，朕向來看重閣下的能力，在此想委由閣下擔任第十騎兵軍團總指揮。第十軍團，是由羅馬軍中精銳騎兵選拔組成。當克勞狄斯登基時，將軍團委由朕擔任總指揮。如今，朕把軍團交給你。」

普羅布斯在奧雷利亞皇帝麾下率領第十騎兵軍團，隨後依據奧雷利亞皇帝的積極戰略，轉戰各地打了五年的仗。當奧雷利亞與帕耳美拉開戰時，也是普羅布斯迅速地收復了埃及。而且當他完成任務後，還有足夠時間馳援帕耳美拉攻防戰。當奧雷利亞擊倒澤娜比亞收復帝國東方後，要向西進軍解決高盧帝國問題，臨走前委由普羅布斯負責帝國東方防衛任務，這時普羅布斯才剛滿四十歲。三年後，奧雷利亞皇帝遭到刺殺。又過一年，塔西圖斯皇帝病逝。當皇位掉到普羅布斯頭上時，他正值四十四歲，正好最適於承接忙煞人的皇帝職位。

皇帝普羅布斯（西元二七六年～二八二年在位）

普羅布斯在登基之後改了名字，叫作馬庫斯．奧理略．普羅布斯。這是他在表示自己將效法於內施行善政，對外又終生奉獻於帝國國防，甚至與蠻族作戰時病逝於前線的哲學家皇帝馬庫斯．奧理略。普羅布斯會登基繼位，並非由他進行策畫，讓官兵推舉稱帝。而是他的部下自

普羅布斯

行產生讓普羅布斯繼位的聲浪，後來擴散到其他防線的官兵中，形成全羅馬軍的共識。最後是由元老院追認，使普羅布斯得以即位。

不過他有足夠的責任感，一旦接受推舉，便會全力以赴。這可能也是他對出身、教育皆不同的哲學家皇帝帶有親近感的原因所在。而普羅布斯一登基，便仿效哲學家皇帝，表明自己尊重元老院的傳統，願意與元老院合作治國。元老院也把普羅布斯的態度拿來與獨斷獨行的奧雷利亞比較，用以慰藉選擇皇帝的主導權完全掌握在軍方所帶來的不堪。

當登基即位時，有人會立即改名，有的人則不會，這也是人性有趣的地方所在。似乎改名的人早有期望當作楷模的對象，而不改名的人則是大膽表示反正自己就是現在這模樣。順帶一提，奧雷利亞登基之後，姓名依舊維持原有的魯期烏斯．圖密善．奧雷利亞。普羅布斯擔綱負責全帝國國防的西元三世紀末期，與哲學家皇帝負責全帝國國防的二世紀末期，國內外局勢已經大有不同。

普羅布斯既然有想要效法的前人，與部下之間自然相處融洽。相信這也是他在位期間可達六年的原因之一。

普羅布斯即位後，同樣沒有立即回到首都。那種一即位便盡快趕回首都，在元老院會場恭恭敬敬等著表決同意即位的皇帝，已經走進了歷史。對於西元三世紀後半的皇帝來說，首都羅馬只是戰勝蠻族或波斯之後，用於舉辦凱旋儀式的場地。元老院表決同意即位，也是事後追認，皇帝在登基時已經沒有必要親自前往首都出席議會。更別說要在帕拉提諾丘的皇宮內花天酒地胡作非為。如果這個時期的皇帝有機會看到好萊塢拍攝的羅馬歷史電影，恐怕他們會說：早知會讓人這樣誤會，生前起碼要照樣玩上一場。

以上就是西元三世紀後半的羅馬皇帝背景。普羅布斯在敘利亞的安提阿受人推舉登基後，沒有等待元老院追認，便立即負起皇帝首要的帝國國防職責。他登基後的第一個戰場，在遭到哥德族襲擊的小亞細亞西部。一旦有人領導，羅馬軍依舊是所向無敵。橫行霸道的哥德族又讓羅馬人趕回黑海以北，遭掠奪的人員物資也搶回來了。普羅布斯登基的第一年，就這樣過去了。這一年冬季，普羅布斯待在博斯普魯斯海峽監視著北方。可是西元二七七年一到，他馬上轉移至多瑙河防線上。他接獲蠻族大舉入侵高盧的消息，在擊退敵軍之前，有必要先編組隨行的部隊。

這次深入高盧的蠻族，沒有像以往燒殺擄掠之後揚長而去，反而盤據了六十幾個城鎮村落。根據羅馬帝國的傳統政策，行省不會派駐常設軍隊，高盧地區同樣沒有專屬的軍隊。高盧地區的安全，全仰賴萊茵河防線保護。具體來說，是由萊茵河沿岸的波昂、占田、梅因茲、史特拉斯堡等基地承擔高盧的防衛任務。一旦這道有如防波堤的萊茵河防線遭突破，洪水勢必

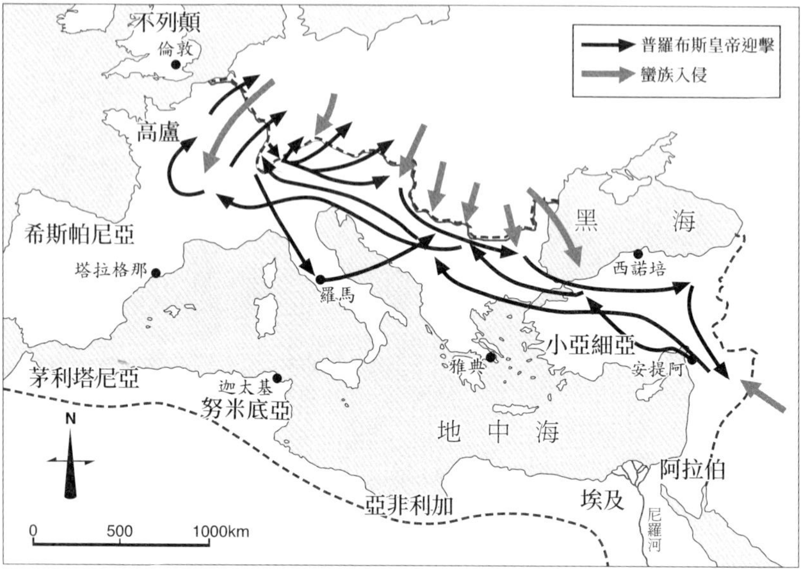

西元三世紀的皇帝——普羅布斯在位期間（六年）的行蹤

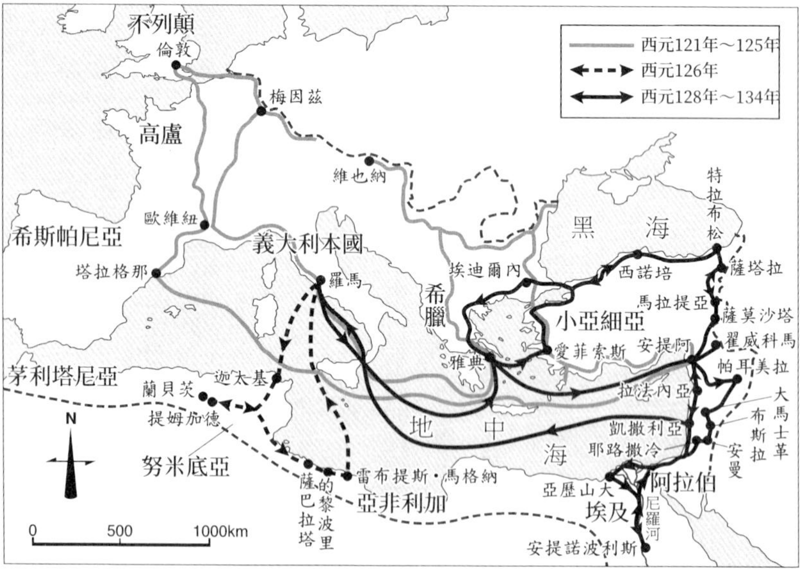

西元二世紀的皇帝——哈德良在位期間（二十年）的行蹤

造成潰堤，使整個高盧成了水鄉澤國。這已經是人人認為應該由皇帝親自奔赴前線的緊急事態了。

為了對抗以騎兵為主力的蠻族，羅馬也只好拿騎兵打頭陣。不過，羅馬有優良的步兵傳統。在這場以半個高盧為戰場的迎擊戰中，羅馬騎兵集中火力擊破並追擊蠻族騎兵，步兵則在其後掃蕩殘敵。這樣一來，一旦驅除蠻族，居民就能立刻安心回到故鄉。自從普羅布斯登基後，他學會把軍事成果立即轉用到民事上面。

到了西元二七八年中期時，高盧境內的蠻族已經全數驅離。然而，普羅布斯卻沒有絲毫鬆懈。他命人架橋，率軍攻打萊茵河對岸。而且曾越過防線向外攻擊的，還不只萊茵河防線而已。這項積極戰略又沿用到其他地方，萊茵河、多瑙河上游聚集的「日耳曼長城」地區、多瑙河中游地區，也都依循著普羅布斯的積極主動戰略。羅馬軍脫離了「遭攻擊後迎擊」的局勢，回到以往「主動進擊」敵軍的戰略。面對普羅布斯時，日耳曼的大族法蘭克、亞列門諾、汪達爾，也只好逃入森林與沼澤中。遭到燒殺擄掠的，反而是這些蠻族的村落。普羅布斯登基的第二年，西元二七八年，也就這樣度過了。

蠻族同化政策

不過，普羅布斯皇帝並未滿足於燒殺擄掠後揚長而去。即使身在這個時代，他也打算維繫過往羅馬能夠壯大，且長期維持霸權的主要因素「戰勝後讓步」策略。

他沒有將俘虜來的一萬六千名日耳曼人當成奴隸，反而讓他們進入羅馬軍。不過，讓這些人單獨編組部隊的風險太大，因此將其分成十幾個人一組的小隊，分散到羅馬帝國的各個防線上。這項策略日後沒有引起任何問題。

然而，將蠻族收為羅馬士兵時沒有引發的問題，卻在將軍身上發生。武將叛亂也是西元三世紀的羅馬帝國特徵之一。普羅布斯只好又花兩年時間鎮壓叛亂的將領。

叛亂發生於帝國東方包括埃及在內的五個地方。鎮壓五場叛亂所需的時間並不多，問題在於距離遙遠。皇帝光為了行軍趕路，就花去不少時間。

而在觀察這些失敗的叛亂例子之後讓人覺得，這些叛亂將領有幾點共同之處。

其一，在引發叛亂時，沒有花太多心思確保旗下官兵支持。結果有不少人是在皇帝派軍隊來鎮壓之前，就遭反悔的部下刺殺。

其二，受妻子或親信等旁人煽動，茫茫然地便展開叛變的案例居多。這種案例的「結果」，由於缺乏徹底背叛的意念，因此軍事行動也虎頭蛇尾。

要背叛現任皇帝，就是要有充分決意才有可能成功。武將會在茫茫然沒有目標的情況下舉旗叛變，也是國家衰退期的一項特徵。而且會為了這等無聊事情空費時間精力，也是衰退的佐證之一。

話說回來，普羅布斯皇帝好不容易以積極戰略打贏蠻族，對他來說空費這兩年時光實在是很吃虧。普羅布斯原本正準備推動波斯戰役，確立東方防線。可是他又接獲北方蠻族入侵的消息，只好抽身回到西方。

西元二八〇年、二八一年，羅馬於萊茵河、多瑙河全線展開了擊退蠻族的戰鬥。在戰勝後，普羅布斯允許戰敗者移居羅馬境內。這時的蠻族也已經漸漸能放棄襲擊、掠奪又撤回的方式，選擇移居羅馬境內。到最後普羅布斯總計共允許十萬以上的蠻族由多瑙河北岸遷居南岸。現今的歷史學界公認，普羅布斯皇帝的蠻族政策，特色就在於接受蠻族進入帝國境內。不過，當時的人是這樣說的：

「蠻族早上與人訂約，傍晚時就會毀約。」

在羅馬政府逐漸重視防衛勝於攻擊的西元一世紀、二世紀，其他國家、民族會遵守與羅馬的約定，是因為羅馬的軍事力量有壓倒性的強度。而西元三世紀時，羅馬已經沒有逼迫對方守約的軍事力量了。

西元二八一年秋季，為了舉辦凱旋儀式，普羅布斯皇帝在登基後首次踏上了首都的土地。雖說他成功擊退蠻族，不過沒有像奧雷利亞那樣將分裂的帝國重新統一的功績，也沒有像澤娜比亞女王那樣吸引大眾目光的戰利品。這場凱旋儀式應該從頭到尾都很樸素吧。

不過，普羅布斯在舉行對羅馬男子而言為最高榮譽的凱旋儀式之後，更加深了自己身為皇帝的責任感。他開始認為把長年遭人入侵而荒廢的土地恢復成耕地，是他應盡的另一項職責。普羅布斯身在首都時，沒有太在意凱旋儀式的準備工作，反而熱衷於向埃及長官提出灌溉工程指示，召見高盧行省總督討論河川活用法等工作。如今羅馬境內的耕地人口流失與都市人口密集，已經到了不能忽視的地步。

西元二八二年一到，普羅布斯就離開首都向北方前進。他的主要目的是執行波斯戰役，不過也計畫在出發前先將故鄉色米姆荷洛地區恢復成高生產力的耕地。這並非他打算優待故鄉，而是希望色米姆荷洛地區能成為帝國其他地方的楷模。

可是對士兵來說，這等於長官強制他們從拿武器換成拿鋤頭。對於曾經深入敵境主動作戰的士兵來說，這是無法承受的苦痛。

這年八月即將結束的某一天，普羅布斯皇帝登上了為監督工程進度而搭設的木製高塔。在工程中動員了許多士兵，因此有幾名士兵接近塔下也不會令人起疑。接下來，高塔發出轟然巨響倒了下來。看似趕往救援的士兵，用短劍結束了皇帝的生命。

這場事件中沒有任何軍官參與，全由士兵自行計畫。馬庫斯·奧理略·普羅布斯逝世時剛滿五十歲。對一個為國奮鬥六年的皇帝而言，這種結局實在可悲。

當時的人記述奧雷利亞與普羅布斯逝世的過程後，留下了這般感想：

「這兩名皇帝遭刺殺，證明帝國已經完全任命運擺布。」

奧雷利亞與普羅布斯遭人刺殺的事情，代表這個時期統治者與被統治者間的距離已經過度接近。這些行伍出身的皇帝，可說是實力政策的成果。他們先天後天都不屬於菁英階層，卻能登上皇位，是因為世間對既有的領導階層失望，祈求有實力的人出現。

然而，契合現狀的實力主義路線，與人間其他事物一樣的有利必有弊。在實力主義下，昨天還平起平坐的對象，今天就可能開始發號施令。只有深思熟慮的人才能面對現實接受現狀，然而擁有這等合理精神的人畢竟是少數。下層的民眾會對出身、環境與自己相去甚遠的「貴族」感到莫名的敬意，是因為其中有感性的要素。對大多數人而言，感性要比理性來得容易接受。靠實力取得地位的人，也有辦法讓習於感性的一般大眾對自己產生莫名的敬意，就是與大眾適當地拉開距離。不過，這項方法需要時間執行。奧雷利亞在位不滿五年，普羅布斯在位也只有六年的時間。筆者總會想像，如果他們像五賢君，或是帝國沒落到底時才出現的戴克里先一樣，擁有二十年的時間，那又會是什麼樣的情況。總而言之，身為領袖必須面對容易受感性左右的人群，因此不是輕鬆的工作。因為必須隨時讓大眾保持親近感，又同時感到距離。

皇帝卡爾斯（西元二八二年～二八三年在位）

當普羅布斯逝世之後，軍方再也不向元老院請示次任皇帝人選了。普羅布斯遭到刺殺的原因，並非軍方不信任他。刺殺皇帝的士兵隨後全體被判處死刑，這場事變就此成為過去。目前最要優先處理的事情，是盡早決定下一任皇帝人選。

軍方高層展開有如作戰會議的集會之後，決定由禁衛軍團長官卡爾斯接任皇帝的位置。在事發時，卡爾斯正身在萊茵河畔的科隆訓練新兵。為了接任，他立即趕路前往多瑙河附近的色米姆荷洛。

這個人也是一繼位就立即改名的人物。新的姓名叫作馬庫斯·奧理略·卡爾斯。不過他改名的意義，並非與普羅布斯一

卡爾斯

樣是為了表示學習哲學家皇帝的統治風格，而是為了向全體官兵表示，自己是受官兵擁戴的普羅布斯的繼承者。因為前任皇帝普羅布斯的官方全名為馬庫斯・奧理略・普羅布斯。不過，卡爾斯唯一真正繼承的，只有姓名而已。

根據筆者的想像，當西元二八二年初秋，軍方高層聚集在色米姆荷洛決定次任皇帝人選時，應該也討論到政策變更問題。可能在會議中談到，與其恢復耕地，不如讓士兵上戰場發揮。普羅布斯原本正在準備進行波斯戰役，並同時動員士兵做耕地的土木工程。雖說普羅布斯遭刺殺時，為了被迫種田而爆發不滿的士兵人數不多，但畢竟存在。高層擔心這種動態會傳染到其他部隊之中，而新任皇帝卡爾斯也有同感。

波斯戰役（二）

決定與波斯薩珊王朝作戰的原因如下。其一是前任皇帝普羅布斯生前正在準備。其二是羅馬軍與波斯開戰時，有為了瓦雷力亞努斯皇帝雪恥的名義。其三是這個時期的波斯，對羅馬軍來說不足為懼。

波斯薩珊王朝的創始人亞爾達西爾勇猛如同獅子。第二任國王夏普爾因俘虜瓦雷力亞努斯皇帝而史上留名，若要分類，則屬於狡猾的狐狸。在這兩人之後，波斯的歷任國王卻不屬於其

卡梨努斯

中任何一型。由於領袖的能力不足，加上宮廷內鬥，使得國家氣勢因而下挫。比起羅馬舉國強化的萊茵河、多瑙河防線，完全無人聞問的幼發拉底防線會比較安全，也是因為防線東方的波斯國力變差了。

當看見即將展開波斯戰役的布告後，士兵為此高聲歡呼。這不僅代表從此脫離種田的生活，而且對他們來說，東方就是富裕地區的代名詞。這個姿態，就好像一聽到義大利與高盧，就想到金幣、銀幣堆積如山的日耳曼人。到了西元三世紀末期，羅馬的士兵也已經如此蠻族化了。

既然戰役的目的之一在轉移士兵的不滿，自然能越快展開越好。在西元二八二年秋季，新任皇帝卡爾斯便率領著羅馬軍離開多瑙河濱的前線基地朝東行軍。當時五十八歲的卡爾斯，指名三十五歲的長子卡梨努斯為共同皇帝，委由他守護西方。三十一歲的次子努美梨亞同樣也擔任共同皇帝，與父親同行。父親率領的是第一軍，而次子則率領第二軍。

在西元二八三年春季展開的波斯戰役中，羅馬軍跨越幼發拉底河之後可說是連戰皆捷。要說是羅馬軍戰力雄厚，不如說是因為波斯方面的迎擊體制沒有發揮作用。不過，勝利就是勝利。

羅馬軍在短期內就收復了曾是羅馬行省，因而成為羅馬與波斯之間爭端的美索不達米亞北部。戰場逐漸由幼發拉底與底格里斯兩條大河間的美索不達米亞地方，沿著河流而下，逼近了波斯王國首都格帖絲皇。由於王室、高官全數逃逸，羅馬軍沒有花多少時間勞力，便拿下了格帖絲皇。結果，這年羅馬軍只用了不到三個月的時間，就拿下了相當於現代伊拉克的整個美索不達米亞地方。

這時季節還在夏末，還有足夠的時間作戰。羅馬軍打算沿著底格里斯河向東進軍，掃蕩美索不達米亞地區的波斯勢力。他們計畫將波斯人趕回波斯民族發源地波斯荷，相當於現代的伊朗西南部。

落雷

在沙漠中同樣會打雷，不，應該說沙漠中的雷霆更加危險。這年夏末的某個夜晚，露營中的羅馬軍便遭到雷擊。

這是一場巨大的雷擊。轟然巨響和劃破天空的閃電，把夜空化為邊緣直到天際的畫面。士兵們仰頭看著天空，連避難都忘了。

事故就在這時發生了。皇帝用的帳篷規模最大，高度也最高，因此導致雷擊，卡爾斯皇帝也當場喪生。

羅馬軍瞬時失去了最高司令官。原本同行的次子努美梨亞該接任司令，可是這個手足無措的年輕武將沒有擔負重任的能力。結果，羅馬軍打算撤退。似乎在這個時候，部隊只計畫姑且先退回剛收復的美索不達米亞北部從長計議。然而當羅馬軍護送繼承卡爾斯的皇帝次子努美梨亞北上時，又遇到了事變。

努美梨亞乘馬車北上後，到了預定寄宿的地方卻沒有下車。眾人打開馬車的門一看，只發現新任皇帝的遺體躺在車內的臥榻上。

官方立即開始搜尋犯人。大眾開始懷疑努美梨亞的岳父亞僕爾斯，因為他可以自由進出皇帝的馬車。甚至有人說，亞僕爾斯曾下令因皇帝生病，眾人不得接近馬車。看樣子，他連接受審判的機會都沒有了。

當時負責皇帝侍衛任務的，是現年三十八歲，名叫迪奧克雷斯的隊長。在迪奧克雷斯一劍砍死亞僕爾斯之後，這件案子就結束了。

迪奧克雷提亞

努美梨亞

而迪奧克雷斯知道一旦起事，就得幹得徹底。動員前來參加波斯戰役的羅馬軍，因此要面臨選擇。是選擇跟隨在西方的卡梨努斯，還是跟隨面前的迪奧克雷斯。最後決定結果的，與其說官兵認同迪奧克雷斯的本事，不如說是因為一年來卡梨努斯不得人緣。不過，一旦決定跟隨迪奧克雷斯，也就代表接下來必須與西方的另一名皇帝卡梨努斯進行內戰。於是，東征羅馬軍由迪奧克雷斯率領，向西方開拔。

然而到了西元二八四年，羅馬軍之間還是沒有發生戰鬥。因為卡梨努斯皇帝已經遭背叛的部下刺殺。舉兵稱帝的，只剩下迪奧克雷斯一個人。而從這時起，迪奧克雷斯把姓名改成羅馬風格的「戴克里先」。這又是一個生於多瑙河邊境的羅馬皇帝。

沒有任何證據顯示戴克里先與努美梨亞的命案有關連，但也沒有任何證據顯示他清白。

不管怎麼說，戴克里先之後的羅馬帝國又要走進新的時代。至於新的時代是什麼模樣，則等到第XIII冊再來討論。姑且不論新的變化對羅馬帝國而言是福是禍，戴克里先在位時的確把想做的事情全都做了。因為他得到西元三世紀任何皇帝都得不到的，長達二十一年的在位期間。

西元三世紀至四世紀中期的皇帝

	在位期間	皇帝（在位期間，死因）	
共73年 二十二名皇帝	211 年～217 年	卡拉卡拉（6 年，謀殺）	第XII冊
	217 年～218 年	馬克利努斯（1 年，謀殺）	
	218 年～222 年	荷拉迦巴爾（4 年，謀殺）	
	222 年～235 年	亞歷山大・謝維勒（13 年，謀殺）	
	235 年～238 年	馬克西謬斯・色雷克斯（3 年，謀殺）	
	238 年	葛爾迪亞努士一世（半個月，自殺）／葛爾迪亞努士二世（半個月，陣亡）／帕庇艾努士（3 個月，謀殺）／巴庇諾斯（3 個月，謀殺）	
	238 年～244 年	葛爾迪亞努士三世（6 年，謀殺）	
	244 年～249 年	菲力普・阿拉布思（5 年，自殺）	
	249 年～251 年	德丘斯（2 年，與蠻族作戰陣亡）	
	251 年～253 年	托雷玻尼亞努士・卡爾斯（2 年，謀殺）	
	253 年～260 年 253 年～268 年	瓦雷力亞努斯（7 年，俘虜，死於獄中） 迦利艾努斯（15 年，謀殺）	
	268 年～270 年	克勞狄斯・哥德克斯（2 年，病故）	
	270 年～275 年	奧雷利亞（5 年，謀殺）	
	275 年～276 年	塔西圖斯（8 個月，病故）	
	276 年～282 年	普羅布斯（6 年，謀殺）	
	282 年～283 年 282 年～283 年 282 年～284 年	卡爾斯（1 年，意外） 努美梨亞（1 年，謀殺） 卡梨努斯（2 年，謀殺）	
21年	284 年～305 年	戴克里先	第XIII冊
30年	307 年～337 年	君士坦丁	

第六章

羅馬帝國與基督教

自從筆者在大學進修西洋哲學時，心中便一直抱持一個疑問。在這種情況下的「抱持」，義大利文是“accarezzare”，意思是「愛撫」。這個修辭法頗為有趣，總之，筆者長年愛撫的問題是這樣的：

為何基督教從耶穌基督過世，到君士坦丁大帝承認為止，亦即從創教到成長為無法忽視的勢力為止，需要三百年的時間？

耶穌基督被釘死在十字架上的時間，據說在西元三十三年左右。而君士坦丁大帝承認基督教，則是西元三一三年的事情。

這個疑問並非筆者年輕時自己想出來的，而是從某個故事聯想得來。

在十六世紀時訪問日本的傳教士，碰到某個日本人問他這項問題：

如果你所說的基督福音是唯一能拯救靈魂的真理，那為什麼要這麼久才傳到日本來？

傳教士被問得啞口無言，還把這件事情寫進要送回本部的報告書。當筆者看到這段記錄時，忍不住笑了出來。其實只要回答說：信仰是沒有翅膀的，要依靠相信的人口耳相傳，因此需要足夠的時間，等能夠傳教的人繞到地球的另一端。這個傳教士，可能也因為身為傳教士而理所當然地，只用信仰的角度來思考宗教問題。不像筆者這種人是以人類、社會、歷史現象來看待宗教。

而且筆者認為，光以信仰的角度思考，不可能真正理解羅馬帝國與基督教的對立問題。在羅馬時代，就算沒有長翅膀，照樣可以輕易往來耶路撒冷與羅馬之間。羅馬帝國雖是包含歐洲、中東、北非的大帝國，由東至西的距離畢竟沒有地球另一端那麼遠。而且羅馬帝國還將當時的高速公路——全線石板面的羅馬大道網鋪滿了整個帝國疆域。至於在帝國內部傳教有多方便，從耶穌基督死後三十年，其宗教便傳進羅馬就可得證。西元六十四年首都發生大火災之後，尼祿皇帝把責任轉嫁給基督教徒，造成大量教徒殉教。這場災害的實情，是因為某戶人家的疏失而造成起火，又碰上強風助長，最後釀成使首都損失過半的大型火災。然而受害的災民將怒氣指向皇帝，尼祿覺得有必要找人頂罪，因此挑上基督教徒做替罪羔羊。

在這種情勢下要犧牲的，必須是孤立於首都羅馬社會之外，平時就讓一般市民覺得詭異的人物。而且即使符合條件，如果數量太多，又不適於拿來頂罪。在這時期居住於首都的猶太人只怕要以萬人為單位，即使沒有皇后做居留區的靠山，也不致於被皇帝抓來開刀。根據史學家記載的處刑過程，以及作為刑場的臺伯河西岸競技場大小來看，犧牲者應該不是數千人，也不是數十人，而是數百人左右。西元一世紀的首都羅馬人口已經逼近百萬。在這其中的數百人無論是用於頂罪，或者用於轉移輿論，都是個恰當的數字。

而且在這時期，由基督在生前直接指名為繼承者的聖彼得，以及未曾見過基督，但建構初期基督教會基礎的聖保羅也待在首都羅馬。這兩人據說也是在這時期殉教。到君士坦丁承認基督教之後，也在彼得殉教的地方修建了聖彼得教堂(Piazza San Pietro)，實現了基督生前所說的「於你之上將有教堂」。換句話說，耶穌基督死後三十年不到，連遠離巴勒斯坦的帝國首都羅馬都有數百名基督教徒，而且初期教會數一數二的人物也前往首都傳教。當時保羅由於擁有羅馬公民權，因此行使控訴權，而被護送到首都進行二審。在控訴期間保羅依舊是自由之身，因此應該是借住在信徒家中，也能自由接觸信徒。如果這時期的氣勢能延續下去，基督教不是會更快傳遍羅馬帝國嗎？

可是事情卻沒有這樣發展。尼祿皇帝迫害教徒的事件有如偶發事件，之後長年沒有發生專找基督教徒麻煩的政治壓迫。而且在同一時期，基督教徒正在由過去猶太教分支的地位逐步獨立，原本是最適於刻意打擊的時期。研究人員之間的共同意見是，猶太教徒叛離羅馬帝國，但在西元七〇年耶路撒冷失陷後叛亂遭全面鎮壓。基督教會就是從這時期開始逐漸與猶太教會拉開距離。教徒在首都內的居住區域，也從以往有許多猶太人居住，位於臺伯河西岸的第十四區，轉移至位在東岸，但離市中心較遠，地價較低的十二、十三區。總之基督教徒與猶太教徒已經在每一方面都劃分界線。這也就表示基督教徒在羅馬社會中愈來愈顯眼。

在羅馬歷史上，首度出現“Christianus”（信仰基督教的人）一詞的，是塔西圖斯記述尼祿皇帝殘殺教徒的文章。這個名詞再度出現在史上，已經是半個世紀後的圖拉真時代了。西元一一一年，小普林尼獲派為小亞細亞西北部的俾斯尼亞行省總督，他在一年任期中曾向身在首都的圖拉真皇帝請示如何處理基督教徒。而圖拉真的回信中則用上了這個名詞。

關於這封有名的信件，已於第IX冊《賢君的世紀》中提及。在此只重新收錄圖拉真皇帝對這個問題最為關鍵的幾句話。圖拉真皇帝於這時下的判定，成為二世紀到三世紀末為止，將近兩百年間歷任皇帝用以裁定的「法則」。

「雖說這些人為犯罪者，但不得如同整肅基督教徒般刻意過問強求。但是，若經正式告訴且取得自白者，則應給予懲處。而對改宗者亦得有適當之處置，此時有必要令其明確表示敬重吾等之諸神，及表明悔改之意。一旦滿足此要件，無論過去行止如何皆應得處無罪。

此外，無記名告發應視為無任何法律效力。若是容許此等行為，將違背吾等之時代精神。」

歷史上的「證言」是對同一時代中理解社會情勢的人所說，而不是刻意留給後人看的。因此後世的人在閱讀記錄時，需要參照當時的人覺得沒必要的解說。

羅馬人眼中的基督教徒，是一群不與國民一同為自己的 "res publica"（國家）共盡義務的人。就如同聖保羅在〈使徒行傳〉中的言論表示，他們認為羅馬帝國是個邪惡墮落的社會，沒有必要為這種國家盡義務。羅馬帝國滅亡後出現的「神之國度」，才是教徒的"res publica"（共同體）。不過他們也並未進行恐怖活動促使羅馬帝國崩盤，只是以拒絕服公職及兵役的方式作消極抵抗。

對於把羅馬帝國視為一個大家族，內部所有人員皆為共同體的歷任羅馬皇帝而言，這已經是明顯的反國家行為。基督教徒的「罪狀」，不在於信仰的宗教為何，而是他們藉由信仰形成反國家組織。圖拉真口中的「犯罪者」也是這個意思。

猶太教徒同樣也迴避羅馬公職與兵役，因而孤立於羅馬社會之外。不過除了建設立足於猶太教的神權國家以外，羅馬人已經給予猶太人所有權利。即使猶太人不任公職或服兵役也無所謂。在西元七〇年叛亂結束後，又多了一項猶太人稅。以往全世界的猶太人都要捐款給耶路撒冷的大神殿，如今則以大神殿於西元七〇年毀於戰火為由，將其轉為捐給首都的朱比特神殿。至少一般民眾認為，猶太人稅是他們不服公職、兵役的代價。因此只剩下基督教徒成了不付出代價，也不盡公民義務的一群人。

圖拉真所說「不得刻意過問強求」的部份，也表示這個皇帝雖然出身行省，卻是個擁有羅馬傳統宗教觀念的人物。羅馬人的宗教觀念，簡而言之是個人有信仰任何宗教的自由，只要祭祀在精神上統合多民族國家羅馬的「諸神」時願意出席就好。從我們的角度而言，就好像無論信仰什麼宗教，遷居裝潢時總會找人看看風水、算算日子一樣。意思是只要教徒不發起反抗國家的行動，就沒有必要刻意過問。而「改宗者」部份，以羅馬的宗教觀念來說，與其說是要教徒放棄信仰，不如說是要求教徒先把個人信仰暫時放下。古羅馬是個如同上述的多神教社會。因此不認同其他神明的猶太教，在古代才會一直讓人視為異端。史學家塔西圖斯也表示過，這根本是迷信而非信仰。基督教是由異端的猶太教中衍生而出的一神教。以教徒的立場來說，他們也不可能接受姑且暫時放下宗教立場的想法。

至於即使面對基督教徒，也必須要有正式告訴的部份。在現代司法體系中，接受告訴後進行搜查，已經是各國司法的義務。至於案子成立與否，又是另一回事。因此圖拉真的態度，也代表了創立法律體系的羅馬人之觀念。最能表現羅馬人法律觀念的，就是「無記名告發應視為無任何法律效力」這句話了。也正因如此，圖拉真的裁決，才會成為兩百年來帝國對基督教徒的一貫政策。

到了圖拉真離世百年以上的西元三世紀時，卻有一名基督主教批評圖拉真。這名人物叫作提爾多利亞，他的父親曾在亞非利加行省省都迦太基擔任百夫長退伍。提爾多利亞在青年時期皈依基督教，後來著作了《護教篇》(*Apologeticum*)，其中反駁圖拉真的部份如下：

「這根本只是刻意營造的曖昧。一方面說不專對基督教徒下手，一方面又說罪證確實就要懲處。一方面說不過問強求，另一方面又說要迫害教徒。說最好忽視基督教徒存在，同時又說要殺害教徒。這算是法律嗎？還是立法自己欺騙自己而已？如果認為基督教徒是反社會的存在，為何不徹底追捕？搜查時也應無論有無記名告發徹底搜索。如果真的表示沒有這個必要，為什麼又不承認全體基督教徒無罪？羅馬於帝國各行省設立專職官員，專司搜索犯罪中最為重大的叛國罪，而且搜尋範圍不僅犯人，還包括共犯與證人。只有面對基督教徒時，卻表示由政府主動搜索不正當，但有人記名告發卻又正當。換句話說只是把有罪無罪的判斷交給告發人裁決而已。」

從邏輯角度來看，提爾多利亞較為正確，圖拉真的言論是有曖昧之處。不過，人類社會無論在邏輯或法律上都一樣，過度直線反而無法發揮功能。羅馬人制定法律體系，是為了作為各種民族同住時所需的規範。至於宗教方面，私下要祭祀什麼神明，是個人的自由。只不過在共同的儀式時，要祭祀的是信徒多的神明。因此羅馬人的宗教觀念勢必會顯得曖昧。

而且法律有如社會的齒輪。法律應用的彈性大些，在許多齒輪一齊運轉時，反而有助於潤滑作用。此外，在圖拉真所屬的五賢君時代，基督教徒還是可以曖昧對待的少數份子。如果說真的以（據說）由天主所賜予的法律全面規範複雜多變的人間，又能保住信仰的自由嗎？當然，即使筆者有機會當面詢問提爾多利亞這些問題，雙方的想法只怕永無交集。「羅馬帝國與基督教」的問題在於雙方的想法不同，亦即文明不同。不是搜索或告發可以解決的問題。

到了雙方開始爭論的西元三世紀時，基督教徒的數量已經大有成長。不過如之前所述，即使在三世紀，鎮壓基督教徒的動作也不明確。鎮壓政策也因皇帝經常換人而欠缺持續性，沒有一貫且徹底的措施。

當時的信徒是否因為這項因素而持續增加？

如果說信徒增加與政策不連貫無關，那又是為了什麼原因而持續增加？

順帶一提，歷任皇帝中最徹底鎮壓基督教徒的，是西元四世紀初期的戴克里先皇帝。關於這名皇帝的事蹟，暫且留待第XIII冊討論。不過他會徹底鎮壓基督教徒，也顯示基督教勢力已經強大到讓羅馬政府沒辦法繼續曖昧下去。在第XIII冊之中將討論基督教強大至此的原因。不過在閱讀時，希望各位讀者能把耗去本冊大半篇幅的「三世紀危機」留個印象，作為思索時的背景。

接下來要討論的，是兩名羅馬史權威的意見。這兩人分別是吉朋與鐸茲。他們前後相隔兩百年，各出版了下列書籍：

Edward Gibbon, *The History of the Decline and Fall of the Roman Empire*, 1776~1788.

Eric R. Dodds, *Pagan and Christian in an Age of Anxiety*, Cambridge University Press, 1965.

筆者會列舉這兩個人，是因為他們同為英國人，較為容易討論比對。而且他們也是少數以條列方式提出基督教抬頭要素的研究人員。

由於吉朋的著作至今仍相當普及，為表示敬意，本文也由他的意見開始討論。吉朋生於啟蒙主義時代，他將基督教竄起的要素條列為下列五點：

一、堅決維持一神教立場。基督教徒為堅持這一點所表達的熱情，簡直可說是頑固又狹隘。在這方面的狹隘心態，雖說是由猶太教衍生而來，不過基督教已經擺脫猶太教令人抗拒的過度嚴格與不食人間煙火兩項缺陷。

二、確立以靈魂不滅為象徵，保證未來永生的教理。各位讀者要記得，由於當時（西元三世紀以後）的羅馬人逐漸開始擔憂帝國是否即將覆滅，這項教理才成了吸引信徒的有利武器。

三、初期基督教會領袖施展的奇蹟。

四、已經皈依基督教的人純潔禁慾的生活方式。

五、以規律及團結為特色的基督教徒社區，隨時代演進成為一個獨立社會。最後，基督教徒的社會在羅馬帝國內部形成國中之國。

兩百年後探討同一題材的鐸茲教授則列舉四項基督教抬頭的因素如下：

一、基督教帶有的絕對排他性。

基督教不承認其他宗教具有拯救靈魂的方法。以現代的觀點來看，會認為這種想法可能變成弱點。可是對活在動盪時代的人而言，卻有如活力的泉源。

希臘、羅馬時代認為對其他宗教應當寬容。可是這種寬容態度，使得大眾在選擇拯救靈魂的方法時有過多的選擇。羅馬世界中有許多神明，數不盡的祭典。對大多數人而言，能夠自由選擇，反而造成不安。

基督教卻除去了這些要素，使大眾脫離必須在諸多神明中選擇的苦境。既然得救的方法只有一種，那也只有追隨下去，沒有猶豫或不安的餘地。

異教徒批評基督教時，往往針對這項狹隘特性。可是對活在不安時代的人群來說，比起寬容自由的宗教，狹隘的整體主義信仰要來得有魅力。

二、基督教對所有人開放門戶。

原則上來說，基督教不在意社會階層差距。不管是靠手工業維生的人也好，奴隸也好，受流放刑的人也好，甚至刑事犯也好，都可以進入教會。到了西元三世紀之後教會更加組織化，開始產生神職階層。不過在教會中的升遷還是憑實力，不看身世背景。

值得特別討論的是，基督教世界早在初期便不在意學歷高低或涵養好壞，與新柏拉圖哲學不同。從西元二世紀到三世紀末期，構成基督教社區的人，多半屬於社會底層。

三、成功帶給眾人希望。

對於活在西元三世紀的羅馬人而言，現世有如純度不斷下跌的銀幣，身為羅馬人實在愈來愈不光彩。與現世相較，基督教推出的永生就顯得金碧輝煌了。

羅馬人嘲笑說不把心思放在現世，轉身投入基督教的人，是靈魂有病。然而在那個時代，靈魂生病的人卻一天比一天多。羅馬人之中有不少人有意無意地，覺得死亡是一件有趣的事。

這也是造成眾人投入基督教的原因之一。

四、皈依基督教可帶來現實生活中的利益。

相較於其他宗教集團，例如埃及起源的伊西斯教、亞細亞起源的密特拉教，基督教的團體打一開始就有強烈的「社區」性格。集團成員會共同進行的，不只是宗教儀式而已，連思想模式與生活型態都一致。就如同反基督教論者凱爾斯斯所說，這點是對羅馬帝國而言最危險的地方。

教徒若發現同為信徒的人落入不幸，在物資上會毫不吝惜地資助。相互扶持是這個集團的重要工作之一，就連羅馬政府都必須承認，基督教會真的營運得不錯。

當然，濟弱扶傾不是基督教的專利特權。只不過到三世紀時，過去羅馬人社會福利的精神支柱公德心，已經日漸衰退。基督教社區在這方面比其他宗教積極，因此趁虛而入。

基督教會給信徒維生的基礎保障。他們援助生活困苦的寡婦，認養孤兒，對老人、失業者，及其他脫離社會的人伸出援手。他們為窮人辦葬禮，若遇上瘧疾流行，還會搶醫院工作。

不過比起上述好處，基督教會真正成功給予三世紀羅馬人的，是生活所需的歸屬感。

讓人最感到痛苦的事情，就是自己不屬於任何地方。在當時，鄉下人的財產讓蠻族搶光，只好流入都市；農民的耕地成為迎擊蠻族的戰場，只好到都市找工作；士兵熬到二十年退伍，卻無法像以往一樣在營區附近領土地耕作維生，只好孤苦伶仃地進入都市求生存。金融業者同時遇上通貨緊縮與通貨膨脹，無法像以往那般靠利息餬口。解放奴隸雖然獲得自由，卻不能像古代一樣與主人維持密切往來，只有一個人設法尋求生活基礎。

上述這些人一進入基督教社區，就能感受到人情溫暖。他們覺得有人關心自己的現實生活與來世。

這就是都市教徒多過鄉村，尤以羅馬、安提阿、亞歷山大等大都會信徒增加神速的原因。

以上，就是兩位專家的見解。從書名《不安時代中的異教徒與基督教徒》可以了解，鐸茲教授的說明較為詳細，是因為他在書中專門討論這個問題。而吉朋只是在《羅馬帝國衰亡史》中稍微提到而已。

而筆者也感受到，這兩人之間畢竟還是有兩百年的距離。筆者會在現代研究人員中挑選鐸茲教授，是因為對他提出的第四點大有同感。從鐸茲教授提出本書至今已將近半個世紀，想必苦於失去歸屬感的人會比當時更多。而在貧富差距雖大，但社會流動性強的吉朋時代，這是個不須考慮的問題。

雖說前後有兩百年的距離，不過兩位學者的見解頗有相同之處。筆者也半開玩笑地歸納畫了附圖：

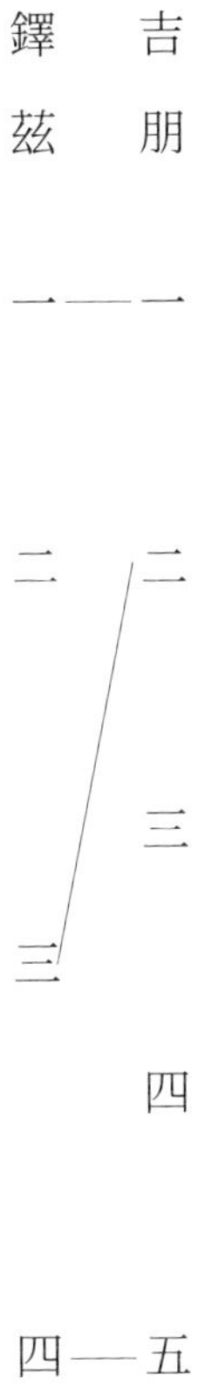

看到兩位學者的見解圖以後，筆者總會特別想想吉朋沒有提到，而由鐸茲教授提出的第二點。由於基督教向所有人開放門戶，因此社區內沒有階級差異。吉朋對這方面沒有任何問題意識，那是因為吉朋是大英帝國時代的社會菁英。他有十足自信認為階層是應該存在的，英國也是因階層區分而興盛。這方面感覺上也有點像對羅馬公民權抱有絕對信心的羅馬菁英。吉朋在書中還批判卡拉卡拉將羅馬公民權賜予所有行省民，是政策上走了過度開放路線。

鐸茲教授忽視了吉朋的三、四兩點，筆者反而認為這兩點看法挺正確的。

首先討論關於奇蹟的第三點部份。對大眾而言，奇蹟是值得欣喜接受的，而且也讓大眾抱持希望，認為也可能發生在自己身上。而且在傳教論及拯救靈魂時，奇蹟可作為點綴。奇蹟讓異教徒閱讀耶穌傳記也會覺得有趣。如果刪除其中關於諸般奇蹟的描繪，基督傳記就成了限基督教徒閱讀的《聖經》而已。筆者雖然不相信奇蹟，但可以理解奇蹟帶給眾人的溫暖與希望。就連二十一世紀的現在，也還有不少人喜歡見到奇蹟。

在吉朋提出的第四點中論及基督教徒純潔禁慾的生活，筆者認為這是個挺含蓄的說法。一個人往往不會直接接受別人的想法，而是看到別人的行為方正、涵養高深，因此對其想法產生共鳴。心想這個人涵養如此純潔高貴，那他說出的話應該沒錯。比起思想的內容而言，思想的普及率往往要看傳播者的修養好壞決定。

一路解讀下來，結論也很明顯。吉朋提出的五個要素，以及鐸茲提出的四項要素，都是基督教在羅馬帝國內抬頭的主要原因。

除了上述原因以外，外行的筆者也想追加一些觀點。

假設，在動盪不安的時代裡，狹隘的宗教反而會顯得有魅力。而在當時的羅馬帝國，還有同樣不承認其他神明的猶太教存在。為什麼西元三世紀竄起的不是猶太教，而是基督教？

筆者認為，應該是基於下列原因。基督教會堅守不認同其他神明存在的一神教立場，而在其他方面，則認為重要性其次，因此大幅度與羅馬政府折衷配合。這種彈性應對，可能是看到猶太國家由於絲毫不讓步，鬧得與羅馬正面衝突，搞到玉石俱焚的結果後學習得來。不管怎麼說，猶太教與羅馬正面衝突，基督教卻是悄悄地在羅馬帝國內扎根滲透。那麼，他們是如何做的呢？

筆者假設基督教竄起的原因，不在羅馬帝國向基督教讓步，而是基督教會與羅馬政府配合。這項推論是根據基督教對於下列四個要點的處置方法而來：

一、偶像崇拜；二、割禮；三、帝國公職與軍務；四、灰色地帶。

首先關於第一點，偶像崇拜的部份。這是受猶太教嚴禁，但基督教開放的事項之一。不過，由於聖保羅生前曾禁止，可知在古代還沒有解禁。等到教會公認可以拜偶像，已經是中世紀中期了。不過在羅馬時代的基督教徒聚會場所中，時常可看到牆上畫著描繪能力不佳的耶穌像。

可能是因為在那個時期的基督教徒中，還有不少猶太人，所以無法公開認同偶像。不過，教會應該是默許畫像的存在。因為聖保羅禁止的是「金、銀、大理石經人手雕塑的神像」，後人便以牆上塗鴉的方式鑽教條漏洞。

儘管說只是教會默許，這項要素的效力可不小。人們總會想要看看自己崇拜的人長什麼樣子。而且初期基督教徒的生活背景中，充斥著健美的希臘、羅馬神像。長年生活在這種社會的人，自然會想看看耶穌的身材長相。姑且不論這算不算偶像，筆者甚至認為對基督教掌權貢獻最大的，該是許可崇拜神像、聖人像這件事。如果基督教和猶太教一樣嚴格禁止的話，基督教文化只怕不會在人間開花結果。而文化有緩和宗教嚴格氣息，連繫人神之間的功效。

第二點關於割禮。根據字典的定義，這是一種割除男子包皮的宗教慣例。對猶太人來說，則是與神締結契約的證明，要在嬰兒出生的第二十八天執行。然而手術對象是嬰兒還好，對成年男子開刀的話，將造成劇痛與大量流血。猶太人有所謂選民思想，不對其他民族傳教，所以能把割禮對象限定在猶太人的嬰兒。然而基督教對各個民族開放門戶，就無法這樣做了。

在〈使徒行傳〉中，記載了羅馬軍的百夫長科爾涅留斯改宗的部份。科爾涅留斯是活在西元一世紀中期的羅馬公民，而在文章中沒有提到割禮的部份。假如初期基督教會的使徒堅持割禮的話，恐怕問題就複雜了。因為基督教會歡迎沒有割禮習俗的人入教，當然入教的信徒多半是成年人。我們可以想像得到，在這種情況下割禮應該會逐漸沒落。

對於羅馬時代的人來說，廢除割禮的效果應該不同凡響。因為羅馬人向來厭惡割禮。甚至可說對猶太人的輕視，有一半來自割禮。雖說出自於政治考量，不過哈德良皇帝曾以禁止猶太教徒割禮，而對罪犯行割禮的方式，試著貶低割禮的地位。

如上所述，原本羅馬人就厭惡割禮；割禮又是受人輕視的猶太人的習俗；而且還會帶來劇痛。可想而知羅馬人知道入教不用行割禮時有多放心。

問題是，入教還是需要個儀式。由於希臘、羅馬宗教沒有入教儀式，因此基督教更需要辦儀式做區隔。而且依據人性本能，廢除割禮之後，還是需要某樣儀式彌補空位。

筆者認為，發明洗禮代替割禮的人真是個天才。洗禮不像割禮那樣，帶來疼痛與流血。認同其他神明的一神教密特拉教雖然不傷害自己的身體，在入教的時候卻需要宰牛取血舉行儀式。相形之下，基督教入教時，只要在頭上灑水就好。洗禮儀式顯得樸素純真寧靜，而且又不花錢。這樣一來，大眾自然覺得入教的門檻低了。

其次要討論第三點之中，基督教對於帝國公職與軍務的看法。這點可以從聖保羅於「對社區的義務」中的說法得知：

「就好像人體的諸多部位各有各的功效一樣，生於基督教誨下的我等之社區，也是由以各自方式貢獻社區的人組成的。這是因為每個人天生的能力都不一樣。因此，擅長行政的人可以當行政官，擅長教書的人可以任教，而擅長演說的人可以當演說家。」

從內容來看，各位是否覺得他表示基督教徒一樣可以從事羅馬帝國公職？此外，人類社會必須要有人在上位領導才能發揮功能。聖保羅在「對權威的義務」之中是這樣表示的：

「每個人都應當遵從在上位者。在我們的教誨中，不認同除了上帝以外的權威。而現實世界的各個權威，都是受神指示才成為權威。遵從權威，也就是遵從君臨於現世權威之上的天主。」

這種態度，當然不會妨礙到羅馬帝國政府。與不認同羅馬帝國一切權威的猶太教徒相較，基督教會的彈性實在讓人驚訝。筆者認為，以其上有唯一真神作條件，認同現世權威，甚至認同其世襲制度的想法，是日後基督教讓掌權階層接受的最大原因。

在第三點之中，筆者還列舉了羅馬人認為與公職同為重大國民義務的軍務。在討論公職之後，自然要討論基督教會如何看待兵役的問題。而在調查史料之後意外發現，從基督教創教開始，從沒有人表示基督教與軍務不能並行。有個從猶太教改信基督教的士兵問洗禮者聖約翰說，他身為猶太國王的士兵，同時又是基督教徒，今後該如何生活？而約翰回答說：

「要滿足於國王發給你的糧餉。在軍事行動中，行為不得暴虐。於軍中的升遷，不得為中傷同伴的結果。」

在《新約聖經》與〈使徒行傳〉中，沒有任何因身為羅馬士兵而遭責難的例子。相反地，其中甚至稱讚羅馬軍士兵生活規律，要基督教徒向其學習。

簡單來說，西元一世紀的基督教會認為基督教信仰與羅馬軍務是可以並存的。當時基督教沒有滲入羅馬軍團中，是因為羅馬帝國正處於興隆期，士兵以身為羅馬公民為榮，不認為自己有必要另外找心靈慰藉。他們深信「羅馬和平」是由自己雙手創造的。

到了西元二世紀，羅馬帝國進入了安定期。在這個時期中，基督教勢力也沒有明顯地滲透進帝國公職與軍務。不過這是因為基督教會本身有問題。

西元一世紀，正確來說，是在西元七〇年耶路撒冷失陷後，基督教會開始與猶太教保持距離。可是一脫離猶太教，基督教會內部也開始分裂。這是各種主義與運動常見的現象，一般會分裂成同樣堅持原則，但覺得應該適可而止的穩健派，以及堅持一切既有主張的激進派。西元二世紀的基督教會也不例外。

穩健派的信徒堅持要依照聖保羅提示的方針行事。激進派的主導人叫作孟塔努斯，所以又叫作孟塔努斯派。這個派系堅持羅馬帝國的公職與基督的教誨誓不兩立。激進派勢力膨脹最快

密特拉教集會所（聖克雷蒙特教堂地下）

時，正好是馬庫斯．奧理略在位的期間。於哲學家皇帝在位時出現將基督教徒處刑的事蹟，也是因為基督教方面提升了對抗羅馬帝國的態勢。方才筆者曾引用提爾多利亞批評圖拉真皇帝的文章，而他也是屬於激進派的人物。

話說回來，在西元二世紀的五賢君時代裡，羅馬軍團中並非沒有基督教徒，只不過數量並未多到不可忽視。這些信徒心中應該也與羅馬軍團中盛行的密特拉一神教信徒一樣，在帝國國教羅馬諸神與自己的信仰之間，另外尋求一個折衷點。羅馬人向來認為個人的宗教信仰是完全自由的。而五賢君在宗教政策方面，也向來維持羅馬風格。

密特拉教在羅馬圓形競技場南邊的聖克雷蒙特教堂留下了一個地下集會所遺蹟。要說密特拉教是宗教，不如說是社團。雖然密特拉不是祕密結社，但喜好聚集在狹窄的地下室，由此可知他們重視的是同夥間的團隊意志。入教的時候必須宰牛取血舉行儀式，這種兇悍行為想必是密特拉教在士兵間流行的原因之一，而且同時可能也防止女子與兒童入教。集會所會位於地下室，也是因為儀式之後必須洗刷牛的血水。聖克雷蒙特教堂地下遺蹟的下方，是羅馬時代的下水道。而這條下水道至今依舊能發揮作用。

到了西元三世紀後半，基督教會內的穩健派與激進派鬥爭，可能演變成由穩健派反敗為勝。也說不定是在德丘斯、瓦雷力亞努斯兩位皇帝專挑神職人員鎮壓的政策之下，激進派領袖已經損傷慘重。總而言之，即使到了這個時代，鎮壓基督教還不必優先鎖定軍團作目標。而基督教徒視為天譴的瓦雷力亞努斯皇帝生擒事變，發生於西元二六〇年。從此時到戴克里先皇帝大規模鎮壓為止，期間四十三年中，皇帝必須集中精力在對抗蠻族上，因此基督教徒能夠安然度日。

戴克里先皇帝鎮壓基督教徒的行動特色，在於他開除軍中的基督教徒。這名皇帝帶領時代走出三世紀的迷途中，不可能做出讓羅馬軍瓦解的舉動。也就是說，即使把改信基督教的士兵全數開除，羅馬軍還是能發揮軍隊的功能。

問題在於，表面上的數字，不等於活力的強弱與否。研究人員統計君士坦丁大帝承認基督教前的羅馬帝國基督教徒數量發現，即使在教徒人數最多的敘利亞大都市安提阿，教徒也頂多占人口的二十分之一。雖說基督教徒只占百分之五，但問題在於其他百分之九十五的人活在什麼樣的狀況下。而且就算二十個市民中只有一個教徒，如果這些教徒團結起來，又會是什麼樣的情況？問題已經不在數字上了。

基督教抬頭的第四點要素「灰色地帶」，可說是前面三點要素的綜合。也可說是筆者假設基督教配合羅馬政府調整步伐的推理結論。筆者認為羅馬政府與基督教會之間的界線並不黑白分明。由於教會方面調整腳步，使得中間出現灰色地帶。

當由明確的白轉換成明確的黑時，人們會覺得猶豫而止步。因此要跨越這條界線，需要相當大的勇氣與決心。然而，如果與白相連的是極端接近白色的灰色，而且灰色一點一滴地慢慢加深，最後才變成黑色地帶，那麼要跨越界線時的抵抗感也就非常小了。西元三世紀時的羅馬帝國與基督教的關係，只怕與上述情況相近。相反地，羅馬帝國與猶太教之間，就好像沒有灰色地帶的黑與白一樣。

這種設置灰色地帶的方法，只怕是初期基督教會領袖具有的驚人彈性帶來的產物。在產生變化時，讓當事人不會過敏；而當發現變化時，又讓人覺得其實沒什麼大不了的。要鼓動信徒，只怕沒有比這更巧妙的手段了。由於一神教不承認其他神明，連帶否定異教徒存在的價值，因此生於多神教世界的古代人不但不懂，而且想像不到會有這種事情。等到西歐人發現上述謀略，基督教已經掌權度過長達千年的中世紀時代，到了文藝復興時期了。

閱讀羅馬時代知識份子著作中論及基督教的文章時，總令人深深感受到，這些人根本不懂什麼是一神教。作者中無人論及多神教與一神教的差異所在。這也難怪，畢竟古代人是與諸神共存的民族。

這項背景使得羅馬時代的知識份子在對抗竄起的基督教時，沒有武器用以辯駁基督教。換句話說，他們必須在對敵人有利的拯救靈魂話題中展開論戰。既然希臘、羅馬諸神不管拯救靈魂的事，知識份子也只好依賴哲學。

馬庫斯．奧理略皇帝在《沉思錄》中，曾留下這麼一段話：

「當靈魂要離開身體時，如果能夠安詳地接受，該是多美好的事情啊。不過這種心理準備，必須是由人的自由理性達成的結果，而不是像基督教徒一樣頑固地自以為是。」

這段話充滿認真誠摯，表露了內心思想，令人覺得他真不愧是哲學家皇帝。筆者也認為如果能以自由意識接受死亡，會是一件美好的事情。只不過，這需要相當強韌的精神力。對於活在不安中的三世紀民眾，我們能要求到這個地步嗎？而且哲學家皇帝只怕也不能滿足於他所信奉的斯多葛哲學，還參加了埃留西斯儀式。

埃留西斯儀式是希臘自古傳下的儀式之一。由於舉辦儀式的地點在雅典西北二十公里處的埃留西斯，因此得到這個名稱。儀式的主神為宙斯的妹妹，大地女神狄蜜特。因為這是一種祕密儀式，所以詳細內容如今不得而知。唯一可知的是，參加後可得到死後的平安，藉以獲得靈魂救贖。哈德良皇帝曾參加這個儀式，不過他應該只是因為熱愛所有希臘文化而順便參加，沒有把死後的平安當成目的。至於馬庫斯．奧理略參加時則應該是一片誠意，畢竟這個人凡事全力以赴。

埃留西斯儀式由於是祕密儀式，因此是在夜間的神祕氣氛中舉行。而西元三世紀時流行於地中海世界的新柏拉圖哲學有逃避於神祕事物的傾向，與埃留西斯儀式有點類似。筆者不禁認為，若以現代說法來形容馬庫斯．奧理略之後的羅馬知識份子，就是他們已經陷入自我認同危機。

曾經，羅馬帝國的知識份子對於擁抱現世主義，可是毫不遲疑的。

西元前一世紀的詩人霍雷斯 (Horace) 曾說：「羅馬征服了希臘，文化上卻反被希臘征服。」(Graecia capta ferum victorem cepit.) 當時在場的人，包括開國皇帝奧古斯都在內，也只有點頭同意的餘地。就好像他們打算把哲學、藝術、科學交給擅長這種事的希臘人負責；而羅馬人負責整頓現實生活不可或缺的國防、法律、政治、基礎建設及糧食。著有 *Naturalis Historis*（《博物誌》）的大普林尼曾經表示：金字塔固然了不起，但那是為了法老王一個人身故後興建的。羅馬人興建的，是有益於無數大眾生活的建設。

當時的羅馬人之間，沒有所謂的認同危機。如果問他們為何活著，同樣有十足把握回答。

可是到了西元三世紀之後，卻回答不出來了。即使朝新柏拉圖哲學求取答案，得到的也只是知識份子的自我滿足，不是能讓一般大眾廣為接受的答案。一般大眾直接面對的，還不是對於死後或未來生活的不安，而是現實生活的匱乏與恐懼。

蠻族一再來襲，燒殺擄掠。

結果造成農地荒蕪、人口疏失。

國民生產力大幅下跌，但政府以國防支出擴大為由屢次加徵特別稅。

為逃避上述困境，拋棄熟悉的故鄉流入都市，卻因都市人口過度密集而無法就業，全家人因而失去維生之計。

再加上社會福利政策受挫。以往針對低階人民的主食免費給付制度以及貧民子女教育基金能發揮功效。如今只有首都羅馬為了保持皇帝的顏面，能夠勉強維持制度。至於大幅仰賴富裕私人捐助的地方政體，由於富人失去公德心，如今已經有名無實。

以上的現狀造成人民失去希望。

活在羅馬鼎盛期的塞內加曾說，對活在不幸與逆境之中的人來說，希望是他們最後的救贖與慰藉。而到了西元三世紀後半，活在羅馬帝國裡的人已經無法獲得「和平」，連帶地也得不到「希望」。對這種人提出馬庫斯·奧理略皇帝所說的，要重視自由理性勝於信仰的看法，又能獲得多大的效果？

基督教獲勝的主要原因，在於羅馬政府的衰退疲憊。羅馬帝國失去了自信與魄力，而這兩項是維持活力最重要的要素。

每當觀賞馬庫斯．奧理略皇帝塑像時，筆者總覺得他的面容真是充滿氣質格調。不過，也覺得真是文弱。相較之下，第I冊共和政體創始人盧奇烏斯．布魯圖斯的長相就充滿剛毅氣息。第II冊的西比奧．亞非利加努斯能戰勝名將漢尼拔，臉上則有連國難都能化為營養的年輕活力。第III冊的年輕領導人，也滿臉堅毅、充滿理想。

第IV冊與第V冊的朱利斯．凱撒，更是凡戰爭必獲勝，凡執政必能實現政策，在演說、寫作等以言辭為武器的場合時，連政敵都得佩服內容實在有道理。看到他的面容，讓人得以感受布魯圖斯為何覺得只有抹煞他的肉身才有勝算，以及為何付諸實行。

將凱撒的構想化為現實的，則是第VI冊的主角，開國皇帝奧古斯都。這個皇帝讓人號稱為古代三大美男子之一，而他的臉上充滿令人看了不寒而慄的冷靜。由於面容英俊，給人帶來的冷靜感受也更為深刻。

第VII冊的臺伯留皇帝，是個不在意輿論的貴族風格領袖。而第VIII冊的維斯帕先皇帝風格又不同了，充滿地方出身者的樸素，以及腳踏實地的穩定感。第IX冊的圖拉真與哈德良兩位皇帝，足以代表五賢君時代。在他們的表情中，充斥對所統治的帝國抱持信心，而且毫不懷疑成果的人特有的昂然氣息。

與上述的羅馬領袖相較，西元三世紀的皇帝又是如何？出身良好的皇帝看來高雅但文弱；

西比奧．亞非利加努斯

盧奇烏斯．布魯圖斯

朱利斯．凱撒

西元二世紀的羅馬貴族

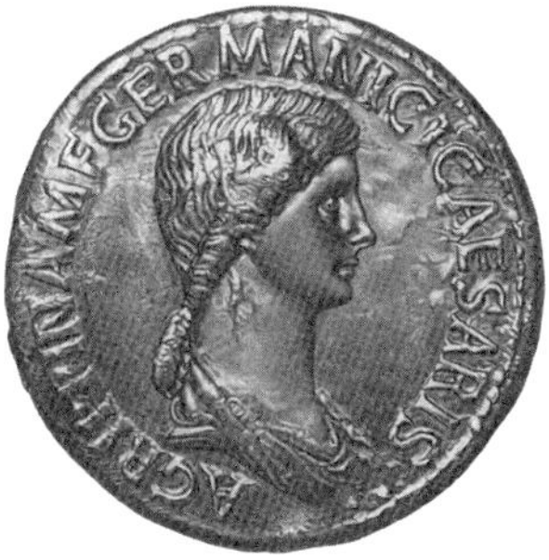

臺伯留

奧古斯都

維斯帕先

圖拉真

哈德良

馬庫斯·奧理略

草莽出身的皇帝卻又滿臉暴戾之氣。希臘的造型美術追求理想美；而羅馬的造型美術則以反映現實為特質。羅馬領袖的肖像，也正反映出他們所處的時代特質。

義大利文之中有個片語叫作“colpo di grazia”，意思是「致命一擊」。筆者認為，在羅馬帝國與基督教間的抗爭中，造成最後一擊的是下列事項：

羅馬諸神與基督教神明的性質差異。

雖然有些俚俗，不過筆者想從具體的例子開始比方，先看看雙方神明對夫婦吵架的處理方式。在基督教社會中，是由夫妻的任一方，或者雙方個別前往教會向神父告解，表明自己發生夫妻吵架。告解神父則勸說夫妻是在神前發誓過的神聖關係，別說不得離婚，連吵架都不該有。最後要求告解人唱名「在天上的父親」十次結尾。

那麼，羅馬人的宗教是如何處理夫婦吵架問題的呢？羅馬社會是個多神教的社會，據說數量最多曾高達三十萬尊。因此，在羅馬社會中有專門管理夫婦關係的守護神。這名女神叫作比莉普拉卡，在第I冊已經敘述過女神的職責，因此只轉載部份文章做代表。

「當夫妻之間展開口角時，因為雙方都認為自己有理，斥責時的音量跟著逐漸攀高。接下來很可能會認為若是閉嘴不說話就輸了，為了不讓對方有機會開口，雙方都不斷地怒吼。最後使得怒上心頭，忍不住要出手。為了避免演變成這種局面之前，夫婦雙方會各自稍稍忍耐，一起前往供奉比莉普拉卡女神的祠堂。祠堂裡頭只有女神的神像，沒有配屬任何神職人員。因為如果要在各個祭祀神明的神殿祠堂配屬人員，那麼就算動用全羅馬的人都不夠用。不過女神的祠堂還是有一定的規則。羅馬人向來篤信神明，因此就算沒人監視，也會自動遵守規則。在比莉普拉卡女神祠堂的規定是，同一個時間內只能有一個人向女神訴苦。礙於這項規定，一方在訴苦時，另一方只好默默地聽著。如果靜靜地聽著對方說話，有可能發現到其實對方也有道理。在雙方如此來來往往之後，原本亢奮的語氣也會安穩下來，最後可能發展成兩個人和好一同離開祠堂。如果還是不能接受對方的觀點，代表比莉普拉卡女神裁決雙方只好離婚。」

從上例可以看得出來，基督教的神明是指導人類生存之道的神明；羅馬諸神則是讓人類自行探索，退而從旁協助的神明。可說一方是絕對神，而另一方則是守護神。對於逐漸失去生存信心的人而言，這項差異的意味可深重了。

當勝仗將軍舉辦凱旋儀式時，最後要在卡匹杜里諾丘頂上的最高神朱比特神殿做勝利報告，並向諸神感謝協助。由此可知，羅馬諸神的特色，是會從旁守護全力以赴的人類。也因此，在羅馬持續獲勝、繁榮發達的時代裡，這是再適合不過的宗教了。

可是西元三世紀的羅馬戰敗次數增加，即使勝利，也是遭敵軍入侵後擊退。這種情況不但使得繁榮蒙上陰影，又會影響羅馬人的觀念。羅馬人開始懷疑，諸神是否不願意再繼續守護羅馬人了。於是有人開始絕望，認為羅馬已經遭諸神遺棄。各位請不要忘記，在古代，神明與人類的距離要比現代人所想得還要密切。

那麼，在這種時代裡，基督教的神明會怎麼應對？

根據基督教的說法，一切都是神的旨意。遭蠻族殺戮也好，如同牲畜遭人綁架也好；苦於瘟疫橫行也好；窮愁潦倒也好，甚至連死亡，都是上帝的旨意。這一切都是神明給人的考驗。

因此，這些苦楚都是用於淨化人類。這種觀念失控之後，最後衍生成了納粹德國的猶太人強制收容所，不過現在討論的是初期基督教會的時代。在當時，悲慘的局勢是上帝賜予的考驗，苦楚不但有助於淨化靈魂，還能保證死後的平安。既然沒有人能看過來世的生活再回來，教會開多大張的支票都不怕跳票。

基督教在這之後還能長期維持勢力，是因為人類世界總有悲慘與絕望存在。也就是說，在「羅馬和平」能發揮完整功能的時代，羅馬人根本不需要基督教。所以要到基督逝世兩百年之後，覺得基督教有魅力的羅馬人才開始增加。羅馬人向來認為能認同其他神明的才是真正的信仰。連羅馬人都認為基督教有魅力，代表羅馬諸神的立場轉弱，大眾覺得諸神已經疲憊，失去守護眾人的力量。相對地基督教的神明便顯得強壯可靠。在神人關係密切的古代，神明能賜予的協力多寡，對一般大眾而言是個重要的問題。

愈是積極想要解除帝國危機的皇帝，就會愈積極壓制基督教徒。筆者認為這是因為皇帝覺得羅馬諸神如果不受人信仰，也會連帶使得羅馬帝國失去人心。

基督教徒並沒有計畫打倒羅馬帝國。或許該說，基督教徒是打算霸占羅馬帝國。相形之下，一心只希望猶太獨立的猶太人，還顯得可愛多了。而且霸占帝國的計畫正在一步步地確實執行中。畢竟，羅馬帝國已經衰退疲憊了。

最後，要引用被列為殉教聖人的迦太基主教基普利亞努斯，寫給不願改信基督教的朋友德梅托利亞努斯的信件，作為本冊的結尾。

「你曾說，震撼我們的世界，將世界打入不安的諸多不幸，起因在基督教徒身上。你的理由是，我們基督教徒疏遠你們的諸神。

不過，即使你不願接觸我們的神聖經典，生活遠離真理，你也不得不承認下面這件事。那就是羅馬已經老了。過去曾經頂天立地的雙腳，如今連自己的體重都快無法支撐。

就算基督的教誨沒有如此明示，《聖經》不能當呈堂證人，帝國的落日與衰亡已經萬人皆知。在冬天，沒有充分的雨水讓撒在地底的種子萌芽。夏天，太陽不再像以往炙熱，小麥無法轉為金黃讓人收割。春天，已經少有足供農作物發育的溫暖日子。而到了秋天，結實纍纍的果樹已經稀有難見。

採石場不再像以往般出產美麗的大理石。不知礦脈是否已經枯竭，金銀產量也銳減。水源地的清水日益減少；農地上看不見耕作中的農民。海上已經少見商船往來的模樣。軍事基地中的士兵稀稀疏疏。廣場上的建築依舊，但如今已看不到人們聚集旁聽審判。

不僅如此，朋友間的悠閒情懷、藝術上的精妙技巧、規範每日習俗的秩序等等，也都已經不復存在。

帝國已經日益衰老。難道你還期待帝國能像充滿活力的青年一般強壯嗎？

末日即將到來，一切都將衰敗。當日落將近，太陽的光彩也將遜色；當黎明將起，月光也會開始黯淡。

這是世界的道理，這是神的旨意。有生者終究要面臨死亡的命運。成熟後走向老化，老化後接近死亡。強盛的國家亦將衰弱，巨大的事物也會縮小。衰弱，縮小，終歸消失。」

德梅托利亞努斯接到這封信件之後，有沒有改信基督教則不得而知。不過寫下這封信的基普利亞努斯卻因貫徹基督教誨而死。就好像他相信羅馬帝國這個逐漸老邁的國家，只要全身換成基督教的血液，又能夠恢復年輕活力似的。

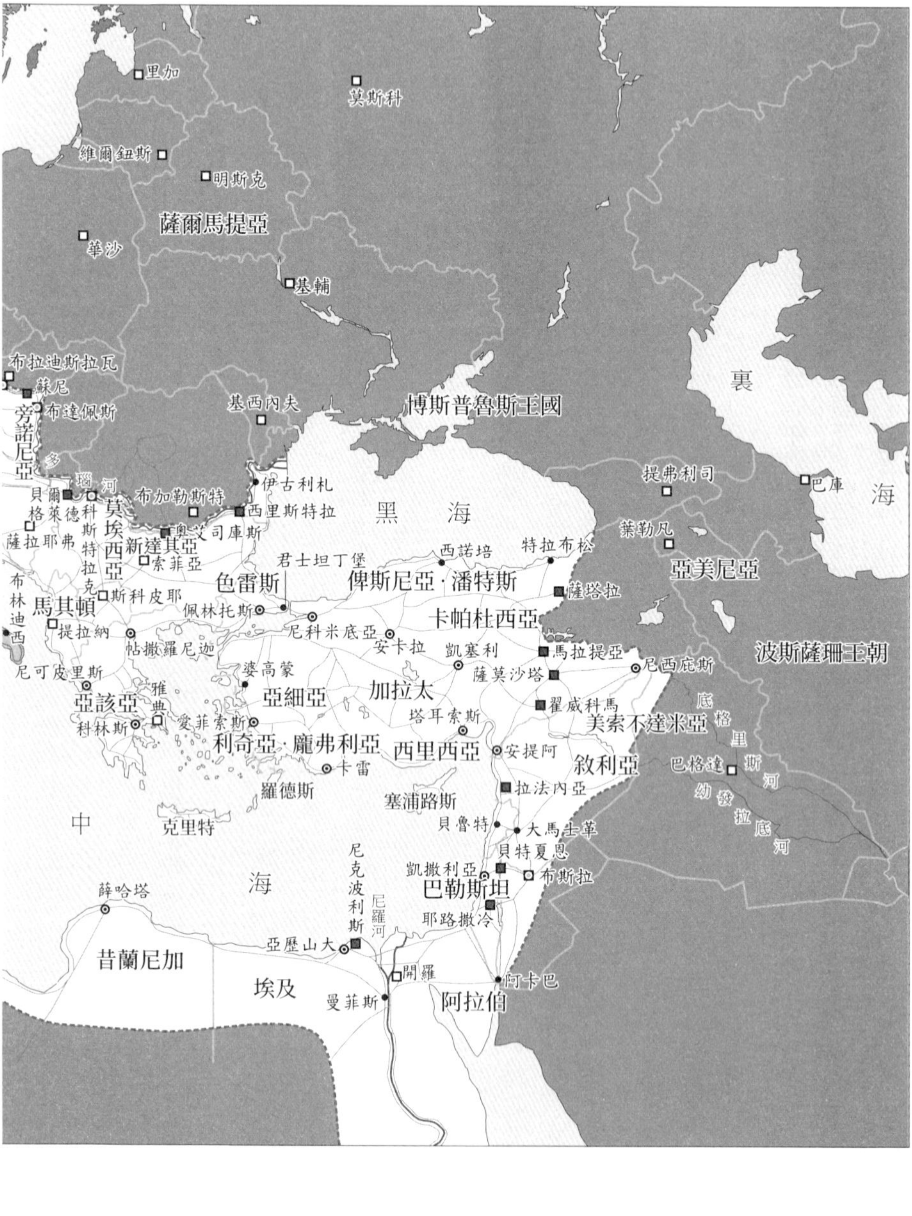
里加
莫斯科
維爾鈕斯
明斯克
薩爾馬提亞
華沙
基輔
布拉迪斯拉瓦
蘇尼
布達佩斯
旁諾尼亞
多瑙河
基西內夫
博斯普魯斯王國
裏海
提弗利司
巴庫
伊古利札
貝爾格萊德
布加勒斯特
西里斯特拉
黑海
科斯特拉克
莫埃西亞
奧艾司庫斯
葉勒凡
薩拉耶弗
新達其亞
索菲亞
君士坦丁堡
西諾培
特拉布松
亞美尼亞
布林迪西
色雷斯
俾斯尼亞·潘特斯
薩塔拉
馬其頓
斯科皮耶
佩林托斯
卡帕杜西亞
提拉納
尼科米底亞
帖撒羅尼迦
安卡拉
凱塞利
馬拉提亞
波斯薩珊王朝
尼可皮里斯
婆高蒙
薩莫沙塔
尼西庇斯
雅典
亞細亞
加拉太
翟威科馬
亞該亞
愛菲索斯
塔耳索斯
美索不達米亞
底格里斯河
科林斯
利奇亞·龐弗利亞
西里西亞
安提阿
敘利亞
巴格達
卡雷
羅德斯
拉法內亞
幼發拉底河
塞浦路斯
中海
克里特
貝魯特
大馬士革
貝特夏恩
尼克波利斯
凱撒利亞
布斯拉
薛哈塔
巴勒斯坦
尼羅河
耶路撒冷
亞歷山大
昔蘭尼加
開羅
阿卡巴
埃及
曼菲斯
阿拉伯

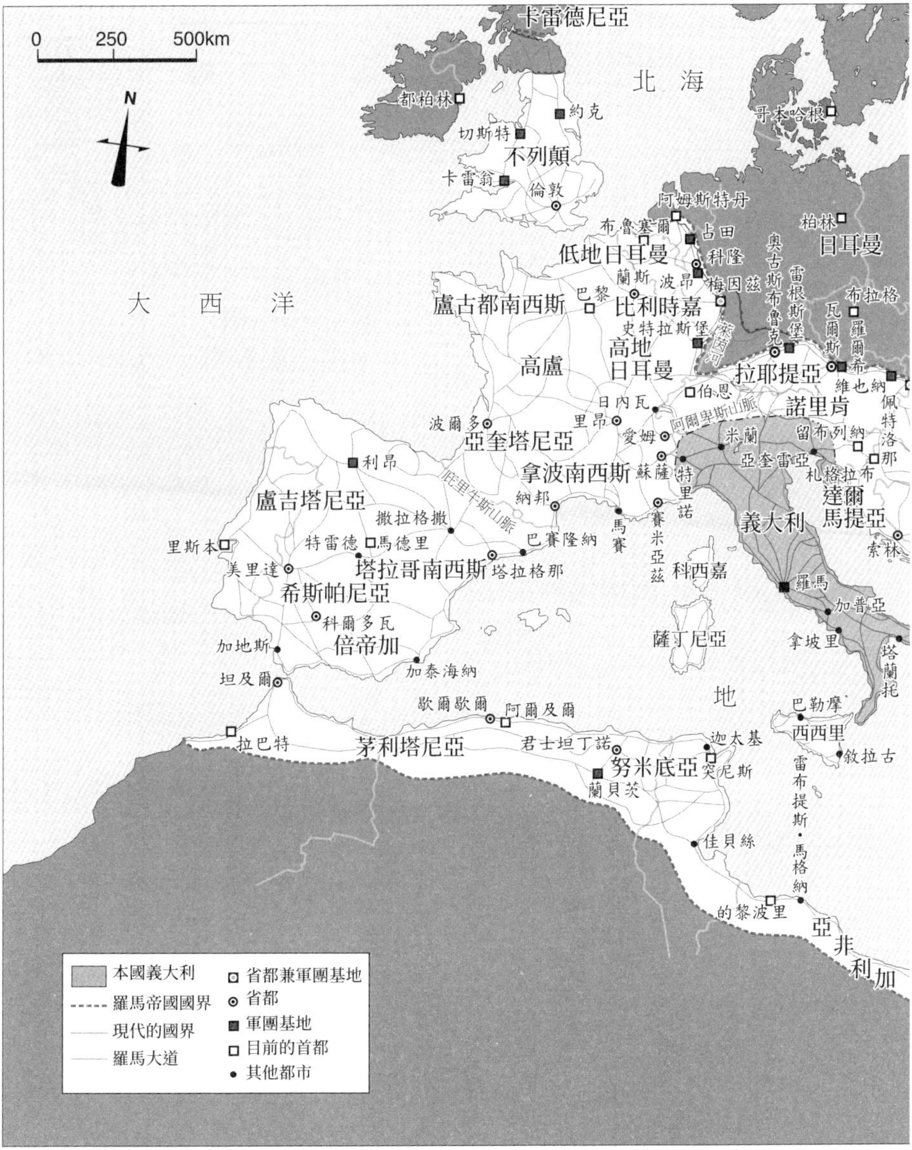

西元三世紀末期的羅馬帝國

大事年表

西元	羅馬帝國 本國	羅馬帝國 西方行省	羅馬帝國 東方行省	世界其他地方
一九三	三月，沛提那克斯遭禁衛軍團殺害。賽埔提謬斯．謝維勒等五人起兵稱帝，其後四年為爭奪皇位期間			（日本）彌生時代
一九七	二月，賽埔提謬斯．謝維勒擊倒稱帝的其他人物中，最後一名對手雅爾比諾。雅爾比諾自裁，謝維勒成為唯一的皇帝			
一九九			謝維勒遠征帕提亞，將美索不達米亞北部收為行省	
二〇二	謝維勒的長子卡拉卡拉就任執政官			
二〇四	謝維勒的次子捷塔就任執政官		謝維勒滯留故鄉雷布提斯．馬格納（～二〇五）推動改造工程	（中國）劉備與孫權聯手擊敗曹操（赤壁之戰，二〇八）
二〇九	謝維勒與兒子共同前往不列顛			

二一一		二月，賽埔提謬斯．謝維勒皇帝於約克逝世，卡拉卡拉與捷塔共同即位		
二一二	二月十二日，卡拉卡拉於帕拉提諾丘的皇宮中殺害捷塔 卡拉卡拉頒布「安東尼奧敕令」將羅馬公民權賜予行省民			
二一三	春季，卡拉卡拉離開首都前往萊茵河防線 秋季，卡拉卡拉回到羅馬舉辦凱旋儀式。獲元老院頒贈"pacator orbis"稱號	卡拉卡拉重整萊茵河防線與日耳曼長城		
二一四	春季，卡拉卡拉朝帕提亞出發	卡拉卡拉於遠征東方途中視察多瑙河防線		
二一五	卡拉卡拉發行新版「安東尼奧銀幣」		五月，卡拉卡拉到達敘利亞行省省都安提阿 卡拉卡拉與帕提亞王沃洛捷賽斯五世和談，前往埃及 卡拉卡拉屠殺數千名亞歷山大居民 帕提亞發生政變，沃洛捷賽斯的弟弟阿爾塔巴努斯繼位 卡拉卡拉率領軍團出擊帕提亞	

二一六			帕提亞戰役肇始。卡拉卡拉提出與帕提亞聯姻為條件和談，遭帕提亞拒絕	
二一七			四月，羅馬軍再度進擊帕提亞 四月八日，於前往卡雷途中，卡拉卡拉遭皇帝侍衛暗殺。享年二十九歲 四月十一日，禁衛軍團長官馬克利努斯受軍團推舉稱帝 卡拉卡拉的母親由利亞·多姆那於安提阿自盡 羅馬軍與帕提亞於尼西庇斯會戰，雙方平手	
二一八			馬克利努斯與帕提亞和談，放棄美索不達米亞行省 由利亞·多姆那的妹妹由利亞·美沙結合東方軍團叛離馬克利努斯 馬克利努斯於逃亡途中在俾斯尼亞行省遭士兵圍捕殺害，享年五十三歲 六月八日，由利亞·美沙的外孫荷拉迦巴爾登基	
二一九	九月二十九日，荷拉迦巴爾與太陽神神主共同進入羅馬			（中國）曹丕篡東漢建立魏（二二〇）

二二一	荷拉迦巴爾表弟亞歷山德爾獲頒凱撒稱號			劉備建立蜀漢即位（二二一）
二二二	三月十一日，荷拉迦巴爾於皇宮中遭殺害。享年十八歲亞歷山大・謝維勒皇帝即位。由利亞・美沙聘用烏庇亞努輔佐皇帝			孫權建立吳國（二二二）
二二四			亞爾達西爾擊敗帕提亞王阿爾塔巴努斯	
二二六	尤莉亞・瑪伊莎逝世。皇太后尤莉亞・馬梅亞掌權		亞爾達西爾就王位，建立波斯薩珊王朝（空妲）	
二二七			亞爾達西爾占領格帖絲皇（帕提亞亡國）	
二二八	烏庇亞努遭暗殺		波斯入侵卡帕杜西亞行省，進逼敘利亞	
二三二	亞歷山德爾・謝維勒出征東方			
二三三			春季，羅馬軍於美索不達米亞與波斯軍對陣平手	
二三四	亞歷山德爾・謝維勒出征北方	亞歷山德爾・謝維勒於萊茵河畔未與蠻族作戰便議和		

二三五		三月，萊茵河防線羅馬軍團叛變，殺害亞歷山德爾·謝維勒皇帝，享年二十六歲。太后由利亞·馬梅亞同時遇害 出身色雷斯的新兵訓練官馬克西米努斯·色雷克斯受推舉即位		
二三八	北非農莊主推舉亞非利加行省總督葛爾迪亞努士即位。元老院隨後追認葛爾迪亞努士與兒子葛爾迪亞努士二世共同登基 葛爾迪亞努士父子遭努米底亞行省駐軍攻擊，即位不滿一個月便逝世 馬克西米努斯遭羅馬防衛軍團殺害 元老院議員帕庇艾努士與巴庇諾斯共同即位 帕庇艾努士與巴庇諾斯遭馬克西米努斯麾下軍團兵殺害。葛爾迪亞努士之孫葛爾迪亞努士三世即位	馬克西米努斯率領多瑙河防線軍團前往羅馬		（日本）倭女王卑彌呼遣難升米等人入帶方郡。魏贈金印、銅鏡給卑彌呼（二三九年，《魏書·倭人傳》）
二四一	提梅吉丟斯獲派為禁衛軍團長官。葛爾迪亞努士三世迎娶提梅吉丟斯之女		波斯王夏普爾一世率軍入侵羅馬帝國東方，進逼安提阿	

二四二	提梅吉丟斯率多瑙河軍團陪同皇帝出征，於冬季前進入安提阿			
二四三			羅馬軍於美索不達米亞北部戰勝波斯軍，奪回美索不達米亞行省 提梅吉丟斯死於羅馬軍營，副官菲力普接任	（日本）倭王遣使魏國（二四三）
二四四			二月，葛爾迪亞努士三世於營中遭軍團兵暗殺，享年十九歲 菲力普·阿拉布思即位 菲力普·阿拉布思向夏普爾一世求和，再度放棄美索不達米亞行省。菲力普·阿拉布思與波斯議和後，立即趕往羅馬	
二四八	四月二十一日起，羅馬舉辦三日的建國千年國慶祭典 菲力普·阿拉布思派遣首都長官德丘斯趕往多瑙河前線	哥德族渡過多瑙河入侵羅馬帝國		（日本）約於此時卑彌呼歿，壹與（臺與）成為女王
二四九		德丘斯成功阻止哥德族入侵，受多瑙河防線軍團推舉稱帝 德丘斯進軍羅馬		

	菲力普·阿拉布思率軍離開羅馬討伐德丘斯 菲力普·阿拉布思於威羅納遭遇德丘斯軍，遭麾下官兵遺棄後自殺。德丘斯繼位			
二五〇	德丘斯規定公民有義務攜帶非基督教徒證書 德丘斯率軍反擊蠻族	夏季，哥德與汪達爾族大舉入侵羅馬，進逼色雷斯行省		
二五一	羅馬發生瘟疫，德丘斯次子奧士提利亞努病逝	德丘斯與長子艾特洛斯克斯於對蠻族作戰中陣亡。遠莫埃西亞行省總督托雷玻尼亞努士·卡爾斯受推舉即位 與哥德族議和後，托雷玻尼亞努士·卡爾斯趕回首都 遠莫埃西亞行省總督艾米里亞渡過多瑙河進攻哥德族獲勝		
二五二		亞列門諾族渡萊茵河入羅馬帝國 北方蠻族由黑海經博斯普魯斯海峽到達地中海，掠奪小亞細亞、希臘都市		
二五三		艾米里亞受軍團推舉稱帝。同時，日耳曼長城軍團司令瓦雷力亞努斯起兵稱帝		

	瓦雷力亞努斯重新開始發行非基督教徒證書	六月，托雷玻尼亞努士與艾米里亞軍作戰逝世 十月，艾米里亞與瓦雷力亞努斯軍作戰逝世。瓦雷力亞努斯即位		
二五七	瓦雷力亞努斯發布臨時措施法，禁止基督教徒祭典與集會			
二五八	發布第二道臨時措施法壓制基督教徒，違法者將沒收財產			
二五九	瓦雷力亞努斯離開羅馬與波斯作戰		波斯王夏普爾編組大軍入侵羅馬帝國，占領安提阿	
二六〇	瓦雷力亞努斯之子共同皇帝迦利艾努斯繼承父位 秋季，遠日耳曼行省總督波斯托穆斯宣布創設高盧帝國並即位稱帝			瓦雷力亞努斯遭波斯俘虜（歿年不詳） 迦利艾努斯任命帕耳美拉貴族歐德納托斯為東方司令

二六一	羅馬帝國遭逢瘟疫與地震 迦利艾努斯制定分離元老院與軍隊的法律			（中國）魏滅蜀漢（二六三） 炎（中國）司馬（武帝）篡魏，建立西晉（二六五）
二六七			歐德納托斯遭外甥殺害，其妻澤娜比亞掌握東方實權	
二六八	迦利艾努斯遭騎兵隊長政變殺害。政變首謀克勞狄斯即位 克勞狄斯擊破入侵北義大利的哥德族，得到「哥德克斯」外號			
二六九		哥德族入侵巴爾幹半島，遭克勞狄斯·哥德克斯擊破		
二七〇	元老院指明克勞狄斯之弟昆提爾為皇帝 官兵推舉騎兵司令奧雷利亞為皇帝，昆提爾自盡 汪達爾族入侵義大利中部，遭奧雷利亞擊退	一月，克勞狄斯·哥德克斯染上瘟疫病逝於旁諾尼亞行省的西爾謬姆		

二七一	奧雷利亞將貨幣發行權由元老院手中轉移至皇帝 奧雷利亞開始於羅馬郊外建設「奧雷利亞城牆」（二七六年完工）	將達其亞行省讓給哥德族，於多瑙河南岸設立「新達其亞行省」	奧雷利亞出兵征討「東方女王」澤娜比亞	
二七二			羅馬軍攻陷帕耳美拉，俘虜澤娜比亞	
二七三	奧雷利亞前往收復高盧帝國	秋季，高盧帝國皇帝提特利克斯向奧雷利亞投降		
二七四	春季，奧雷利亞回羅馬舉辦凱旋儀式			
二七五	奧雷利亞向東方出發 九月二十五日，元老院指名塔西圖斯繼位		四月，奧雷利亞於小亞細亞遭祕書官設計殺害	
二七六	塔西圖斯朝東方出發 元老院指名塔西圖斯胞弟弗洛利亞努斯為皇帝 弗洛利亞努斯遭皇帝侍衛殺害		六月，塔西圖斯於前往敘利亞途中逝世 東方軍團司令官普羅布斯受推舉登基 普羅布斯擊退入侵小亞細亞的哥德族	
二七七		普羅布斯擊退侵略高盧的蠻族，其後持續戰爭		

二七八		普羅布斯將蠻族完全逐出高盧		
二七九			東方及埃及等地將領叛變，普羅布斯前往平亂	
二八〇		本年至次年，普羅布斯展開萊茵河、多瑙河全線蠻族擊退戰獲勝		（中國）西晉滅孫吳統一中國（二八〇）
二八一	秋季，普羅布斯入羅馬舉辦凱旋儀式			
二八二	普羅布斯出發準備對波斯作戰	普羅布斯於多瑙河濱的西爾謬姆遭士兵殺害，享年五十歲 禁衛軍團長官卡爾斯受推舉繼位	秋季，卡爾斯皇帝指名長子卡梨努斯、次子努美梨亞為共同皇帝，率努美梨亞往東方	
二八三			春季，重新展開波斯戰役，攻下美索不達米亞 夏季，卡爾斯遭落雷擊斃。努美梨亞遭暗殺 皇帝侍衛長迪奧克雷斯率軍前往羅馬	
二八四	卡梨努斯遭暗殺 迪奧克雷斯易名戴克里先即位			

參考文獻

原始史料

Historis Augusta（西元四世紀由六名文人著作的《皇帝傳》，範圍由哈德良至卡梨努斯，西元一一七年～二八四年）

Cassius Dio Cocceianus（加西阿斯・迪奧）

ΡΩΜΑΙΚΗ ΙΣΤΟΡΙΑ（《羅馬史》，由建國～西元二二九年）

Herodianus（荷洛迪亞）

Storia dell'Impero dalla morte di Marco Aurelio（《馬庫斯・奧理略死後的羅馬帝國史》，範圍在西元一八〇年～二三八年，義大利文譯本）

Caecilius Cyprianus（基普利亞努斯，迦太基主教，於西元二五七年左右殉教）

Ad Donatum

De habitu virginum

Testimonia ad Quirinum

De lapsis

De catholicae Ecclesiae unitate

Ad Demertrianum
Κέλσοξ（凱爾斯斯）
ΑλΗΘΗΣΛΟΓΟΣ（反駁基督教）
Ωριγένηξ（奧理捷內）
ΚατάΚέλσοξ（反駁凱爾斯斯）
Lactantius（拉克坦提烏斯，君士坦丁大帝為子女聘請的家庭教師）
De mortibus persecutorum
Eusebius（艾瑟比斯，背後策動君士坦丁大帝承認基督教的人，據說君士坦丁臨終時為其洗禮）
Εκκλησιαστική Ιστορία（基督教教會史）
Tertullianus（提爾多利亞）
Apologeticam（反駁基督教鎮壓）
Iscrizioni funerarie sortilegi e pronostici di Roma antica
Notitia dignitatum

後世撰寫的史書及研究書籍

AA. VV.（著者多人）, *La fine dell'impero romano d'Occidente*, Istituto di Studi Romani, 1978.
ABBOTT, & Fr. JOHNSON, A. Ch., *Municipal administration in the Roman Empire*, Princeton, 1926.
ADCOCK, F. E., *The Roman Art of War under the Republic*, Martin Classical Lectures XIII,

Cambridge (Mass.), 1940.

ALFÖLDI, A., "La Grande Crise du monde romain au IIIe siècle", *L'Antiquite classique* 7, 1938; *Daci e Romani in Transilvania*, Budapest, 1940; "The Moral Barrier on Rhine and Danube", *Congress of Roman Frontier Studies* (*CRFS*), 1949; "Die Hilfstruppen der römischen Provinz Germania Inferior", *Epigraphische Studien* (*ES*) 6, 1968.

ALLARD, P., *Storia critica delle persecuzioni*, Firenze, 1924.

AMIT, M., "Les Moyens de communication et la déefense de l'empire romain", *La Parola del Passato* 20, 1965.

ANCONA, M., *Claudio il Gotico e gli usurpatori*, Messina, 1901.

APPLEBAUM, S. & GICHON, M., *Israel and her Vicinity in the Roman and Byzantine Periods*, Tel Aviv, 1967.

BACHRACH, P. & BARATZ, M. S., "Two Faces of Power", *American Political Science Review* (*APSR*) 56, 1962; "Decisions and Non-Decisions: An Analytical Framework", *APSR* 57, 1963.

BADIAN, E., *Foreign Clientelae* (*264–70 B. C.*), Oxford, 1958.

BARADEZ, J. L., *Vue-Aerienne de l'organisation romaine dans le Sud-Algérien, Fossatum Africae*, Paris, 1949; "Organisation militaire romaine de l'Algérie antique et l'evolution du concept défensif de ses frontières", *Revue internationale d'histoire militaire* 13, 1953; "L'Enceinte de Tipasa:

Base d'opérations des troupes venues de Pannonie sous Antonin Le Pieux", *Quintus Congressus Internationalis Limitis Romani Studiosorum* (*QCILRS*); *Les Thermes légionnaires de Gemellae*, Corolla Memoriae Erich Swoboda Dedicata, Graz, 1966; *L'Enceinte de Tipasa et ses portes*, Mélanges Piganiol（Chevallier 編）II, Paris, 1966; "Compléments inédits au 'Fossatum Africae'", *Studien zu den Militärgrenzén Roms* (*SMR*) I, Cologne, 1967.

BARTOCCINI, R., *Il Porto di Leptis Magna nella sua vita economica e sociale*, Hommages á Albert Grenier（Renard 編）I, Brussels, 1962.

BAYNES, N. H., "The effect of the Edict of Gallienus", *Journal of Roman Studies* (*JRS*) 15, 1925; *The Early Church and Social Life: The First Three Centuries*, London, 1926.

BECKER, A., *Imperatore L. Domitius Aurelianus, restitutor urbis*, Monasterii, 1866.

BELL, R., EDWARD, D. V. & WAGNER, H. R., *Political Power: A Reader in Theory and Research*, New York, 1969.

BERCHEM, D. van, "L'Annone militaire dans l'empire romain au IIIème siècle", *Mémoires de la société nationale des antiquaires de France* 80, Paris, 1937; "On Some Chapters of the 'Notitia Dignitatum' Relating to the Defense of Gaul and Britain", *American Journal of Philology* 76, 1955; "Conquête et organisation par Rome des districts alpines", *Revue des études latines* (*REL*) 11, 1962.

BERSANETTI, G. M., *Gordiano I e II*; *Gordiano III*; *Timesteo*; *Valeriano; Gallieno* 以上全由

Enciclopedia Italiana 出版，1933; *Massimino il Trace*, Roma, 1940.

BETZ, A., *Zur Dislokation der Legionen in der Zeit vom Tode des Augustus bis zum Ende der Prinzipatsepoche*, Carnuntina（Swoboda 編）.

BIRLEY, A. R., *Hadrian's Wall: An Illustrated Guide, Ministry of Public Building and Works*, London, 1963; *Marcus Aurelius*, London, 1966; "Excavations at Carpow", *SMR* I, Cologne, 1967; *Septimius Severus: The African Emperor*, London, 1971.

BIRLEY, E. B., "A Note on the title 'Gemina'", *JRS* 18, 1928; *The Brigantian Problem and the First Roman Contact with Scotland*, 1952; *Roman Britain and the Roman Army: Collected Papers*, Kendal, 1953; *Hadrianic Frontier Policy*, Carnuntina（Swoboda 編）, 1956; *Research on Hadrian's Wall*, Kendal, 1961; *Alae and Cohortes Milliariae*, Corolla Memoriae Erich Swoboda Dedicata, Graz, 1966; "Hadrian's Wall and its Neighbourhood", *SMR* I, Cologne, 1967; "Septimius Severus and the Roman Army", *ES* 8, 1969; *The Fate of the Ninth Legion, Soldier and Civilian in Roman Yorkshire*（Butler 編）, Leicester, 1971.

BLAU, P., *Exchange and Power in Social Life*, New York, 1964.

BOWERSOCK, G. W., *Augustus and the Greek World*, Oxford, 1965; "A Report on Arabia Provincia", *JRS* 61, 1971.

BRAND, C. E., *Roman Military Law*, Austin, 1968.

BREEZE, D. J., "The Organization of the Legion: The First Cohort and the Equites Legionis", *JRS* 59, 1969.

BREEZE, D. J. & DOBSON, B., "Hadrian's Wall: Some Problems", *Britannia* 3, 1972.

BREZZI, P., *Cristianesimo e impero Romano*, Roma, 1942.

BRISSON, J-P. 編, *Problèmes de la guerre à Rome*, Paris, 1969.

BROGAN, O., "The Roman Limes in Germany", *Archaeological Journal* (*AJ*) 92, 1935.

BROWN, P., *Il mondo tardo antico. Da Marco Aurelio*, Einaudi, 1974.

BRUCE, J. C., *Han dbook to the Roman Wall*（Sir I. A. Richmond 編）, Newcastle, 1966.

BRUSIN, G., *Le Difese della romana Aquileia e la loro cronologia*, Corolla Memoriae Erich Swoboda Dedicata, Graz, 1966.

BURY, J. B., *The Invasion of Europe by the Barbarians*, New York, 1963.

BUTLER, R. M., "The Roman Walls of Le Mans", *JRS* 48, 1958; "Late Roman Town Walls in Gaul", *AJ* 116, 1959.

CAGNAT, R., "Les Frontières militaires de l'empire romain", *Journal des savants*, 1901; *L'Armée romaine d'Afrique et l'occupation militaire de l'Afrique sous les empereurs*, Paris, 1913.

CALDERINI, A., *I Severi: La crisi dell'impero nel III secolo*, Istituto di studi Romani, 1949; *Cambridge Ancient History*（J. B. BURY 等編）X, XI, XII, Cambridge, 1934–1939.

CARAMELLA, S., *La filosofia di Plotino e il Neoplatonismo*, Catania, 1940.

CARCOPINO, J., *Les étapes de l'impérialisme romain*, Paris, 1961.

CARETTONI, A., *Banchieri ed operazioni bancarie*, Roma, 1938.

CARY, M., *The Geographic Background of Greek and Roman History*, Oxford, 1949.

CASSON, L., *Ships and Seamanship in the Ancient World*, Princeton, 1971.

CAVAIGNAC, E., "Les Effectifs de l'armée d'Auguste", *REL* 30, 1952.

CECCHELLI, C., *Cristianesimo e Impero*, Roma, 1938.

CHAPOT, V., *La Frontière de l'Euphrate: De Pompée á la conquête arabe*, Paris, 1907.

CHARLESWORTH, M. P., *Trade Routes and the Commerce of the Roman Empire*, Cambridge, 1926; *Five Men: Character Studies from the Roman Empire*, Martin Classical Lectures VI, Cambridge (Mass.), 1936; *The Lost Province, or the Worth of Britain*, Cardiff, 1949.

CHEESMAN, G. L., *The Auxilia of the Roman Imperial Army*, Hildesheim, 1971.

CHEVALLIER, R., *Rome et la Germanie au Ier siècle: Problèmes de colonisation*, Brussels, 1961; *Les Voies romaines*, Paris, 1972.

CHILVER, G. E. F., *Cisalpine Gaul: Social and Economic History from 49 B. C. to the Death of Trajan*, Oxford, 1941; "The Army in Politics, A. D. 68–70", *JRS* 47, 1957.

CHRISTENSEN, A., *L'Iran sous les Sassanides*, Copenhagen, 1944.

CHRISTESCU, V., *Istoria militară a Daciei Romane*, Bucarest, 1937.

CICCOTTI, E., *Lineamenti della evoluzione tributaria del mondo antico*, Udine, 1921.

CLEMENTE, G., *La "Notitia Dignitatum"*, Cagliari, 1968.

COLLINGWOOD, R. G., "The Purpose of the Roman Wall", *Vasculum* 8, 1920.

CONDURACHI, E., "Neue Probleme und Ergebnisse der Limesforschung in Scythia Minor", *SMR* I, Cologne, 1967.

COSTA, G., *Religione e politica nell' impero romano*, Torino, 1923.

COURCELLE, P. P., *Histoire Littéraire des grandes invasions germanigues*, Paris, 1964.

COUSSIN, P., *Les Armes romaines: Essai sur les origins et l'evolution des armes individualles du légionnaire romain*, Paris, 1926.

CREES, J. H. E., *The Reign of the Emperor Probus*, London, 1911.

CRUMP, G. A., "Ammianus and the Late Roman Army", *Historia* 23, 1973.

CURZON, G. N., Lord Kedleston, *Frontiers*, Romanes Lecture Series, Oxford, 1907.

DAHL, R. A., *Modern Political Analysis*, Englewood Cliffs (N. J.), 1963.

DAICOVICIU, C., *La Transylvanie dans l'antiquité*, Bucharest, 1945; *Dacica*, Hommages à Albert Grenier（Renard 編）I, Brussels, 1962.

DAICOVICIU, C. & DAICOVICIU, H., *Columna lui Traian*, Bucharest, 1968.

DAVIES, R. W., "The 'Abortive Invasion' of Britain by Gaius", *Historia* 15, 1966; "A Note on a Recently Discovered Inscription in Carrawburgh", Appendix, *ES* 4, 1967; "Joining the Roman Army", *Bonner Jahrbücher* (*BJ*) 169, 1969; "The Medici of the Roman Armed Forces", *ES* 8, 1969; "Cohortes Equitatae", *Historia* 20, 1971; "The Romans at Burnswark", *Historia* 21, 1972; "The Daily Life of the Roman Soldier under the Principate", *Aufstieg und Niedergang der Römischen Welt* (*ANRW*)（Temporini 編）II–1, 1974.

DEGRASSI, A., *Il Confine nord-orientale dell'Italia romana: Ricerche storico-topografiche*, Dissertationes Bernenses I–6, Bern, 1954.

DEMOUGEOT, É., *La Formation de l'Europe et les invasions barbares: Des origines germaniques à l'avènement de Dioclétien*, Paris, 1969.

DODDS, E. R., *Pagan and Christian in an Age of Anxiety*, Cambridge, 1965.

DOISE, J., "Le Commandement de l'armée romaine sous Theodose et les débuts des régnes d'Arcadius et d'Honorius", *Mélanges d'archéologie et d'histoire, École française de Rome* 61, 1949.

DONINI, A., *Storia del cristianesimo dalle origini a Giustiniano*, Milano, 1975.

DURRY, M., "Les Cohortes Prétoriennes", *Bibliothèque des écoles françaises d'Athènes et de Rome* (*BEFAR*) 146, Paris, 1938.

DYSON, L., "Native Revolts in the Roman Empire", *Historia* 20, 1971.

EADIE, J. W., "The Development of Roman Mailed Cavalry", *JRS* 57, 1967.

EMMET, D., *Function, Purpose and Powers*, London, 1958.

EUZENNAT, M., "Le Limes de Volubilis", *SMR* I, Cologne, 1967.

FINK, R. O., "Roman Military Records on Papyrus", *Philological Monographs of the American Philological Association* 26, Cleveland, 1971.

FINLEY, M. I., "Recensione di 'Manpower Shortage' di A. E.R. Boak", *JRS* 48, 1958.

FISHWICK, D., "The Annexation of Mauretania", *Historia* 20, 1971.

FITZ, J., "A Military History of Pannonia from the Marcomann Wars to the Death of Alexander Severus (180–235)", *Acta Archaeologica Academiae Scientiarum Hungaricae* (*AArchASH*) 14, 1962; *Réorganization militaire au début des guerres marcomannes, Hommages à Marcel Renard*（Bibaw 編）I.

FLORESCU, R., "Les Phases de construction du castrum Drobeta (Turnu Severin)", *SMR* I, Cologne, 1967.

FORNI, G., "Il Reclutamento delle legioni da Augusto a Diocleziano", *Pubbicazioni della facoltà di filosofia e lettere della Università di Pavia* 5, Milano & Roma, 1953; "Contributo alla storia della Dacia romana", *Athenaeum* 36, 1958–1959; *Limes*, Dizionario Epigrafico IV; "Estrazione etnica e sociale dei soldati delle legioni nei primi tre secoli dell'impero", *ANRW*（Temporini 編）II–1,

1974.

FRANK, R. I., "Scholae Palatinae: The Palace Guards of the Later Roman Empire", *Papers and Monographs of the American Academy in Rome* (*PMAAR*) 23, Roma, 1969.

FRANK, T., *An Economic History of Rome*, Baltimore, 1927.

FRERE, S. S., *Britannia: A History of Roman Britain*, London, 1967.

FROVA, A., "The Danubian Limes in Bulgaria and Excavations at Oescus", *CRFS*, 1949.

GALDERINI, A., *Le associazioni professionali in Roma antica*, Milano, 1933.

GALLIAZZO, V., *I Ponti Romani*, Treviso, 1994.

GARBSCH, J. G., *Der Spätrömische Donau-Iller Rhein Limes*, Stuttgart, 1970.

GARZETTI, A., "L'Impero da Tiberio agli Antonini, Istituto di studi romami", *Storia di Roma* 6, Bologna, 1960; *Problemi dell'età traianea: Sommario e testi*, Genova, 1971.

GEWEKE, L. K. & WINSPEAR, A. D., "Augustus and the Reconstruction of Roman Government and Society", *University of Wisconsin Studies in the Social Sciences and Philosophy* 24, Madison, 1935.

GHIRSHMAN, R., "Les Chionites-Hephtalites", *Mémoires de la délégation archéologique française en Afghanistan* 13, Cairo, 1948.

GIANNELLI, G., *Trattato di storia romana*（Santo Mazzarino 編）, Roma, 1953–1956.

GIBBON, E., *The History of the Decline and Fall of the Roman Empire*, 1776–1788 (*Declino e caduta dell'impero romano*, Mondadori, Milano, 1986).

GICHON, M., "Roman Frontier Cities in the Negev", *QCILRS*; "The Negev Frontier, In Israel and her Vicinity in the Roman and Byzantine Periods"（Applebaum 編）; "The Origin of the Limes Palestinae and the Major Phases of its Development", *SMR* I, Cologne,1967.

GIGLI, G., "Forme di reclutamento militare durante il basso impero", *Rendiconti della classe di scienze morali, storiche e filologiche dell'Accademia dei Lincei* 8, 1947.

GITTI, A., *Ricerche sui rapporti tra i vandali e l'impero romano*, Bari, 1953.

GONELLA, G., *Pace romana e pace cartaginese*, Quaderni di studi romani II–1, Roma, 1947.

GOODCHILD, R. G., "The Limes Tripolitanus II", *JRS* 40, 1950; "The Roman and Byzantine Limes in Cyrenaica", *JRS* 43, 1953.

GOODCHILD, R. G. & WARD-PERKINS, J. B., "The Limes Tripolitanus in the Light of Recent Discoveries", *JRS* 39, 1949.

GORDON, C. D., *The Subsidization of Border Peoples as a Roman Policy of Imperial Defense*, University of Michigan, 1948.

GRAY, W. D., "A Political Ideal of the Emperor Hadrian", *Annual Report of the American Historical Association for the Year 1914* 1.

GREGG, J. A., *The Decian Persecution*, London & Edinburgh, 1898.

HAMMOND, M., "The Antonine Monarchy", *PMAAR* 19, Roma, 1959; *The Augustan Principate: In Theory and Practice During the Julio-Claudian Period*, New York, 1968.

HARDY, E. G., *Studies in Roman History*, London, 1909; "Augustus and his Legionnaires", *Classical Quarterly* (*CQ*) 14, 1921.

HARKNESS, A., *The Military System of the Romans*, New York, 1887.

HARMAND, J., *L'Armée et le soldat à Rome* (*de 107 à 50 avant notre ére*), Paris, 1967; *La Guerre antique, de Sumer à Rome*, Paris, 1973; "Les Origines de I'armée impériale: Un Témoignage sur le réalité du pseudo-principat et sur l'évolution militaire de l'Occident", *ANRW*（Temporini 編）II–1, 1974.

HARMAND, L., *L'Occident romain: Gaule, Espagne, Bretagne, Afrique du Nord* (*31 av. J. C. à 235 ap. J. C.*), Paris, 1960.

HARMATTA, J., *Studies in the History of the Sarmatians*, Budapest, 1950.

HATT, J-J., *Histoire de la Gaule romaine* (*120 avant J. C. 451 après J. C.*): *Colonisation ou colonialisme*, Paris, 1966.

HAVERFIELD, F., "Some Roman Conceptions of Empire", *Occasional Publications of the Classical Association Cambridge* 4, 1916 年間 .

HEALI, P. J., *The Valerian Persecution*, London, 1905.

HOLMES, T. R., *The Architect of the Roman Empire 27 B.C.–A.D. 14*, Oxford, 1928–1931.

HOLSTI, K. J., *International Politics: A Framework for Analysis*, Englewood Cliffs (N. J.), 1972.

HOMO, L., "Essai sur le règne de l'empereur Aurélien (270–275)", *BEFAR* 89, Paris, 1904; "Les privileges administratifs du Sénat romain sons l'Empire et leur disparition graduelle au cours du IIIe siècle", *Revue Historique* (*RH*), 1921; *Le Siècle d'or de l'empire romain*, Paris, 1947; *Vespasien l'empereur du bon sens* (*69–79 ap. J. C.*), Paris, 1949.

HOPKINS, R. V. N., *The life of Alexander Severus*, Cambridge, 1907.

HOWARD, M.（編）, *The Theory and Practice of War: Essays Presented to Captain B. H. Liddell Hart*, London, 1965.

HUSSEY, J. M., OBOLENSKY, D & RUNCIMAN, S.（共編）, *Proceedings of the XIII International Congress of Byzantine Studies*, Oxford, 1967.

JARRETT, M. G., "The Roman Frontier in Wales", *SMR* I, Cologne, 1967.

JARRETT, M. G. & MANN, J. C., "Britain from Agricola to Gallienus", *BJ* 170, 1970; "The Frontiers of the Principate", *ANRW*（Temporini 編）II–1, 1974.

JONES, A. H. M., "Another interpretation of the Constitutio Antoninian a", *JRS* 26, 1936; *A History of Rome through the Fifth Century*（編）, New York, 1970; *Il tramonto del mondo antico*, Laterza,

1972.

JOUVENEL, B. de, *Power: Its Nature and the History of Its Growth*, Boston, 1967.

JULLIAN, C., *Histoire de la Gaule IV*, Paris, 1929.

KALTENBACH, P. E., *Non-Citizen Troops in the Roman Army*, Johns Hopkins University, 1948.

KATZ, S., *The Decline of Rome and the Rise of Mediaeval Europe*, Ithaca, 1955.

KEYES, W. C., *The Rise of the Equites in the Third Century of the Roman Empire*, Princeton, 1935.

LA PENNA, A., *Orazio e l'ideologia del principato*, Torino, 1963.

LAUR-BELART, R., "The Late Limes from Basel to the Lake of Constance", *CRFS*, 1949.

LEMOSSE, M., "Le Régime des relationes internationales dans le haut-empire romain", *Pubblications de l'Institut de droit romain de l'Université de Paris* 23, Paris, 1967.

LESQUIER, J., *L'Armée romaine d'Ègypte d'Auguste à Dioclètien*, Cairo, 1918.

LEVA, C. & MERTENS, J., *Le Fortin de Braives et le Limes Belgicus*, Mélanges Piganiol（Chevallier 編）II, Paris, 1966.

LEVI, M. A. (Canavesi, M.), "La Politica estera di Roma antica", *Manuali di politica internazionale* 34, Milano, 1942.

LEVICK, B. M., *Roman Colonies in Southern Asia Minor*, Oxford, 1967.

LOT, F., *Les Invasions Germaniques: La pénétration mutuelle du monde barbare et du monde romain*,

Paris, 1939.

LUTTWAK, E. N., *The Grand Strategy of the Roman Empire*, Johns Hopkins University Press, 1976.

LYKES, P., *A history of Persia*, London, 1921.

MacMULLEN, R., "Soldier and Civilian in the Later Roman Empire", *Harvard Historical Monographs* 52, Cambridge (Mass.), 1963.

McLEOD, W., " The Range of the Ancient Bow", *Phoenix* 19, 1965.

MACURDY, Gr. H., *Vassal-Queens and some contemporary women in the Roman Empire*, Johns Hopkins University Press, 1937.

MAGIE, D., *Roman Rule in Asia Minor to the End of the Third Century after Christ*, Princeton, 1950.

MANN, J. C., "A Note on the Numeri", *Hermes* 82, 1954; "The Raising of New Legions during the Principate", *Hermes* 91, 1963; "The Role of the Frontier Zone in Army Recruitment", *QCILRS*.

MANNI, E., *L'Impero di Gallieno: Contributo alla storia del III secolo*, Roma, 1949.

MARIN, A., *Hippagogi*, Dictionnaire des antiquités greques et romaines, Daremberg-Saglio.

MARIN & PEÑA, M., *Instituciones militares romanas*, Enciclopedia Clasica II, Madrid, 1956.

MARQUARDT, J., *De l'Organisation militaire chez les Romains*, Paris, 1891.

MARSDEN, E. W., *Greek and Roman Artillery: Historical Development*, Oxford, 1969.

MARSH, F. B., *The Reign of Tiberius*, London, 1931.

MARUCCHI, O., *Le Catacombe Romane*, Roma, 1933.

MAZZA, M., *Lotte sociali e restaurazione autoritaria nel III secolo d.c.*, Laterza, 1973.

MAZZARINO, S., *La fine del mondo antico*, Garzanti, 1959.

Mélanges Marcel Durry, *REL* 47, Paris, 1969.

MERTENS, J., "Oudenburg, camp du Litus Saxonicum en Belgique?" *QCILRS*.

MILLAR, F., "P. Herennius Dexippus: The Greek World and the Third-Century Invasions", *JRS* 59, 1969.

MILLAR, F., BERCIU, D., FRYE, R. N., KOSSACK, G. & TALBOT, R. T., *The Roman Empire and its Neighbours*, London, 1967.

MINOR, C. E., *Brigand, Insurrectionist and Separatist Movements in the Later Roman Empire*, University of Washington, 1971.

MOMIGLIANO, A., *Contributo alla storia degli studi classici*, Roma, 1955; *Terzo Contributo alla storia degli studi classici e del mondo antico*, Roma, 1966; *Ricerche sull'organizzazione della Giudea sotto il dominio romano (63 a. C.–70 d.C.)*, Amsterdam, 1967; *Quarto Contributo alla storia degli studi classici e del mondo antico*, Roma, 1969.

MORESCHINI, C., *Cristianesimo e impero*, Sansoni, 1973.

MORGENTHAU, H. J., *Politics Among Nations*, New York, 1962.

MORICCA, U., *Storia della letteratura Latina Cristiana*, Torino, 1923.

MORRIS, J., "The Vallum Again", *Transactions of the Cumberland and Westmoreland Antiquarian and Archaeological Society* (*TCWAAS*) 50, 1951.

MOSCOVICH, M. J., *The Role of Hostages in Roman Foreign Policy*, McMaster University, Canada, 1972.

MOSS, J. R., "The Effects of the Policies of Aetius on the History of the Western Empire", *Historia* 23, 1973.

MUSSET, L., "Les Invasions: Les vagues germaniques", *Nouvelle Clio* (*NC*) 12, Paris, 1965.

NOCK, A. D., "The Roman Army and the Roman Religious Year", *Harvard Theological Review* 45, 1952; *La conversione. Societa e religione nell'mondo antico*, Laterza, 1985.

OATES, D., *Studies in the ancient History of Northern Iraq*, London, 1968.

OELMANN, F., "The Rhine Limes in Late Roman Times", *CRFS*, 1949.

OLIVA, P., *Pannonia and the Onset of the Crisis in the Roman Empire*, Prague, 1962.

OMAN, C., "The Decline and Fall of the Denarius in the Third Century A. D.", *Numismatic Chronicle*, 1916.

ONDROUCH, V., *Limes Romanus na Slovensku* (*il limes romano in Slovacchia*), Bratislava, 1938.

O'NEIL, R. J., *Doctrine and Training in the German Army 1919–1939*, The Theory and Practice of

War（Howard 編）.

OSGOOD, R. E. & TUCKER, R. W., *Force, Order, and Justice*, Baltimore, 1967.

PARKER, H. M. D., *The Roman Legions*, Oxford, 1928; "The Antiqua Legio of Vegetius", *CQ* 26, 1932.

PARSONS, T., *On the Concept of Political Power*, New York, 1967.

PASCHOUD, F., "Roma aeterna: Études sur le patriotisme romain dans l'occident latin à l'époque des grandes invasions", *Bibliotheca Helvetica Romana* 7, Roma, 1967.

PAOLI, U. E., *Vita romana. Usi, costumi, istituzioni, tradizioni*, Milano, 1997.

PASSERINI, A., "Gli aumenti del soldo militare da Commodo a Massimino", *Athenaeum* 24, 1946; *Legio*, Dizionario Epigrafico IV; *Le Coorti Pretorie*, Roma, 1969; *Linee di storia romana in età imperiale*（Nicola Criniti 編）, Milano, 1972.

PEKÁRY, Th., "Studien zur römischen Währungs und Finanzgeschichte von 161 bis 235 n. Ch", *Historia* 8, 1959.

PELHAM, H. F., *Essays*（F. Haverfield 編）, Oxford, 1911.

PETERSEN, H. E., *Governorship and Military Command in the Roman Empire*, Harvard University, 1953.

PETRIKOVITS, H. von, "Fortifications in the North-Western Roman Empire from the Third to the

Fifth Centuries A. D.", *JRS* 61, 1971.

PFLAUM, H-C., *Forces et faiblesses de l'armée romaine du Haut-Empire*, Problèmes de la guerre à Rome, Brisson.

PICCOLO, *L., L'ascesa politica di Palmira dalla conquista romana all'epoca di Zenobia*, Rivista di Storia Antica, 1905.

PIGANIOL, A., "La Notion de Limes", *QCILRS*.

POIDEBARD, A., *La Trace de Rome dans le désert de Syrie: Le limes de Trajan à la conquête arabe, recherches aériennes (1925–1934)*, Paris, 1934.

PUECH, H. C., *Storia del cristianesimo*, Laterza, 1983.

PUGLIESE, C., *L'età di Valeriano e Gallieno: Appunti di storia romana*, Pisa, 1950.

RACHET, M., *Rome et les Berbères: Un Problème militaire d'Auguste à Dioclétien*, Collection Latomus CX, Brussels, 1970.

RAMSAY, A. M., "The Speed of the Roman Imperial Post", *JRS* 15, 1925.

RAPPAPORT, B., *Die Einfälle der Goten in das röm*, Leipzig, 1899.

REGIBUS, L. de, *Problemi d'impero nella storia romana del III secolo*, Torino, 1936; *La Monarchia militare di Gallieno*, Recco, 1939.

RÉMONDON, R., "Problèmes militaires en Egypte et dans l'empire à la fin du IV siècle", *RH* 213,

1955; "La Crise de l'empire romain de Marc Aurele a Anastase", *NC* 11, Paris, 1964; *La crisi dell'mondo romano*, Mursia, 1975.

REYNOLDS, P. K. B., *The Vigiles of Ancient Rome*, Oxford, 1930.

RICHMOND, Sir I. A., *The City Wall of Imperial Rome: An Account of its Architectural Development from Aurelian to Narses*, Oxford, 1930; "Trajan's Army on Trajan's Column", *Papers of the British School at Rome* 13, 1935; "The Romans in Redesdale", *History of Northumberland* 15, 1940; "Hadrian's Wall 1939–1949", *JRS* 40, 1950; *A Roman Arterial Signalling System in the Stainmore Pass*, Aspects of Archaeology（Grimes編）; "The Roman Frontier Land", *History, U. K.* 44, 1959; "Palmyra under the Aegis of Rome", *JRS* 53, 1963.

ROBERTI, M., *Le associazioni funerarie cristiane e la proprietà ecclesiastica nei primi tre secoli*, Milano, 1927.

ROBERTSON, A. S., "The Antonine Wall", *CRFS*, 1949.

ROBINSON, H. R., "Problems in Reconstructing Roman Armour", *BJ* 172, 1972.

ROMANELLI, P., *La Cirenaica Romana 96 A. C.–642 D. C.*, Verbania, 1943.

ROSTOVTZEFF, M., *Storia economica e sociale dell' impero romano*, Firenze, 1933; *Città carovaniere*, Bari, 1934.

ROUGÉ, J., *Les Institutions romaines: De la Rome royale à la Rome chrétienne*, Paris, 1969.

ROWELL, H. T., "The Honesta Missio from the Numeri of the Roman Imperial Army", *Yale Classical Studies* 6, 1939.

SADDINGTON, D. B., "Roman Attitudes to the Externae Gentes of the North", *Acta Classica, S. A.* 4, 1961; "The Development of Roman Auxiliary Forces from Augustus to Trajan", *ANRW*（Temporini 編）II–3, 1975.

SAINT-DENIS, E. de, "Mare Clausum", *REL* 25, 1947.

SAITTA, A., *2000 anni di Storia. I Cristiani e barbari. Dall'impero di Roma a Bisanzio*, Laterza, 1978–1979.

SALAMA, P., *Occupation de la Maurétanie césarienne occidentale sous les Bas-Empire romain*, Mélanges Piganiol（Chevallier 編）III, Paris, 1966.

SALMON, E. T., "The Roman Army and the Disintegration of the Roman Empire", *Proceedings and Transactions of the Royal Society of Canada* III–52, 1958.

SALVIOLI, G., *Il capitalismo antico*, Bari, 1929.

SALWAY, P., *The Frontier People of Roman Britain*, Cambridge, 1965.

SAXER, R., "Untersuchungen zu den vexillationen des römischen Kaiserreichs von Augustus bis Diokletian", *ES* 1, Cologne & Graz, 1967.

SCHLEIERMACHER, W., *Der römische Limes in Deutschland*, Berlin, 1967.

SCHÖNBERGER, H., "The Roman Frontier in Germany: An Archaeological Survey", *JRS* 59, 1969.

SEGRE, A., *Circolazione monetaria e potere d'aquisto della moneta nel mondo antico*, Firenze, 1920.

SHAW, R. C. & SIMPSON, F. G., "The Purpose and Date of the Vallum and its Crossing", *TCWAAS* 27, 1922; "Geographical Factors in Roman Algeria", *JRS* 34, 1944; *The Letters of Pliny: A Historical and Social Commentary*, Oxford, 1966; *The Roman Citizenship*, Oxford, 1973.

SIMPSON, G., "The Roman Forts in Wales: A Reassessment", *SMR* I, Cologne, 1967; *Britons and the Roman Army: A Study of Wales and the Southern Pennines in the 1st–3rd Centuries*, London, 1964.

SINISCALCO, C., *Il cammino di Cristo nell'impero romano*, Laterza, 1987.

SMITH, R. E., *Service in the Post-Marian Roman Army*, Manchester, 1958; "The Army Reforms of Septimius Severus", *Historia* 12, 1972.

SOLARI, A., *La Crisi dell'impero romano*, Milano, 1933; *Il Rinnovamento dell'impero romano*, Milano, 1938.

SORDI, M., *Il cristianesimo e Roma*, Cappelli, 1965.

STARR, C. G., Jr., "The Roman Imperial Navy, 31 B. C.–A. D. 324", *Cornell Studies in Classical Philology* 26, Ithaca, 1941.

STEER, K. A., "The Antonine Wall: A Reconsideration", *SMR* I, Cologne, 1967.

STEVENS, C. E., "The British Sections of the Notitia Dignitatum", *AJ* 97, 1940.

STEVENSON, G. H., *Roman Provincial Administration till the Age of the Severi*, Oxford, 1930.

SWOBODA, E., *Traian und der Pannonische Limes*, Empereurs romains d'Espagne.

SYME, R., "Rhine and Danube Legions under Domitian", *JRS* 18, 1928; "Some Notes on the Legions under Augustus", *JRS* 23, 1933; *The Roman Revolution*, Oxford, 1939; *Tacitus*, Oxford, 1958; "The Lower Danube under Trajan", *JRS* 49, 1959; *Hadrian the Intellectual*, Empereurs romains d'Espagne.

SZILÁGYI, J., "Roman Garrisons Stationed at the Northern Pannonia-Quad Frontier-Sectors of the Empire", *AArchASH* 2, 1952; "Les Variations des centres de prépondérance militaire dans les provinces frontières de l'émpire romain", *Acta Antiqua Academiae Scientiarum Hungaricae* (*AAntASH*) 2, 1953.

TEMPORINI, H.（編）, *Aufstieg und Niedergang der Römischem Welt: Geschichte und Kultur Roms in Spiegel der neueren Forschung* (*ANRW*), Berlin & New York, 1974.

THOMPSON, E. A., *A Roman Reformer and Inventor: Being a New Text of the Treatise De Rebus Bellicis with a Translation and Introduction*, Oxford, 1952; "The Settlement of the Barbarians in Southern Gaul", *JRS* 46, 1956; *The Early Germans*, Oxfrod, 1965; *The Visigoths in the Time of Ulfila*, Oxford, 1966; *Una cultura barbarica, I Germani*, Laterza, 1976.

THOMPSON. H. A., "Athenian Twilight: A. D. 267–600", *JRS* 49, 1959.

TORRI, A. P., *Le corporazioni romane*, Roma, 1940.

TOVEY, L-C. H., *Elements of Strategy*, London, 1887.

VANNÉRUS, J., *Le Limes et le fortifications gallo-romaines de Belgique: Enquête toponymique*, Brussels, 1943.

VÁRADY, L., "New Evidences on Some Problems of Late Roman Military Organization", *AAntASH* 9, 1961; "Additional Notes on the Problem of Late-Roman Dalmatian Cunei", *AAntASH* 11, 1963.

VEYNE, P., *La società romana*, Laterza, 1995.

VIGNERON, P., *Le Cheval dans l'antiquité gréco-romaine, de guerres médiques aux grandes invasions*, Nancy, 1968.

VITA, A. Di., "Il Limes romano di Tripolitania nella sua concretezza archeologica e nella sua realtà storica", *Libya Antiqua* 1, 1964.

VOGT, J., *Il declino di Roma*, Saggiatore, 1966.

WADE, D. W., *The Roman Auxiliary Units and Camps in Dacia*, University of North Carolina, 1969.

WALTER, E. V., *Terror and Resistance: A Study of Political Violence*, New York, 1969.

WATERS, K. H., "The Reign of Trajan and its Place in Contemporary Scholarship", *ANRW*（Temporini 編）II–2, 1975.

WATSON, G. R., "The Pay of the Roman Army: The Auxiliary Forces", *Historia* 8, 1959; *The Roman*

Soldier, London, 1969.

WEBSTER, G., *The Roman Imperial Army of the First and Second Centuries A. D.*, London, 1969.

WELLS, C. M., *The German Policy of Augustus: An Examination of the Archaeological Evidence*, Oxford, 1972.

WHEELER, R. E. M., "The Roman Frontier in Mesopotamia", *CRFS*, 1949; *Rome Beyond the Imperial Frontiers*, London, 1954.

WHITE, L. T.（編）, *The Transformation of the Roman World: Gibbon's Problems after Two Centuries*, Berkeley, 1966.

WILKES, J. J., "A Note on the Mutiny of the Pannonian Legions in A. D. 14", *CQ* 13–2, 1963; *Dalmatia: History of the Provinces of the Roman Empire*, London, 1969.

WILL, E., "Les Enceintes du bas-empire à Bavay", *QCILRS*.

圖片出處

- 卡拉卡拉、捷塔（兩件均為）梵諦岡美術館（梵諦岡）©Archivi Alinari, Firenze
- 賽埔提謬斯・謝維勒皇帝發行的狄娜利斯銀幣　個人收藏品
- 沃洛捷賽斯五世　大英博物館（倫敦／英國）©Copyright The Trustees of The British Museum
- 阿爾塔巴努斯　大英博物館　©Copyright The Trustees of The British Museum
- 馬克利努斯　卡匹杜里諾博物館（羅馬／義大利）©Archivi Alinari, Firenze
- 尤莉亞・瑪伊莎　卡匹杜里諾博物館　©Archivi Alinari, Firenze
- 荷拉迦巴爾　卡匹杜里諾博物館　©Archivi Alinari, Firenze
- 謝維勒王朝家譜　賽埔提謬斯・謝維勒　個人收藏品
  其他四項　大英博物館　©Copyright The Trustees of The British Museum
- 亞歷山大・謝維勒　羅浮宮美術館（巴黎／法國）©Ruggero Vanni/CORBIS
- 烏庇亞努像　©Archivi Alinari, Firenze
- 「小心猛犬」鑲嵌畫　龐貝（義大利）©Ancient Art & Architecture Collection
- 尤莉亞・馬梅亞　維也納美術史美術館（維也納／奧地利）©Erich Lessing
- 亞爾達西爾　大英博物館　©Copyright The Trustees of The British Museum

- 刻有皇帝兩種冠的硬幣　（兩件皆是）大英博物館　© Copyright The Trustees of The British Museum
- 凱撒　攝影：瀨戶照
- 亞歷山大·謝維勒　烏斐茲美術館（佛羅倫斯／義大利）　© Scala, Firenze
- 色雷斯人馬克西米努斯　卡匹杜里諾博物館　© Archivi Alinari, Firenze
- 葛爾迪亞努士一世、葛爾迪亞努士二世　（兩件皆是）卡匹杜里諾博物館　© Archivi Alinari, Firenze
- 沙漠地區的防線　繪圖：峰村勝子
- 帕庇艾努士　卡匹杜里諾博物館　© Archivi Alinari, Firenze
- 巴庇諾斯　阿爾巴尼美術館（羅馬／義大利）　© Archivi Alinari, Firenze
- 葛爾迪亞努士三世　羅馬國立博物館：馬西墨宮（羅馬／義大利）　© Archivi Alinari, Firenze
- 夏普爾一世　大英博物館　© Copyright The Trustees of The British Museum
- 菲力普·阿拉布思　梵諦岡美術館　© Scala, Firenze
- 羅馬建國千年紀念幣　（兩件皆是）大英博物館　© Copyright The Trustees of The British Museum
- 德丘斯　卡匹杜里諾博物館　© Archivi Alinari, Firenze
- Grande Ludovisi　羅馬國立博物館：阿爾登普斯宮（羅馬／義大利）　© Scala, Firenze
- 托雷玻尼亞努士　羅浮宮美術館　© Photo RMN/H. Lewandowski

- 瓦雷力亞努斯　個人收藏品　© Bridgeman Art Library
- 納克悉路斯坦岩壁上刻著乘馬的夏普爾一世與兩名羅馬皇帝　納克悉路斯坦（伊朗）　© Paul Almasy/CORBIS
- 過去的Band-i-Kaisar　引用自Ugo Monneret de Villard, “L’Arte Iranica”, 1954, p. 93
- 迦利艾努斯　羅馬國立博物館：馬西墨宮　© Archivi Alinari, Firenze
- 波斯托穆斯　大英博物館　© Copyright The Trustees of The British Museum
- 羅馬的「防線」（三張均為）繪圖：峰村勝子
- 迦利艾努斯皇帝的安東尼奧銀幣　個人收藏品
- 克勞狄斯・哥德克斯　普雷西亞・羅馬博物館（普雷西亞／義大利）　© per concessione dei Civici Musei d’Arte e Storia di Brescia
- 奧雷利亞　大英博物館　© Copyright The Trustees of The British Museum
- 正反兩面刻有肖像的帕耳美拉硬幣　個人收藏品
- 元老院發行的銅幣　大英博物館　© Copyright The Trustees of The British Museum
- 至今依舊四處可見的奧雷利亞城牆　聖保羅門附近（羅馬／義大利）　© Archivi Alinari, Firenze
- 從帕耳美拉墳地出土的浮雕　國立東方美術館（羅馬／義大利）　© Giraudon/Bridgeman Art Library
- 凱旋儀式用的戰車　羅馬文明博物館（羅馬／義大利）　© Araldo de Luca/CORBIS

・塔西圖斯　羅浮宮美術館　© Lauros/Giraudon/Bridgeman Art Library
・普羅布斯　卡匹杜里諾博物館　© Araldo de Luca/CORBIS
・卡爾斯　大英博物館　© Copyright The Trustees of The British Museum
・卡梨努斯　卡匹杜里諾博物館　© Archivi Alinari, Firenze
・努美梨亞　波士頓美術館（波士頓／美國）　Photograph © 2003 Museum of fine Arts, Boston
・迪奧克雷提亞　卡匹杜里諾博物館　© Archivi Alinari, Firenze
・密特拉教集會所　聖克雷蒙特教會（羅馬／義大利）　© Archivi Alinari, Firenze
地圖製作　綜合精圖研究所

【塩野七生代表作——羅馬人的故事】

從崛起、壯大到轉折、衰敗，

看羅馬千年的輝煌與落寞

羅馬人的故事系列 Vol.1

戰火打造的輝煌

羅馬人的故事I——羅馬不是一天造成的

羅馬人的故事II——漢尼拔戰記

羅馬人的故事III——勝者的迷思

羅馬人的故事IV——凱撒時代（盧比孔之前）

羅馬人的故事V——凱撒時代（盧比孔之後）

羅馬人的故事系列 Vol.2

帝國的榮光與暗影

羅馬人的故事VI——羅馬和平

羅馬人的故事VII——惡名昭彰的皇帝

羅馬人的故事VIII——危機與克服

羅馬人的故事IX——賢君的世紀

羅馬人的故事X——條條大道通羅馬

羅馬人的故事系列 Vol.3

偉大羅馬之死

羅馬人的故事I——羅馬不是一天造成的

羅馬的起源可以追溯到扎馬戰役前五百年，羅馬人歷經整整五百多年漫長的蟄伏歲月，因此才會有句話說：「羅馬不是一天造成的」。這五百年間羅馬遭遇哪些挑戰？羅馬人又是如何逐步累積實力，將國家帶往璀璨光明的未來？

羅馬人的故事II——漢尼拔戰記

西元前二一八年，漢尼拔從西班牙率領群眾翻越阿爾卑斯山，進攻義大利本土，直到羅馬名將西比奧打敗漢尼拔才落幕，這場戰爭歷時十六年之久。為什麼知識優越的希臘人、軍事力量強大的迦太基人最後會敗給羅馬人？什麼才是決定戰爭勝、敗的因素？

羅馬人的故事Ⅲ——勝者的迷思

經過六天六夜激戰，迦太基城淪陷了！這個曾經風光一時的城市被消毀殆盡，羅馬名將小西比奧一想到敵人的命運不覺潸然淚下。勝者如何在勝利的欣喜中，思慮更遠大的未來？大國如何崛起？改變的是制度、心態，還有什麼呢？

羅馬人的故事Ⅳ——凱撒時代（盧比孔之前）

西元前一〇〇年七月十二日，「羅馬唯一的創造天才」——朱利斯·凱撒誕生！少年凱撒歷經鬥爭、殺戮、混亂與腐敗，因此致力於樹立羅馬的「新秩序」，他如何巧妙地逆轉國家、政局與社會重重的危機，將個人推向顛峰，創造羅馬歷史的光輝？

羅馬人的故事Ⅴ——凱撒時代（盧比孔之後）

西元前四十五年，大權在握的凱撒開始進行羅馬帝政化改革，卻在隔年遭醉心共和體制派刺殺，羅馬頓時又陷入混亂狀態！年僅十八歲的屋大維成為凱撒指定的第一繼承人，他能否穩住凱撒留下的偉業？凱撒雖死，但他的精神又為後世留下哪些影響？

羅馬人的故事VI——羅馬和平

西元前二十九年，羅馬終於脫離戰亂狀態，屋大維運用卓越的政治手腕，於西元前二十七年宣佈回歸共和政體，並受贈「奧古斯都」尊稱，締造「羅馬和平」的時代。屋大維這位「非天才人物」，是如何完成連天才凱撒都無法達到的目標？

羅馬人的故事VII——惡名昭彰的皇帝

隨著西元十四年臺伯留繼任，奧古斯都締造的「羅馬和平」畫下句點，羅馬帝國在短短五十四年間，皇帝幾番更迭。是英雄創造的時代已遠？或是暴君當道的世紀來臨？這幾位皇帝究竟是帝國覆亡的推手？抑或是帝國變貌的一頁？

羅馬人的故事VIII——危機與克服

西元六十九年，羅馬接連由軍人掌權，內部動盪不安。所幸此時出現新的轉機：維斯帕先、提圖斯父子花費十多年，一步步將帝國導回正軌。後繼的圖密善勵精圖治，卻集權一身，威脅元老院的共和傳統，此舉是確立帝政的權威，還是另一場危機的引爆？

羅馬人的故事IX——賢君的世紀

走過動盪紛亂的「繼承者危機」，西元二世紀時總算迎來了當時代羅馬人口中的「黃金時代」。雖然圖拉真、哈德良和安東尼奧·派阿斯彼此個性差異頗大，卻能展現各自優秀的領導者特質。且看他們身為當仁不讓的「第一公民」，如何發揮己長、各擅勝場，聯手打造出「罕見的幸福年代」！

羅馬人的故事X——條條大道通羅馬

羅馬種種質、量兼具的建設，被史家讚為羅馬文明偉大的紀念碑。羅馬人為何如此致力於公共建設？為什麼已有踩踏形成的道路，還要鋪設大道？為什麼立國於臺伯河旁、不必擔憂用水問題，還要建設水道？眾多建設的目的，竟只是「為了讓人的生活過得像人」？

羅馬人的故事XI——結局的開始

告別賢君的世紀，羅馬帝國的光環褪色了嗎？「哲學家皇帝」馬庫斯·奧理略，實現了柏拉圖的理想。然而高尚的品德和絕佳的能力卻無法力挽狂瀾，夕陽的餘暉漸籠罩帝國。奧理略過世後，羅馬面臨重大轉捩點，等在道路盡頭的是更寬廣的前程，還是帝國的終點？

羅馬人的故事XII——迷途帝國

從西元二一一年到二八四年，被稱為「三世紀危機」。這時只要有軍隊，人人都可能成為羅馬的主人。在社會動亂、人心惶惶的氣氛之下，基督教成為一盞明燈，提供人們心靈的撫慰。面對逐漸衰頹的羅馬帝國，基督教是否能成為一劑強心針？或是加速羅馬的瓦解？

羅馬人的故事XIII——最後一搏

在羅馬帝國之中，凡事都大規模且多元化，就連走上了衰退的時代，這項特質也依舊沒變。進入帝政時代後期的羅馬帝國，已漸漸轉移為絕對君主政體。羅馬人為什麼要做出這樣的轉變？這個改變又引來什麼樣的結果？

羅馬人的故事XIV——基督的勝利

君士坦丁大帝逝後，東方波斯的威脅與蠻族的不時南侵已成為常態。然而，羅馬更厲害的對手來自內部：急速壯大的基督教。君士坦提烏斯追尋父親的腳步，一面提振基督教會的地位，一面排擠羅馬傳統宗教。羅馬的結局，竟是基督的勝利？

羅馬人的故事XV——羅馬世界的終曲

羅馬帝國的尾聲，從帝國真正的分裂開始。然而，東西羅馬仍竭力維持最後的尊嚴，在邊界疲於奔命。戰爭、停戰、休兵，不斷循環，扼殺了帝國僅存的氣息。登堂入室的外患，成為壓死駱駝的最後一根稻草，經濟被破壞、社會不安，早就宣告了羅馬的不治之症。羅馬帝國何時覆滅？沒有人說的清楚，它轟轟烈烈的出現，卻平平淡淡的結束，沒有該有的送別。

海都物語——威尼斯共和國的一千年（上）（下）

一個建立在水中央的國度，如何憑藉高超的航海與造船技術，成為地中海世界的海上霸主？又如何在大西洋航線開闢、國際局勢變化後喪失優勢？威尼斯如何透過轉型發展、彈性外交政策奮力一搏？塩野七生用其細膩、生動，富有文學性的筆調，讓您彷若搭乘威尼斯的「貢多拉」，徜徉於威尼斯共和國一千年的歷史長河。

不只是盛宴：餐盤裡的歐洲文化史

周惠民／著

人類需要進食才能生存，唯有活下去才能夠建構文明，而文明的各種發展又反過來影響人們的飲食習慣，也因此「吃」成了一門窺探過往生活與文化的大學問！本書梳理歐洲千年來的飲食文化史，帶你認識更有趣、更立體的過去，讓你發現原來人們的飲食，和政治變遷、經貿發展、宗教信仰、科技進步和階級差異等大歷史課題息息相關！

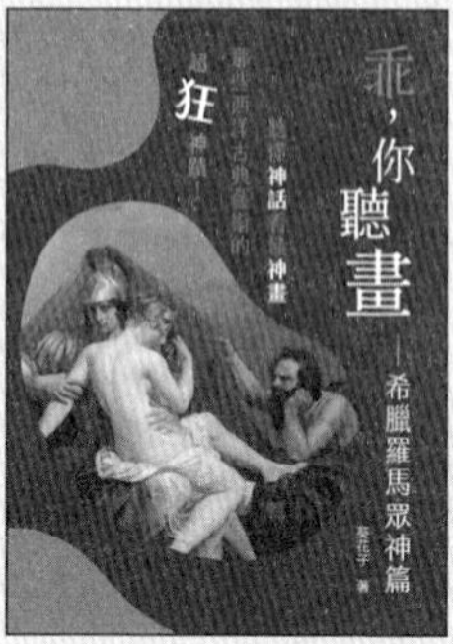

乖，你聽畫：希臘羅馬眾神篇

葵花子／著

當你觀賞藝術作品時，腦袋中是否有源源不絕的問號跑出？到底是你眼睛業障重還是藝術家太天馬行空？本書精選「登場次數」超高的希臘羅馬神話故事，找出故事必備經典圖像，帶你一路破關斬畫，不論藝術品是熟悉的、陌生的，還是有點熟又好像不太熟的通通沒問題，經典圖像在手，藝術世界任你行！

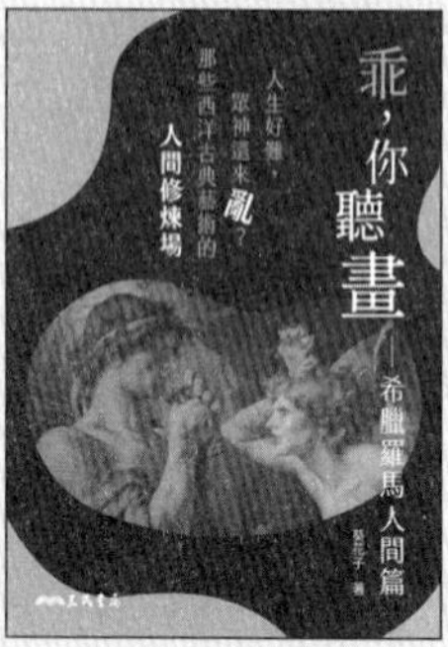

乖，你聽畫：希臘羅馬人間篇

葵花子／著

三大主題重點分類，要勵志有勵志，要愛情有愛情，還有希臘羅馬英雄聯盟任你挑！到底該如何面對這躁動的人生？問問希臘羅馬前輩準沒錯！本書精選「登場次數」超高的希臘羅馬神話故事，找出故事必備經典圖像，帶你一路破關斬畫，不論藝術品是熟悉的、陌生的，還是有點熟又好像不太熟的通通沒問題，經典圖像在手，藝術世界任你行！

法國史——自由與浪漫的激情演繹（增訂三版）

劉金源／著

古代法蘭克人建立了國家；查理曼統治時期，法蘭克王國疆域之遼闊，足可比擬昔日的羅馬帝國。國家力量在路易十四時達到巔峰，但太陽王的時代消逝後，絢爛火花轉瞬息滅，1789年的大革命改變了法國與全世界，從此自由、平等成為人們奮力追求的目標、普世永恆的真理。

土耳其史——歐亞十字路口上的國家（增訂三版）

吳興東／著

土耳其，這個位於歐亞交界的伊斯蘭國家，特殊的地理位置為其帶來波瀾曲折的歷史發展，一度強盛的國力更使她的文化多元而豐富。即使走入現代土耳其，揮別了帝國光輝，但蛻變後的新生，仍使這個國家持續綻放耀眼的光芒。

國家圖書館出版品預行編目資料

羅馬人的故事XII：迷途帝國／塩野七生著;鄭維欣譯.
－－修訂二版一刷.－－臺北市：三民，2024
面；　公分.－－(羅馬人的故事系列)

ISBN 978-957-14-7546-2（平裝）
1. 歷史 2. 羅馬帝國

740.222　　111015859

羅馬人的故事

羅馬人的故事 XII——迷途帝國

著作人　塩野七生
譯者　鄭維欣

發行人　劉振強
出版者　三民書局股份有限公司
地址　臺北市復興北路 386 號 (復北門市)
臺北市重慶南路一段 61 號 (重南門市)
電話　(02)25006600
網址　三民網路書店 https://www.sanmin.com.tw

出版日期　初版一刷 2006 年 1 月
初版三刷 2018 年 2 月
修訂二版一刷 2024 年 1 月
書籍編號　S740490
ISBN　978-957-14-7546-2

三民書局